信访工作
法规汇编

(第二版)

法律出版社法规中心　编

———— 北京 ————

图书在版编目（CIP）数据

最新信访工作法规汇编 / 法律出版社法规中心编. 2版. -- 北京：法律出版社，2025. -- ISBN 978-7-5197-9816-1

Ⅰ. D922.182.9

中国国家版本馆 CIP 数据核字第 20241VT553 号

最新信访工作法规汇编
ZUIXIN XINFANG GONGZUO
FAGUI HUIBIAN

法律出版社法规中心 编

责任编辑 张红蕊
装帧设计 李 瞻

出版发行	法律出版社	开本	A5
编辑统筹	法规出版分社	印张	10　　字数 288 千
责任校对	董　昱	版本	2025 年 1 月第 2 版
责任印制	耿润瑜	印次	2025 年 1 月第 1 次印刷
经　　销	新华书店	印刷	保定市中画美凯印刷有限公司

地址：北京市丰台区莲花池西里 7 号（100073）
网址：www.lawpress.com.cn　　　　　销售电话：010-83938349
投稿邮箱：info@lawpress.com.cn　　　客服电话：010-83938350
举报盗版邮箱：jbwq@lawpress.com.cn　咨询电话：010-63939796
版权所有·侵权必究

书号：ISBN 978-7-5197-9816-1　　　　定价：38.00 元
凡购买本社图书，如有印装错误，我社负责退换。电话：010-83938349

目 录

中华人民共和国宪法(节录)(2018.3.11)[①] ………………（ 1 ）
信访工作条例(2022.2.25) ……………………………（ 2 ）

一、法律法规

中华人民共和国公务员法(节录)(2018.12.29) …………（17）
中华人民共和国刑法(节录)(2023.12.29) ………………（19）
中华人民共和国政府信息公开条例(节录)(2019.4.3) …………（21）

二、党内法规

信访工作责任制实施办法(2016.10.8) …………………（22）
关于违反信访工作纪律适用《中国共产党纪律处分条例》若干
　问题的解释(2008.7.4) ………………………………（25）
党委组织部门信访工作暂行规定(2006.6.27) ……………（28）
关于建立律师参与化解和代理涉法涉诉信访案件制度的意见
　(试行)(2015.6.8) ……………………………………（33）

三、司法解释、司法业务文件

最高人民法院关于依法维护人民法院申诉信访秩序的意见

---

　① 本书中的时间为法律文件的公布/施行时间或最后一次修正、修订时间。

(2014.12.15) ································· (38)
最高人民法院关于人民法院办理执行信访案件若干问题的意见(2016.6.27) ································· (40)
最高人民法院关于建立健全执行信访案件"接访即办"工作机制的意见(2021.11.4) ································· (45)
人民检察院信访工作规定(2007.3.26) ················· (47)
最高人民法院、最高人民检察院、公安部、司法部关于依法处理涉法涉诉信访工作衔接配合的规定(2017.11.24) ······· (57)

四、部门规章、规章性文件

国家信访局办理群众来信工作规则(2022.4.30) ··········· (61)
国家信访局接待群众来访工作规则(2022.5.1) ············ (63)
国家信访局工作规则(2014.1.3) ····················· (67)
信访事项内容分类(2020.7.14) ······················ (70)
国家信访局关于进一步规范信访事项受理办理程序引导来访人依法逐级走访的办法(2014.4.9) ·················· (95)
初次信访事项办理办法(2022.7.17) ·················· (98)
信访事项办理群众满意度评价工作办法(试行)(2022.5.9) ···· (101)
关于进一步加强和规范联合接访工作的意见(2015.6.24) ···· (104)
信访事项网上办理工作规程(2022.4.30) ··············· (107)
信访事项简易办理办法(2022.7.17) ·················· (112)
依法分类处理信访诉求工作规则(2022.4.30) ············ (114)
国家信访局关于让群众"最多访一次"的办法(试行)(2019.4.24) ··································· (118)
国家信访局关于进一步加强和完善信访事项统筹实地督查工作的规定(2019.9.20) ························· (119)
视频信访系统使用管理规定(2019.5.14) ··············· (121)
关于违反信访工作纪律处分暂行规定(2008.6.30) ········· (124)

民政信访工作办法(2024.1.20)……(127)
民政信访事项网上办理工作规程(试行)(2017.8.4)……(136)
教育信访工作办法(2020.9.28)……(143)
教育部信访工作责任制实施细则(2017.9.22)……(153)
文化和旅游部信访工作管理办法(2019.10.9)……(159)
国家体育总局信访工作办法(2006.3.3)……(163)
环境信访办法(2021.12.13)……(170)
建设部信访工作管理办法(2005.11.10)……(180)
公安机关信访工作规定(2023.5.19)……(189)
司法行政机关信访工作办法(2018.2.9)……(203)
全国税务机关信访工作规则(2005.3.24)……(212)
中国银保监会信访工作办法(2020.1.14)……(222)
中国人民银行信访工作规定(2005.9.5)……(231)

五、团体规定

共青团信访工作实施办法(2007.7.3)……(240)

附录

附录一 条文对照
《信访条例》与《信访工作条例》条文对照表……(247)

附录二 典型案例
最高人民法院发布第一批涉执信访实质性化解典型案例
(2021.11.18)……(273)
最高人民法院发布第二批涉执信访实质性化解典型案例
(2021.12.21)……(285)
《信访工作责任制实施办法》追责问责典型案例剖析(一)……(302)
《信访工作责任制实施办法》追责问责典型案例剖析(二)……(304)

《信访工作责任制实施办法》追责问责典型案例剖析(三)⋯⋯⋯(306)
《信访工作责任制实施办法》追责问责典型案例剖析(四)⋯⋯⋯(308)
《信访工作责任制实施办法》追责问责典型案例剖析(五)⋯⋯⋯(310)
《信访工作责任制实施办法》追责问责典型案例剖析(六)⋯⋯⋯(312)

中华人民共和国宪法(节录)

1. 1982年12月4日第五届全国人民代表大会第五次会议通过
2. 1982年12月4日全国人民代表大会公告公布施行
3. 根据1988年4月12日第七届全国人民代表大会第一次会议通过的《中华人民共和国宪法修正案》、1993年3月29日第八届全国人民代表大会第一次会议通过的《中华人民共和国宪法修正案》、1999年3月15日第九届全国人民代表大会第二次会议通过的《中华人民共和国宪法修正案》、2004年3月14日第十届全国人民代表大会第二次会议通过的《中华人民共和国宪法修正案》和2018年3月11日第十三届全国人民代表大会第一次会议通过的《中华人民共和国宪法修正案》修正

第一条 【国体】[①]中华人民共和国是工人阶级领导的、以工农联盟为基础的人民民主专政的社会主义国家。

社会主义制度是中华人民共和国的根本制度。中国共产党领导是中国特色社会主义最本质的特征。禁止任何组织或者个人破坏社会主义制度。

第二条 【政体】中华人民共和国的一切权力属于人民。

人民行使国家权力的机关是全国人民代表大会和地方各级人民代表大会。

人民依照法律规定,通过各种途径和形式,管理国家事务,管理经济和文化事业,管理社会事务。

第五条 【法治原则】中华人民共和国实行依法治国,建设社会主义法治国家。

国家维护社会主义法制的统一和尊严。

---

① 条文主旨为编者所加,下同。

一切法律、行政法规和地方性法规都不得同宪法相抵触。

一切国家机关和武装力量、各政党和各社会团体、各企业事业组织都必须遵守宪法和法律。一切违反宪法和法律的行为，必须予以追究。

任何组织或者个人都不得有超越宪法和法律的特权。

第二十七条 【国家机关工作原则及工作人员就职宣誓】一切国家机关实行精简的原则，实行工作责任制，实行工作人员的培训和考核制度，不断提高工作质量和工作效率，反对官僚主义。

一切国家机关和国家工作人员必须依靠人民的支持，经常保持同人民的密切联系，倾听人民的意见和建议，接受人民的监督，努力为人民服务。

国家工作人员就职时应当依照法律规定公开进行宪法宣誓。

第四十一条 【监督权】中华人民共和国公民对于任何国家机关和国家工作人员，有提出批评和建议的权利；对于任何国家机关和国家工作人员的违法失职行为，有向有关国家机关提出申诉、控告或者检举的权利，但是不得捏造或者歪曲事实进行诬告陷害。

对于公民的申诉、控告或者检举，有关国家机关必须查清事实，负责处理。任何人不得压制和打击报复。

由于国家机关和国家工作人员侵犯公民权利而受到损失的人，有依照法律规定取得赔偿的权利。

信访工作条例

1. 2022年1月24日中共中央政治局会议审议批准
2. 2022年2月25日中共中央、国务院发布
3. 自2022年5月1日起施行

第一章 总 则

第一条 为了坚持和加强党对信访工作的全面领导，做好新时代信访工

作,保持党和政府同人民群众的密切联系,制定本条例。

第二条　本条例适用于各级党的机关、人大机关、行政机关、政协机关、监察机关、审判机关、检察机关以及群团组织、国有企事业单位等开展信访工作。

第三条　信访工作是党的群众工作的重要组成部分,是党和政府了解民情、集中民智、维护民利、凝聚民心的一项重要工作,是各级机关、单位及其领导干部、工作人员接受群众监督、改进工作作风的重要途径。

第四条　信访工作坚持以马克思列宁主义、毛泽东思想、邓小平理论、"三个代表"重要思想、科学发展观、习近平新时代中国特色社会主义思想为指导,贯彻落实习近平总书记关于加强和改进人民信访工作的重要思想,增强"四个意识"、坚定"四个自信"、做到"两个维护",牢记为民解难、为党分忧的政治责任,坚守人民情怀,坚持底线思维、法治思维,服务党和国家工作大局,维护群众合法权益,化解信访突出问题,促进社会和谐稳定。

第五条　信访工作应当遵循下列原则:

(一)坚持党的全面领导。把党的领导贯彻到信访工作各方面和全过程,确保正确政治方向。

(二)坚持以人民为中心。践行党的群众路线,倾听群众呼声,关心群众疾苦,千方百计为群众排忧解难。

(三)坚持落实信访工作责任。党政同责、一岗双责,属地管理、分级负责,谁主管、谁负责。

(四)坚持依法按政策解决问题。将信访纳入法治化轨道,依法维护群众权益、规范信访秩序。

(五)坚持源头治理化解矛盾。多措并举、综合施策,着力点放在源头预防和前端化解,把可能引发信访问题的矛盾纠纷化解在基层、化解在萌芽状态。

第六条　各级机关、单位应当畅通信访渠道,做好信访工作,认真处理信访事项,倾听人民群众建议、意见和要求,接受人民群众监督,为人民群众服务。

第二章 信访工作体制

第七条 坚持和加强党对信访工作的全面领导,构建党委统一领导、政府组织落实、信访工作联席会议协调、信访部门推动、各方齐抓共管的信访工作格局。

第八条 党中央加强对信访工作的统一领导:

(一)强化政治引领,确立信访工作的政治方向和政治原则,严明政治纪律和政治规矩;

(二)制定信访工作方针政策,研究部署信访工作中事关党和国家工作大局、社会和谐稳定、群众权益保障的重大改革措施;

(三)领导建设一支对党忠诚可靠、恪守为民之责、善做群众工作的高素质专业化信访工作队伍,为信访工作提供组织保证。

第九条 地方党委领导本地区信访工作,贯彻落实党中央关于信访工作的方针政策和决策部署,执行上级党组织关于信访工作的部署要求,统筹信访工作责任体系构建,支持和督促下级党组织做好信访工作。

地方党委常委会应当定期听取信访工作汇报,分析形势,部署任务,研究重大事项,解决突出问题。

第十条 各级政府贯彻落实上级党委和政府以及本级党委关于信访工作的部署要求,科学民主决策、依法履行职责,组织各方力量加强矛盾纠纷排查化解,及时妥善处理信访事项,研究解决政策性、群体性信访突出问题和疑难复杂信访问题。

第十一条 中央信访工作联席会议在党中央、国务院领导下,负责全国信访工作的统筹协调、整体推进、督促落实,履行下列职责:

(一)研究分析全国信访形势,为中央决策提供参考;

(二)督促落实党中央关于信访工作的方针政策和决策部署;

(三)研究信访制度改革和信访法治化建设重大问题和事项;

(四)研究部署重点工作任务,协调指导解决具有普遍性的信访突出问题;

(五)领导组织信访工作责任制落实、督导考核等工作;

(六)指导地方各级信访工作联席会议工作;

(七)承担党中央、国务院交办的其他事项。

中央信访工作联席会议由党中央、国务院领导同志以及有关部门负责同志担任召集人,各成员单位负责同志参加。中央信访工作联席会议办公室设在国家信访局,承担联席会议的日常工作,督促检查联席会议议定事项的落实。

第十二条 中央信访工作联席会议根据工作需要召开全体会议或者工作会议。研究涉及信访工作改革发展的重大问题和重要信访事项的处理意见,应当及时向党中央、国务院请示报告。

中央信访工作联席会议各成员单位应当落实联席会议确定的工作任务和议定事项,及时报送落实情况;及时将本领域重大敏感信访问题提请联席会议研究。

第十三条 地方各级信访工作联席会议在本级党委和政府领导下,负责本地区信访工作的统筹协调、整体推进、督促落实,协调处理发生在本地区的重要信访问题,指导下级信访工作联席会议工作。联席会议召集人一般由党委和政府负责同志担任。

地方党委和政府应当根据信访工作形势任务,及时调整成员单位,健全规章制度,建立健全信访信息分析研判、重大信访问题协调处理、联合督查等工作机制,提升联席会议工作的科学化、制度化、规范化水平。

根据工作需要,乡镇党委和政府、街道党工委和办事处可以建立信访工作联席会议机制,或者明确党政联席会定期研究本地区信访工作,协调处理发生在本地区的重要信访问题。

第十四条 各级党委和政府信访部门是开展信访工作的专门机构,履行下列职责:

(一)受理、转送、交办信访事项;

(二)协调解决重要信访问题;

(三)督促检查重要信访事项的处理和落实;

(四)综合反映信访信息,分析研判信访形势,为党委和政府提供决策参考;

（五）指导本级其他机关、单位和下级的信访工作；

（六）提出改进工作、完善政策和追究责任的建议；

（七）承担本级党委和政府交办的其他事项。

各级党委和政府信访部门以外的其他机关、单位应当根据信访工作形势任务，明确负责信访工作的机构或者人员，参照党委和政府信访部门职责，明确相应的职责。

第十五条　各级党委和政府以外的其他机关、单位应当做好各自职责范围内的信访工作，按照规定及时受理办理信访事项，预防和化解政策性、群体性信访问题，加强对下级机关、单位信访工作的指导。

各级机关、单位应当拓宽社会力量参与信访工作的制度化渠道，发挥群团组织、社会组织和"两代表一委员"、社会工作者等作用，反映群众意见和要求，引导群众依法理性反映诉求、维护权益，推动矛盾纠纷及时有效化解。

乡镇党委和政府、街道党工委和办事处以及村（社区）"两委"应当全面发挥职能作用，坚持和发展新时代"枫桥经验"，积极协调处理化解发生在当地的信访事项和矛盾纠纷，努力做到小事不出村、大事不出镇、矛盾不上交。

第十六条　各级党委和政府应当加强信访部门建设，选优配强领导班子，配备与形势任务相适应的工作力量，建立健全信访督查专员制度，打造高素质专业化信访干部队伍。各级党委和政府信访部门主要负责同志应当由本级党委或者政府副秘书长〔办公厅（室）副主任〕兼任。

各级党校（行政学院）应当将信访工作作为党性教育内容纳入教学培训，加强干部教育培训。

各级机关、单位应当建立健全年轻干部和新录用干部到信访工作岗位锻炼制度。

各级党委和政府应当为信访工作提供必要的支持和保障，所需经费列入本级预算。

第三章　信访事项的提出和受理

第十七条　公民、法人或者其他组织可以采用信息网络、书信、电话、传真、走访等形式,向各级机关、单位反映情况,提出建议、意见或者投诉请求,有关机关、单位应当依规依法处理。

采用前款规定的形式,反映情况,提出建议、意见或者投诉请求的公民、法人或者其他组织,称信访人。

第十八条 各级机关、单位应当向社会公布网络信访渠道、通信地址、咨询投诉电话、信访接待的时间和地点、查询信访事项处理进展以及结果的方式等相关事项,在其信访接待场所或者网站公布与信访工作有关的党内法规和法律、法规、规章,信访事项的处理程序,以及其他为信访人提供便利的相关事项。

各级机关、单位领导干部应当阅办群众来信和网上信访、定期接待群众来访、定期下访,包案化解群众反映强烈的突出问题。

市、县级党委和政府应当建立和完善联合接访工作机制,根据工作需要组织有关机关、单位联合接待,一站式解决信访问题。

任何组织和个人不得打击报复信访人。

第十九条 信访人一般应当采用书面形式提出信访事项,并载明其姓名(名称)、住址和请求、事实、理由。对采用口头形式提出的信访事项,有关机关、单位应当如实记录。

信访人提出信访事项,应当客观真实,对其所提供材料内容的真实性负责,不得捏造、歪曲事实,不得诬告、陷害他人。

信访事项已经受理或者正在办理的,信访人在规定期限内向受理、办理机关、单位的上级机关、单位又提出同一信访事项的,上级机关、单位不予受理。

第二十条 信访人采用走访形式提出信访事项的,应当到有权处理的本级或者上一级机关、单位设立或者指定的接待场所提出。

信访人采用走访形式提出涉及诉讼权利救济的信访事项,应当按照法律法规规定的程序向有关政法部门提出。

多人采用走访形式提出共同的信访事项的,应当推选代表,代表人数不得超过5人。

各级机关、单位应当落实属地责任,认真接待处理群众来访,把问题解决在当地,引导信访人就地反映问题。

第二十一条　各级党委和政府应当加强信访工作信息化、智能化建设,依规依法有序推进信访信息系统互联互通、信息共享。

各级机关、单位应当及时将信访事项录入信访信息系统,使网上信访、来信、来访、来电在网上流转,方便信访人查询、评价信访事项办理情况。

第二十二条　各级党委和政府信访部门收到信访事项,应当予以登记,并区分情况,在15日内分别按照下列方式处理:

(一)对依照职责属于本级机关、单位或者其工作部门处理决定的,应当转送有权处理的机关、单位;情况重大、紧急的,应当及时提出建议,报请本级党委和政府决定。

(二)涉及下级机关、单位或者其工作人员的,按照"属地管理、分级负责,谁主管、谁负责"的原则,转送有权处理的机关、单位。

(三)对转送信访事项中的重要情况需要反馈办理结果的,可以交由有权处理的机关、单位办理,要求其在指定办理期限内反馈结果,提交办结报告。

各级党委和政府信访部门对收到的涉法涉诉信件,应当转送同级政法部门依法处理;对走访反映涉诉问题的信访人,应当释法明理,引导其向有关政法部门反映问题。对属于纪检监察机关受理的检举控告类信访事项,应当按照管理权限转送有关纪检监察机关依规依纪依法处理。

第二十三条　党委和政府信访部门以外的其他机关、单位收到信访人直接提出的信访事项,应当予以登记;对属于本机关、单位职权范围的,应当告知信访人接收情况以及处理途径和程序;对属于本系统下级机关、单位职权范围的,应当转送、交办有权处理的机关、单位,并告知信访人转送、交办去向;对不属于本机关、单位或者本系统职权范围的,应当告知信访人向有权处理的机关、单位提出。

对信访人直接提出的信访事项,有关机关、单位能够当场告知的,应当当场书面告知;不能当场告知的,应当自收到信访事项之日起15

日内书面告知信访人,但信访人的姓名(名称)、住址不清的除外。

对党委和政府信访部门或者本系统上级机关、单位转送、交办的信访事项,属于本机关、单位职权范围的,有关机关、单位应当自收到之日起15日内书面告知信访人接收情况以及处理途径和程序;不属于本机关、单位或者本系统职权范围的,有关机关、单位应当自收到之日起5个工作日内提出异议,并详细说明理由,经转送、交办的信访部门或者上级机关、单位核实同意后,交还相关材料。

政法部门处理涉及诉讼权利救济事项、纪检监察机关处理检举控告事项的告知按照有关规定执行。

第二十四条 涉及两个或者两个以上机关、单位的信访事项,由所涉及的机关、单位协商受理;受理有争议的,由其共同的上一级机关、单位决定受理机关;受理有争议且没有共同的上一级机关、单位的,由共同的信访工作联席会议协调处理。

应当对信访事项作出处理的机关、单位分立、合并、撤销的,由继续行使其职权的机关、单位受理;职责不清的,由本级党委和政府或者其指定的机关、单位受理。

第二十五条 各级机关、单位对可能造成社会影响的重大、紧急信访事项和信访信息,应当及时报告本级党委和政府,通报相关主管部门和本级信访工作联席会议办公室,在职责范围内依法及时采取措施,防止不良影响的产生、扩大。

地方各级党委和政府信访部门接到重大、紧急信访事项和信访信息,应当向上一级信访部门报告,同时报告国家信访局。

第二十六条 信访人在信访过程中应当遵守法律、法规,不得损害国家、社会、集体的利益和其他公民的合法权利,自觉维护社会公共秩序和信访秩序,不得有下列行为:

(一)在机关、单位办公场所周围、公共场所非法聚集,围堵、冲击机关、单位,拦截公务车辆,或者堵塞、阻断交通;

(二)携带危险物品、管制器具;

(三)侮辱、殴打、威胁机关、单位工作人员,非法限制他人人身自

由,或者毁坏财物;

（四）在信访接待场所滞留、滋事,或者将生活不能自理的人弃留在信访接待场所;

（五）煽动、串联、胁迫、以财物诱使、幕后操纵他人信访,或者以信访为名借机敛财;

（六）其他扰乱公共秩序、妨害国家和公共安全的行为。

第四章　信访事项的办理

第二十七条　各级机关、单位及其工作人员应当根据各自职责和有关规定,按照诉求合理的解决问题到位、诉求无理的思想教育到位、生活困难的帮扶救助到位、行为违法的依法处理的要求,依法按政策及时就地解决群众合法合理诉求,维护正常信访秩序。

第二十八条　各级机关、单位及其工作人员办理信访事项,应当恪尽职守、秉公办事,查明事实,分清责任,加强教育疏导,及时妥善处理,不得推诿、敷衍、拖延。

各级机关、单位应当按照诉讼与信访分离制度要求,将涉及民事、行政、刑事等诉讼权利救济的信访事项从普通信访体制中分离出来,由有关政法部门依法处理。

各级机关、单位工作人员与信访事项或者信访人有直接利害关系的,应当回避。

第二十九条　对信访人反映的情况、提出的建议意见类事项,有权处理的机关、单位应当认真研究论证。对科学合理、具有现实可行性的,应当采纳或者部分采纳,并予以回复。

信访人反映的情况、提出的建议意见,对国民经济和社会发展或者对改进工作以及保护社会公共利益有贡献的,应当按照有关规定给予奖励。

各级党委和政府应当健全人民建议征集制度,对涉及国计民生的重要工作,主动听取群众的建议意见。

第三十条　对信访人提出的检举控告类事项,纪检监察机关或者有权处理的机关、单位应当依规依纪依法接收、受理、办理和反馈。

党委和政府信访部门应当按照干部管理权限向组织(人事)部门通报反映干部问题的信访情况,重大情况向党委主要负责同志和分管组织(人事)工作的负责同志报送。组织(人事)部门应当按照干部选拔任用监督的有关规定进行办理。

不得将信访人的检举、揭发材料以及有关情况透露或者转给被检举、揭发的人员或者单位。

第三十一条 对信访人提出的申诉求决类事项,有权处理的机关、单位应当区分情况,分别按照下列方式办理:

(一)应当通过审判机关诉讼程序或者复议程序、检察机关刑事立案程序或者法律监督程序、公安机关法律程序处理的,涉法涉诉信访事项未依法终结的,按照法律法规规定的程序处理。

(二)应当通过仲裁解决的,导入相应程序处理。

(三)可以通过党员申诉、申请复审等解决的,导入相应程序处理。

(四)可以通过行政复议、行政裁决、行政确认、行政许可、行政处罚等行政程序解决的,导入相应程序处理。

(五)属于申请查处违法行为、履行保护人身权或者财产权等合法权益职责的,依法履行或者答复。

(六)不属于以上情形的,应当听取信访人陈述事实和理由,并调查核实,出具信访处理意见书。对重大、复杂、疑难的信访事项,可以举行听证。

第三十二条 信访处理意见书应当载明信访人投诉请求、事实和理由、处理意见及其法律法规依据:

(一)请求事实清楚,符合法律、法规、规章或者其他有关规定的,予以支持;

(二)请求事由合理但缺乏法律依据的,应当作出解释说明;

(三)请求缺乏事实根据或者不符合法律、法规、规章或者其他有关规定的,不予支持。

有权处理的机关、单位作出支持信访请求意见的,应当督促有关机关、单位执行；不予支持的，应当做好信访人的疏导教育工作。

第三十三条　各级机关、单位在处理申诉求决类事项过程中，可以在不违反政策法规强制性规定的情况下，在裁量权范围内，经争议双方当事人同意进行调解；可以引导争议双方当事人自愿和解。经调解、和解达成一致意见的，应当制作调解协议书或者和解协议书。

第三十四条　对本条例第三十一条第六项规定的信访事项应当自受理之日起60日内办结；情况复杂的，经本机关、单位负责人批准，可以适当延长办理期限，但延长期限不得超过30日，并告知信访人延期理由。

第三十五条　信访人对信访处理意见不服的，可以自收到书面答复之日起30日内请求原办理机关、单位的上一级机关、单位复查。收到复查请求的机关、单位应当自收到复查请求之日起30日内提出复查意见，并予以书面答复。

第三十六条　信访人对复查意见不服的，可以自收到书面答复之日起30日内向复查机关、单位的上一级机关、单位请求复核。收到复核请求的机关、单位应当自收到复核请求之日起30日内提出复核意见。

复核机关、单位可以按照本条例第三十一条第六项的规定举行听证，经过听证的复核意见可以依法向社会公示。听证所需时间不计算在前款规定的期限内。

信访人对复核意见不服，仍然以同一事实和理由提出投诉请求的，各级党委和政府信访部门和其他机关、单位不再受理。

第三十七条　各级机关、单位应当坚持社会矛盾纠纷多元预防调处化解，人民调解、行政调解、司法调解联动，综合运用法律、政策、经济、行政等手段和教育、协商、疏导等办法，多措并举化解矛盾纠纷。

各级机关、单位在办理信访事项时，对生活确有困难的信访人，可以告知或者帮助其向有关机关或者机构依法申请社会救助。符合国家司法救助条件的，有关政法部门应当按照规定给予司法救助。

地方党委和政府以及基层党组织和基层单位对信访事项已经复查复核和涉法涉诉信访事项已经依法终结的相关信访人，应当做好疏导教育、矛盾化解、帮扶救助等工作。

第五章　监督和追责

第三十八条　各级党委和政府应当对开展信访工作、落实信访工作责任的情况组织专项督查。

信访工作联席会议及其办公室、党委和政府信访部门应当根据工作需要开展督查,就发现的问题向有关地方和部门进行反馈,重要问题向本级党委和政府报告。

各级党委和政府督查部门应当将疑难复杂信访问题列入督查范围。

第三十九条　各级党委和政府应当以依规依法及时就地解决信访问题为导向,每年对信访工作情况进行考核。考核结果应当在适当范围内通报,并作为对领导班子和有关领导干部综合考核评价的重要参考。

对在信访工作中作出突出成绩和贡献的机关、单位或者个人,可以按照有关规定给予表彰和奖励。

对在信访工作中履职不力、存在严重问题的领导班子和领导干部,视情节轻重,由信访工作联席会议进行约谈、通报、挂牌督办,责令限期整改。

第四十条　党委和政府信访部门发现有关机关、单位存在违反信访工作规定受理、办理信访事项,办理信访事项推诿、敷衍、拖延、弄虚作假或者拒不执行信访处理意见等情形的,应当及时督办,并提出改进工作的建议。

对工作中发现的有关政策性问题,应当及时向本级党委和政府报告,并提出完善政策的建议。

对在信访工作中推诿、敷衍、拖延、弄虚作假造成严重后果的机关、单位及其工作人员,应当向有管理权限的机关、单位提出追究责任的建议。

对信访部门提出的改进工作、完善政策、追究责任的建议,有关机关、单位应当书面反馈采纳情况。

第四十一条　党委和政府信访部门应当编制信访情况年度报告,每年向本级党委和政府、上一级党委和政府信访部门报告。年度报告应当包括下列内容：

（一）信访事项的数据统计、信访事项涉及领域以及被投诉较多的机关、单位；

（二）党委和政府信访部门转送、交办、督办情况；

（三）党委和政府信访部门提出改进工作、完善政策、追究责任建议以及被采纳情况；

（四）其他应当报告的事项。

根据巡视巡察工作需要，党委和政府信访部门应当向巡视巡察机构提供被巡视巡察地区、单位领导班子及其成员和下一级主要负责人有关信访举报，落实信访工作责任制，具有苗头性、倾向性的重要信访问题，需要巡视巡察工作关注的重要信访事项等情况。

第四十二条　因下列情形之一导致信访事项发生，造成严重后果的，对直接负责的主管人员和其他直接责任人员，依规依纪依法严肃处理；构成犯罪的，依法追究刑事责任：

（一）超越或者滥用职权，侵害公民、法人或者其他组织合法权益；

（二）应当作为而不作为，侵害公民、法人或者其他组织合法权益；

（三）适用法律、法规错误或者违反法定程序，侵害公民、法人或者其他组织合法权益；

（四）拒不执行有权处理机关、单位作出的支持信访请求意见。

第四十三条　各级党委和政府信访部门对收到的信访事项应当登记、转送、交办而未按照规定登记、转送、交办，或者应当履行督办职责而未履行的，由其上级机关责令改正；造成严重后果的，对直接负责的主管人员和其他直接责任人员依规依纪依法严肃处理。

第四十四条　负有受理信访事项职责的机关、单位有下列情形之一的，由其上级机关、单位责令改正；造成严重后果的，对直接负责的主管人员和其他直接责任人员依规依纪依法严肃处理：

（一）对收到的信访事项不按照规定登记；

（二）对属于其职权范围的信访事项不予受理；

（三）未在规定期限内书面告知信访人是否受理信访事项。

第四十五条　对信访事项有权处理的机关、单位有下列情形之一的，由其上级机关、单位责令改正；造成严重后果的，对直接负责的主管人员和其他直接责任人员依规依纪依法严肃处理：

（一）推诿、敷衍、拖延信访事项办理或者未在规定期限内办结信访事项；

（二）对事实清楚，符合法律、法规、规章或者其他有关规定的投诉请求未予支持；

（三）对党委和政府信访部门提出的改进工作、完善政策等建议重视不够、落实不力，导致问题长期得不到解决；

（四）其他不履行或者不正确履行信访事项处理职责的情形。

第四十六条　有关机关、单位及其领导干部、工作人员有下列情形之一的，由其上级机关、单位责令改正；造成严重后果的，对直接负责的主管人员和其他直接责任人员依规依纪依法严肃处理；构成犯罪的，依法追究刑事责任：

（一）对待信访人态度恶劣、作风粗暴，损害党群干群关系；

（二）在处理信访事项过程中吃拿卡要、谋取私利；

（三）对规模性集体访、负面舆情等处置不力，导致事态扩大；

（四）对可能造成社会影响的重大、紧急信访事项和信访信息隐瞒、谎报、缓报，或者未依法及时采取必要措施；

（五）将信访人的检举、揭发材料或者有关情况透露、转给被检举、揭发的人员或者单位；

（六）打击报复信访人；

（七）其他违规违纪违法的情形。

第四十七条　信访人违反本条例第二十条、第二十六条规定的，有关机关、单位工作人员应当对其进行劝阻、批评或者教育。

信访人滋事扰序、缠访闹访情节严重，构成违反治安管理行为的，或者违反集会游行示威相关法律法规的,由公安机关依法采取必要的现场处置措施、给予治安管理处罚;构成犯罪的,依法追究刑事责任。

信访人捏造歪曲事实、诬告陷害他人,构成违反治安管理行为的,依法给予治安管理处罚;构成犯罪的,依法追究刑事责任。

第六章 附 则

第四十八条 对外国人、无国籍人、外国组织信访事项的处理,参照本条例执行。

第四十九条 本条例由国家信访局负责解释。

第五十条 本条例自 2022 年 5 月 1 日起施行。

一、法 律 法 规

中华人民共和国公务员法(节录)

1. 2005年4月27日第十届全国人民代表大会常务委员会第十五次会议通过
2. 根据2017年9月1日第十二届全国人民代表大会常务委员会第二十九次会议《关于修改〈中华人民共和国法官法〉等八部法律的决定》修正
3. 2018年12月29日第十三届全国人民代表大会常务委员会第七次会议修订

第五章 考 核

第三十五条 【考核内容】公务员的考核应当按照管理权限,全面考核公务员的德、能、勤、绩、廉,重点考核政治素质和工作实绩。考核指标根据不同职位类别、不同层级机关分别设置。

第三十六条 【考核种类】公务员的考核分为平时考核、专项考核和定期考核等方式。定期考核以平时考核、专项考核为基础。

第三十七条 【定期考核的方式】非领导成员公务员的定期考核采取年度考核的方式。先由个人按照职位职责和有关要求进行总结,主管领导在听取群众意见后,提出考核等次建议,由本机关负责人或者授权的考核委员会确定考核等次。

领导成员的考核由主管机关按照有关规定办理。

第三十八条 【考核结果】定期考核的结果分为优秀、称职、基本称职和不称职四个等次。

定期考核的结果应当以书面形式通知公务员本人。

第三十九条 【考核结果的作用】定期考核的结果作为调整公务员职位、职务、职级、级别、工资以及公务员奖励、培训、辞退的依据。

第八章 奖　　励

第五十一条　【奖励原则】对工作表现突出,有显著成绩和贡献,或者有其他突出事迹的公务员或者公务员集体,给予奖励。奖励坚持定期奖励与及时奖励相结合,精神奖励与物质奖励相结合、以精神奖励为主的原则。

公务员集体的奖励适用于按照编制序列设置的机构或者为完成专项任务组成的工作集体。

第五十二条　【奖励情形】公务员或者公务员集体有下列情形之一的,给予奖励:

(一)忠于职守,积极工作,勇于担当,工作实绩显著的;

(二)遵纪守法,廉洁奉公,作风正派,办事公道,模范作用突出的;

(三)在工作中有发明创造或者提出合理化建议,取得显著经济效益或者社会效益的;

(四)为增进民族团结,维护社会稳定做出突出贡献的;

(五)爱护公共财产,节约国家资财有突出成绩的;

(六)防止或者消除事故有功,使国家和人民群众利益免受或者减少损失的;

(七)在抢险、救灾等特定环境中做出突出贡献的;

(八)同违纪违法行为作斗争有功绩的;

(九)在对外交往中为国家争得荣誉和利益的;

(十)有其他突出功绩的。

第五十三条　【奖励种类】奖励分为:嘉奖、记三等功、记二等功、记一等功、授予称号。

对受奖励的公务员或者公务员集体予以表彰,并对受奖励的个人给予一次性奖金或者其他待遇。

第五十四条　【集体奖励】给予公务员或者公务员集体奖励,按照规定的权限和程序决定或者审批。

第五十五条　【特殊奖励】按照国家规定,可以向参与特定时期、特定领域重大工作的公务员颁发纪念证书或者纪念章。

第五十六条 【奖励撤销】公务员或者公务员集体有下列情形之一的,撤销奖励:

(一)弄虚作假,骗取奖励的;

(二)申报奖励时隐瞒严重错误或者严重违反规定程序的;

(三)有严重违纪违法等行为,影响称号声誉的;

(四)有法律、法规规定应当撤销奖励的其他情形的。

中华人民共和国刑法(节录)

1. 1979年7月1日第五届全国人民代表大会第二次会议通过
2. 1997年3月14日第八届全国人民代表大会第五次会议修订
3. 根据1998年12月29日第九届全国人民代表大会常务委员会第六次会议通过的《关于惩治骗购外汇、逃汇和非法买卖外汇犯罪的决定》、1999年12月25日第九届全国人民代表大会常务委员会第十三次会议通过的《中华人民共和国刑法修正案》、2001年8月31日第九届全国人民代表大会常务委员会第二十三次会议通过的《中华人民共和国刑法修正案(二)》、2001年12月29日第九届全国人民代表大会常务委员会第二十五次会议通过的《中华人民共和国刑法修正案(三)》、2002年12月28日第九届全国人民代表大会常务委员会第三十一次会议通过的《中华人民共和国刑法修正案(四)》、2005年2月28日第十届全国人民代表大会常务委员会第十四次会议通过的《中华人民共和国刑法修正案(五)》、2006年6月29日第十届全国人民代表大会常务委员会第二十二次会议通过的《中华人民共和国刑法修正案(六)》、2009年2月28日第十一届全国人民代表大会常务委员会第七次会议通过的《中华人民共和国刑法修正案(七)》、2009年8月27日第十一届全国人民代表大会常务委员会第十次会议通过的《关于修改部分法律的决定》、2011年2月25日第十一届全国人民代表大会常务委员会第十九次会议通过的《中华人民共和国刑法修正案(八)》、2015年8月29日第十二届全国人民代表大会常务委员会第十六次会议通过的《中华人民共和国刑法修正案(九)》、

2017年11月4日第十二届全国人民代表大会常务委员会第三十次会议通过的《中华人民共和国刑法修正案(十)》、2020年12月26日第十三届全国人民代表大会常务委员会第二十四次会议通过的《中华人民共和国刑法修正案(十一)》和2023年12月29日第十四届全国人民代表大会常务委员会第七次会议通过的《中华人民共和国刑法修正案(十二)》修正

第二百九十条 【聚众扰乱社会秩序罪】聚众扰乱社会秩序,情节严重,致使工作、生产、营业和教学、科研、医疗无法进行,造成严重损失的,对首要分子,处三年以上七年以下有期徒刑;对其他积极参加的,处三年以下有期徒刑、拘役、管制或者剥夺政治权利。

【聚众冲击国家机关罪】聚众冲击国家机关,致使国家机关工作无法进行,造成严重损失的,对首要分子,处五年以上十年以下有期徒刑;对其他积极参加的,处五年以下有期徒刑、拘役、管制或者剥夺政治权利。

【扰乱国家机关工作秩序罪】多次扰乱国家机关工作秩序,经行政处罚后仍不改正,造成严重后果的,处三年以下有期徒刑、拘役或者管制。

【组织、资助非法聚集罪】多次组织、资助他人非法聚集,扰乱社会秩序,情节严重的,依照前款的规定处罚。

第二百九十一条 【聚众扰乱公共场所秩序、交通秩序罪】聚众扰乱车站、码头、民用航空站、商场、公园、影剧院、展览会、运动场或者其他公共场所秩序,聚众堵塞交通或者破坏交通秩序,抗拒、阻碍国家治安管理工作人员依法执行职务,情节严重的,对首要分子,处五年以下有期徒刑、拘役或者管制。

第二百九十七条 【非法携带武器、管制刀具、爆炸物参加集会、游行、示威罪】违反法律规定,携带武器、管制刀具或者爆炸物参加集会、游行、示威的,处三年以下有期徒刑、拘役、管制或者剥夺政治权利。

中华人民共和国政府信息公开条例(节录)

1. 2007年4月5日国务院令第492号公布
2. 2019年4月3日国务院令第711号修订

第三十九条 申请人以政府信息公开申请的形式进行信访、投诉、举报等活动,行政机关应当告知申请人不作为政府信息公开申请处理并可以告知通过相应渠道提出。

申请人提出的申请内容为要求行政机关提供政府公报、报刊、书籍等公开出版物的,行政机关可以告知获取的途径。

二、党内法规

信访工作责任制实施办法

2016年10月8日中共中央办公厅、国务院办公厅印发施行

第一章 总　则

第一条 为了进一步落实各级党政机关及其领导干部、工作人员信访工作责任,从源头上预防和减少信访问题发生,推动信访问题及时就地解决,依法维护群众合法权益,促进社会和谐稳定,根据国家有关法律法规和中央有关规定,制定本办法。

第二条 本办法所称党政机关,包括党的机关、人大机关、行政机关、政协机关、审判机关、检察机关。

各级党政机关派出机构、直属事业单位以及工会、共青团、妇联等人民团体适用本办法。

国有和国有控股企业参照本办法执行。

第三条 落实信访工作责任制,以邓小平理论、"三个代表"重要思想、科学发展观为指导,深入贯彻习近平总书记系列重要讲话精神,按照"属地管理、分级负责,谁主管、谁负责,依法、及时、就地解决问题与疏导教育相结合"的工作原则,综合运用督查、考核、惩戒等措施,依法规范各级党政机关履行信访工作职责,把信访突出问题处理好,把群众合理合法利益诉求解决好,确保中央关于信访工作决策部署贯彻落实。

第二章 责任内容

第四条 各级党政机关应当将信访工作列入议事日程,定期听取工作汇报、分析信访形势、研究解决工作中的重要问题,从人力物力财力上保证信访工作顺利开展;应当科学、民主决策,依法履行职责,从源头上预防和减少导致信访问题的矛盾和纠纷。

党政机关领导班子主要负责人对本地区、本部门、本系统的信访工作负总责,其他成员根据工作分工,对职权范围内的信访工作负主要领导责任。

各级领导干部应当阅批群众来信和网上信访,定期接待群众来访,协调处理疑难复杂信访问题。

第五条 各级党政机关工作部门对属于本部门职权范围内的信访事项,应当依照有关法律法规规定和程序,及时妥善处理。

垂直管理部门负责本系统的信访工作,应当督促下级部门和单位依法、及时、就地解决信访问题。

第六条 地方各级党委和政府在预防和处理本地区信访问题中负有主体责任,应当加强矛盾纠纷排查化解和信访风险防控预警,针对具体问题明确责任归属,协调督促有关责任部门和单位依法、及时、就地解决,并加强对信访群众的疏导教育。

第七条 各级信访部门应当在党委和政府的统一领导下,协调、指导和监督本地区的信访工作,依照法定程序和诉讼与信访分离制度受理、交办、转送和督办信访事项,协调处理重要信访问题,分析研究信访情况,提出改进工作、完善政策和给予处分的建议。

第八条 各级党政机关工作人员在处理信访事项过程中,应当遵守群众纪律,秉公办事、清正廉洁、保守秘密、热情周到。

第三章 督查考核

第九条 各级党政机关应当将信访工作纳入督查范围,对本地区、本部门、本系统信访工作开展和责任落实情况,每年至少组织开展一次专项督查,并在适当范围内通报督查情况。

第十条 各级党政机关应当以依法、及时、就地解决信访问题为导向,建立健全信访工作考核评价机制,制定科学合理的考核评价标准和指标体系,定期对本地区、本部门、本系统信访工作情况进行考核。考核结果作为对领导班子和领导干部综合考评的重要参考。

各级组织人事部门在干部考察工作中,应当听取信访部门意见,了解掌握领导干部履行信访工作职责情况。

国家信访局负责对各省、自治区、直辖市信访工作情况进行年度考核。对工作成效明显的省、自治区、直辖市予以通报表扬;对问题较多的省、自治区、直辖市,加强工作指导,督促解决存在的问题。

第四章 责 任 追 究

第十一条 各级党政机关及其领导干部、工作人员不履行或者未能正确履行本办法所列责任内容,有下列情形之一的,应当追究责任:

(一)因决策失误、工作失职,损害群众利益,导致信访问题产生,造成严重后果的;

(二)未按照规定受理、交办、转送和督办信访事项,或者不执行信访事项处理意见,严重损害信访群众合法权益的;

(三)违反群众纪律,对应当解决的群众合理合法诉求消极应付、推诿扯皮,或者对待信访群众态度恶劣、简单粗暴,损害党群干群关系,造成严重后果的;

(四)对发生的集体访或者信访负面舆情处置不力,导致事态扩大,造成不良影响的;

(五)对信访部门提出的改进工作、完善政策和给予处分等建议重视不够、落实不力,导致问题长期得不到解决的;

(六)其他应当追究责任的失职失责情形。

对前款规定中涉及的集体责任,领导班子主要负责人和直接主管的负责人承担主要领导责任,参与决策和工作的班子其他成员承担重要领导责任,对错误决策或者行为提出明确反对意见而没有被采纳的,不承担领导责任;涉及的个人责任,具体负责的工作人员承担直接责任,领导班子主要负责人和直接主管的负责人承担领导责任。

第十二条 根据情节轻重,对各级党政机关领导干部、工作人员的责任追究采取通报、诫勉、组织调整或者组织处理、纪律处分的方式进行。上述追责方式,可以单独使用,也可以合并使用。

涉嫌违法犯罪的,按照国家有关法律规定处理。

第十三条　对具有本办法第十一条所列情形、情节较轻的,由有管理权限的党政机关对相关责任人进行通报,限期整改。

第十四条　对受到通报后仍未按期完成整改目标,或者具有本办法第十一条所列情形且危害严重以及影响重大的,由有管理权限的党政机关对相关责任人进行诫勉,督促限期整改。同时,取消该地区、部门和单位本年度评选综合性荣誉称号的资格。

第十五条　对受到诫勉后仍未按期完成整改目标,或者有本办法第十一条所列情形且危害特别严重以及影响特别重大的,由有管理权限的党政机关对相关责任人采取停职检查、调整职务、责令辞职、降职、免职等组织调整或者组织处理措施。

第十六条　对在信访工作中失职失责的相关责任人,应当给予党纪政纪处分的,依纪依法追究责任。

第五章　附　　则

第十七条　各省、自治区、直辖市,中央和国家机关各部门,可以根据本办法制定实施细则。

　　中央军事委员会可以根据本办法,结合中国人民解放军和中国人民武装警察部队的实际情况,制定具体规定。

第十八条　本办法由国家信访局负责解释。

第十九条　本办法自2016年10月8日起施行。此前发布的有关信访工作责任制的规定,凡与本办法不一致的,按照本办法执行。

关于违反信访工作纪律适用
《中国共产党纪律处分条例》若干问题的解释

2008年7月4日中央纪委印发

　　为严格执行处理信访突出问题及群体性事件工作责任制,切实落实领导责任,惩处信访工作违纪行为,维护信访工作秩序,保护信访人合法权益,促进社会和谐稳定,现就信访工作违纪行为适用《中国共产党纪律处分条例》若干问题解释如下。

一、党和国家机关、人民团体、企业、事业单位中对信访工作违纪行为负有领导责任的人员和其他直接责任人员中的共产党员,依照本解释追究责任。

二、本解释所称违反信访工作纪律,是指违反党和国家有关信访工作的规定的行为。

三、本解释所称领导责任,是指有关领导人员在处理信访突出问题及群体性事件时,承担的与领导工作职责相关的责任,分为主要领导责任和重要领导责任。

四、有下列情形之一的,依照《中国共产党纪律处分条例》第一百二十八条规定处理:

(一)决策违反法律法规和政策,严重损害群众利益,引发信访突出问题或群体性事件的;

(二)主要领导不及时处理重要来信、来访或不及时研究解决信访突出问题,导致矛盾激化,造成严重后果的;

(三)对疑难复杂的信访问题,未按有关规定落实领导专办责任,久拖不决,造成严重后果的。

五、有下列情形之一的,依照《中国共产党纪律处分条例》第一百三十一条规定处理:

(一)拒不办理上级机关和信访工作机构交办、督办的重要信访事项,或者编报虚假材料欺骗上级机关,造成严重后果的;

(二)拒不执行有关职能机关提出的支持信访请求意见,引发信访突出问题或群体性事件的;

(三)本地区、单位或部门发生越级集体上访或群体性事件后,未认真落实上级机关的明确处理意见,导致矛盾激化、事态扩大或引发重复越级集体上访,造成较大社会影响的;

(四)不按有关规定落实信访工作机构提出的改进工作、完善政策、给予处分等建议,造成严重后果的。

六、有下列情形之一的,依照《中国共产党纪律处分条例》第一百三十二条规定处理:

（一）在处理信访事项过程中,工作作风简单粗暴,造成严重后果的;

（二）对信访事项应当受理、登记、转送、交办、答复而未按规定办理或逾期未结,或者应当履行督查督办职责而未履行,造成严重后果的;

（三）在处理信访事项过程中,敷衍塞责、推诿扯皮导致矛盾激化,造成严重后果的;

（四）对重大信访突出问题和群体性事件,应到现场处置而未到现场处置或处置不当,造成严重后果或较大社会影响的。

七、有下列情形之一的,依照《中国共产党纪律处分条例》第一百三十四条规定处理:

（一）超越或者滥用职权,侵害公民、法人或者其他组织合法权益,导致信访事项发生,造成严重后果的;

（二）应当作为而不作为,侵害公民、法人或者其他组织合法权益,导致信访事项发生,造成严重后果的;

（三）因故意或重大过失导致认定事实错误,或者适用法律、法规错误,或者违反法定程序,侵害公民、法人或者其他组织合法权益,导致信访事项发生,造成严重后果的。

八、违反规定使用警力处置群体性事件,或者滥用警械、强制措施,或者违反规定携带、使用武器的,依照《中国共产党纪律处分条例》第一百三十六条规定处理。

九、在信访工作中有其他失职、渎职行为,引发信访突出问题或群体性事件的,依照《中国共产党纪律处分条例》第一百二十七条规定处理。

十、有本解释第四条至第九条规定的行为,可同时建议有关机关给予组织处理。

十一、有本解释第四条至第九条规定的行为,但未造成较大影响或严重后果的,可以责令作出深刻检查或给予通报批评。

党委组织部门信访工作暂行规定

1. 2006年6月27日中共中央组织部印发
2. 自2006年8月1日起施行

第一章 总　　则

第一条　为加强和改进党委组织部门信访工作,切实维护党员、干部和群众的合法权益,根据《信访条例》和党委组织部门工作实际,制定本规定。

第二条　本规定所称党委组织部门信访工作是指党委组织部门依据党的路线、方针、政策和组织工作的有关规定,受理和解决党员、干部、群众或者有关组织通过书信、走访、电话、电子邮件、传真等形式提出或反映的有关问题所进行的活动。

　　党委组织部门信访工作是组织工作的重要组成部分。

第三条　党委组织部门信访工作应当遵循下列原则:

　　(一)实事求是的原则;

　　(二)属地管理、分级负责,谁主管、谁负责的原则;

　　(三)严格按政策办事与做好思想疏导工作相结合的原则;

　　(四)依法、及时、就地解决问题的原则。

第四条　县级以上党委组织部门应当明确信访工作机构,负责本级党委组织部门的信访工作。信访工作机构可单设,也可与其他内设机构合设。信访工作机构的人员配备要与其工作任务相适应。

　　党委组织部门应以适当方式向社会公布信访工作机构的通信地址、来访接待的时间和地点、电子信箱、投诉电话等相关信息。

第五条　党委组织部门信访工作的主要职责:

　　(一)受理、交办、转送信访人提出的信访事项;

　　(二)承办上级党委组织部门和同级党委交由处理的信访事项;

（三）协助其他部门处理需要本级党委组织部门参与的信访事项；

（四）督促检查信访事项的处理；

（五）研究、分析信访情况，及时向本级党委和上级党委组织部门提出完善政策和改进工作的建议；

（六）对下级党委组织部门的信访工作进行督促检查和指导。

第六条　党委组织部门受理信访事项的范围：

（一）党的组织路线、方针、政策的贯彻执行情况和问题；

（二）对领导班子、领导干部和干部队伍建设有关情况和问题的反映；

（三）党的基层组织建设和党员队伍建设方面的情况和问题；

（四）对组织工作、干部工作、人才工作的询问、意见和建议；

（五）离（退）休干部待遇和管理方面的情况和问题；

（六）对党委组织部门审查和处理结论不服的申诉；

（七）党委组织部门管理权限内的有关人事方面的申诉和要求；

（八）其他应由党委组织部门处理的信访事项。

第二章　信访事项的受理

第七条　党委组织部门收到信访事项，由信访工作机构统一登记并在15日内按下列方式处理：

（一）对属于本级党委组织部门处理的信访事项，转送有关内设机构办理，并书面告知信访人已经受理。

对属于下级党委组织部门处理的信访事项，转交下级党委组织部门。有权处理的部门接到上级部门转交的信访事项后，应当书面告知信访人是否受理。不予受理的，应当说明理由。

（二）对不属于党委组织部门受理的信访事项，转送有关部门处理，并告知信访人向有权处理的部门提出。

（三）对询问组织工作有关政策的，应当书面或口头回复信访人；对组织工作提出意见和建议的，应当书面告知信访人所提意见和建议的处理情况。

（四）对需要其他部门协助处理的信访事项,应当协商有关部门处理。

第八条　对可能造成社会影响的重大、紧急信访事项,应当及时报告本级党委和上级党委组织部门,并在职责范围内及时采取措施,防止不良影响的产生、扩大。

第九条　对采取走访形式提出信访事项的,应告知信访人向有权处理的部门提出。对多人采取走访形式提出共同信访事项的,应告知推选代表,代表人数不得超过5人。

第十条　信访事项在规定期限内已经受理或正在办理,信访人向受理或办理部门的上级机关再提出同一信访事项的,该上级机关不予受理。

　　信访人在本规定第十六条、第十七条规定的期限内未提出复查、复核请求,或对复核意见不服,仍然以同一事实和理由提出诉求的,党委组织部门不再受理。

第三章　信访事项的办理和督办

第十一条　党委组织部门办理信访事项时,应当坚持原则,严格履行职责,及时组织调查核实,妥善处理,不得推诿、敷衍、拖延。

第十二条　信访事项应当自受理之日起60日内办结,提出信访处理意见。情况复杂的,经本部门负责人批准,可以适当延长办理期限,但延长期限不得超过30日,并告知信访人延期的理由。

第十三条　信访处理意见要事实清楚、定性准确、处理恰当、手续完备。信访处理意见除有保密要求的,应当以书面形式答复信访人。

第十四条　对本级党委组织部门信访工作机构转送内设机构办理的信访事项,有关内设机构要按时反馈办理情况。

第十五条　对上级党委组织部门转送的要求上报信访处理意见的信访事项,经办部门应当逐级上报。上级机关对上报的信访处理意见要严格审核,发现适用政策不当或违反程序的,应当退回经办部门重新办理。

第十六条　信访人对党委组织部门作出的信访处理意见不服的,可以自收到书面答复之日起30日内请求原办理部门的上一级机关复查。收到复查请求的机关应当自收到复查请求之日起30日内提出复查意见,并予以书面答复。

第十七条 信访人对复查意见不服的,可以自收到书面答复之日起30日内向复查机关的上一级机关请求复核。收到复核请求的机关应当自收到复核请求之日起30日内提出复核意见,并予以书面答复。

第十八条 对重大、复杂、疑难的信访事项,可以举行听证。

第十九条 信访人在本规定实施前提出的信访事项尚未办结,或已经办结,信访人又提出新的事实或者理由重新信访的,按照本规定办理。

第二十条 办理机关可对信访处理意见的落实情况进行回访。

第二十一条 有下列情形之一的,应当及时督办,并提出改进意见和建议:

（一）未按本规定受理信访事项的;

（二）未按规定程序和规定期限办理信访事项的;

（三）办理信访事项推诿、敷衍、拖延的;

（四）不执行信访处理意见的;

（五）其他需要督办的情形。

第二十二条 党委组织部门工作人员与信访事项或者信访人有直接利害关系的,应当回避。

第四章 责任追究

第二十三条 因履行职责不当引发信访事项,或隐瞒、缓报重大紧急信访事项和信访信息,造成严重后果的,给予负有直接责任的主管人员和其他直接责任人员党纪政纪处分。

第二十四条 对收到的信访事项未按本规定办理,或在信访事项办理过程中弄虚作假的,由其上级机关责令改正;造成严重后果的,给予负有直接责任的主管人员和其他直接责任人员党纪政纪处分。

第二十五条 将信访人的检举、揭发材料及有关情况透露或者转给被检举、揭发的人员或者单位,或对信访人打击报复的,给予批评教育;情节严重的,给予党纪政纪处分。

第二十六条 对违反《信访条例》第十八条、第二十条规定,扰乱社会公共秩序和信访秩序的,信访工作人员应当对信访人进行劝阻、批评或者教育。经劝阻、批评或者教育无效的,可提请公安机关依法处理。

第二十七条 对违反《信访条例》第十九条规定,捏造歪曲事实、诬告陷害他人的,给予批评教育;情节严重的,可提请公安机关依法处理。

第五章　组织领导

第二十八条 党委组织部门要加强对信访工作的领导,把信访工作列入重要议事日程,建立统一领导、内部协调、各负其责、齐抓共管的信访工作格局。主要负责人要亲自阅批重要来信,接待重要来访,定期听取信访工作汇报,经常分析研究信访形势,及时解决工作中的突出问题。

第二十九条 党委组织部门要加强信访工作制度建设。县级以上党委组织部门应当建立内部信访工作联席会议机制,制定和完善处理信访突出问题及群体性事件、突发事件的工作预案。

第三十条 党委组织部门要加强对下级党委组织部门信访工作的指导,特别是要加强对县级党委组织部门信访工作的指导,提高基层化解矛盾和解决问题的能力。

第三十一条 党委组织部门要重视信访工作机构和队伍建设,加强对信访工作人员的培训,不断提高信访工作人员的政治素质和业务水平。

对在信访工作中做出优异成绩的单位和个人,应当给予奖励和表彰。

第六章　附　　则

第三十二条 省(区、市)党委组织部可以根据本规定制定实施办法。

第三十三条 本规定由中共中央组织部负责解释。

第三十四条 本规定自2006年8月1日起施行。1980年3月3日中共中央组织部发布的《各级党委组织部门处理来信来访工作暂行条例》同时废止。

关于建立律师参与化解和代理涉法涉诉信访案件制度的意见（试行）

2015年6月8日中央政法委印发

为认真贯彻党的十八届四中全会精神，充分发挥法律服务队伍在维护群众合法权益、化解矛盾纠纷、促进社会和谐稳定中的积极作用，深入推进涉法涉诉信访改革，现就建立律师参与化解和代理涉法涉诉信访案件制度，提出如下意见。

一、建立律师参与化解和代理涉法涉诉信访案件制度的意义

律师是社会主义法律工作者，在全面推进依法治国中具有重要作用。党的十八届四中全会作出了加强律师队伍建设、推动律师法律服务业发展的决策部署。要求广大律师积极参与城乡居民公共法律服务，提供及时有效的法律帮助；建立律师以案释法制度，加强普法宣传教育；实行律师代理司法申诉制度，保障当事人依法行使申诉权。这些举措对律师做好新形势下法律服务工作、履行好社会责任，提出了新要求，对增强全民法治观念，推进法治社会建设具有重要意义。律师参与涉法涉诉信访案件化解和代理工作，为信访群众提供良好法律服务，是落实党的十八届四中全会精神、全面推进依法治国的具体要求和实践。

随着涉法涉诉信访改革推进实施，依法处理涉法涉诉信访工作取得了积极效果，但涉法涉诉信访案件多发、重复访高发、久访不息的问题仍然突出，既加重了信访群众的诉累，又耗费了大量司法资源，影响正常信访秩序。律师以法律服务者身份参与涉法涉诉信访工作，容易取得信访群众信任，引导信访群众理性表达诉求、依法维护权益；律师是法律"明白人"，既向信访群众讲法明理，又督促政法机关严格依法办案，有利于涉法涉诉信访案件得到依法解决；律师参与化解和代理

涉法涉诉信访案件,既是为信访群众提供法律服务,也是提高自身能力素质、彰显社会责任的实践和锻炼。充分发挥律师的独特优势,动员律师积极参与化解和代理涉法涉诉信访案件工作,是推进涉法涉诉信访走向法治的重要途径,是形成良好信访秩序的制度保障。各级政法机关和律师协会要高度重视,积极为律师参与涉法涉诉信访工作创造条件,实现与政法机关的优势互补、良性互动,提高依法解决涉法涉诉信访问题的能力和效果。

二、律师参与化解和代理涉法涉诉信访案件的任务和原则

律师参与化解和代理涉法涉诉信访案件是一项公益性法律服务工作。对不服政法机关法律处理意见,以信访形式表达诉求的,可由律师协会委派的律师,听取信访人诉求,评析信访事项,有针对性地做好释法析理、提出处理建议、引导申诉等工作,促进案件得到依法公正处理,实现息诉息访。具体任务是:对原案件处理正确的,帮助信访人准确理解政法机关依法作出的法律处理意见,劝导其服判息诉;对原案件处理可能存在错误或瑕疵的,向政法机关提出建议,促使问题进入法律程序解决;对信访人生活困难,符合相关救助规定的,协助申请人开展救助申请工作。

律师参与化解和代理涉法涉诉信访案件,应当遵循以下原则:

自愿平等。尊重信访人意愿,不强制化解,不偏袒政法办案单位、不误导信访群众。

依法据理。严格依照法律和政策,向信访人讲清法理、讲明事理、讲通情理,向政法机关提出法律意见。

实事求是。以事实为依据,以法律为准绳,依法维护信访群众合法权益,尊重政法机关依法作出的公正处理意见。

无偿公益。不以赢利为目的,向信访人提供无偿法律服务。

三、律师参与化解和代理涉法涉诉信访案件的运行模式

由律师协会选派律师到政法机关信访接待场所,向信访群众提供现场咨询服务。

由律师协会向信访人推荐律师或由信访人在涉法涉诉信访案件

律师库中自愿选择律师,实行专案专人服务。

政法机关通过律师协会,委托律师事务所对涉法涉诉信访事项进行评析,提出法律意见和办理建议。

依托律师协会或法律援助中心,通过公益性涉法涉诉信访法律服务机构,直接面向群众开展涉法涉诉信访案件化解和代理工作。

各地可结合本地实际,按照方便易行、务实高效的原则,积极探索律师参与化解和代理涉法涉诉信访案件的其他模式。

四、律师参与化解和代理涉法涉诉信访案件的工作方法

根据信访人和信访案件实际,律师运用法律专业知识和化解矛盾纠纷的实践经验,灵活运用各种方法,促进涉法涉诉信访案件得到依法公正处理。

接谈信访人。认真听取信访人陈述,详细阅读信访材料,准确了解信访人诉求,疏导情绪,解疑释惑,提供法律咨询解答。

评析信访案件。依据案件事实和相关法律规定,在调查核实案情基础上,由律师事务所或涉法涉诉信访法律服务机构对信访人的信访事项和诉求作出评议分析,研究解决问题的方案。需要向办案机关了解案情的,及时与办案机关沟通。

做好释法劝导工作。经过分析、评议,认为原案件处理正确、信访人诉求不当的,通过摆事实、讲道理、析法理,耐心劝导信访人服判息诉。仍不息诉的,可邀请相关领域专家、对方当事人、群众代表、有信访经历的人员等,公开评议信访人的诉求是否有理合法,或建议办案机关举行听证。

提出处理建议。经过分析、评议,认为原案件处理存在执法错误或瑕疵的,及时向有管辖权的政法机关提出法律意见和工作建议。

引导信访人依法申诉。对信访诉求符合法律规定,需要向政法机关提出申诉的,律师可帮助信访人撰写申诉材料、收集证据、接受询问,引导信访人依法按程序进行申诉。信访人需委托律师代理申诉的,可自行决定是否委托原接待服务律师或另行委托其他律师。条件成熟时,对聘不起律师的,纳入法律援助范围。

帮助申请救助。对生活困难的信访人，符合国家司法救助条件的，可帮助其向政法机关申请国家司法救助；给予国家司法救助后仍有困难或不符合国家司法救助条件的，可帮助其向政府有关部门申请其他社会救助方式。

五、加强对律师参与化解和代理涉法涉诉信访案件的管理和保障

律师协会负责推荐参与化解和代理涉法涉诉信访案件的律师人选，并建立律师人才库和名录，报同级司法行政机关备案。参与化解和代理涉法涉诉信访案件的律师应当政治坚定、公道正派，具有较强的业务能力和社会责任感，热心公益事业，善于做群众工作。重视发挥党员律师、优秀律师的示范带动作用。

各政法接访单位要为律师参与化解和代理涉法涉诉信访案件提供必要的场地和设施，加强安全防范，保障律师人身安全；对律师阅卷、咨询了解案情等合理要求提供支持，对律师提出的处理建议认真研究，及时反馈意见；对确有错误或瑕疵的案件，应当及时导入法律程序予以解决。

律师参与化解和代理涉法涉诉信访案件，应当遵守相关法律规定、职业道德、工作原则。不得泄露化解和代理中知悉的案件信息以及依法不能公开的信息，不炒作有关敏感、复杂信访案件，严禁支持、唆使、组织信访人采取违法方式反映问题。与案件有利害关系的律师，应当回避相关信访案件的化解和代理工作。对违反执业纪律的律师，取消其参与化解和代理涉法涉诉信访案件的资格，并视情由主管部门依法依规做出相应处理。

六、强化对律师参与化解和代理涉法涉诉信访案件的组织领导

各级党委政法委要加强对这项工作的领导，及时协调解决好工作中遇到的困难和问题。司法行政机关负责律师参与化解和代理涉法涉诉信访案件工作的牵头组织和指导，律师协会负责日常工作管理，对参与化解和代理工作的律师、律师事务所、涉法涉诉信访法律服务机构，应当给予适当补助，但当事人自行聘请代理律师的除外。法院、检察、公安等机关立足本职，做好涉法涉诉信访案件依法处理工作，需要律师参与化解和代理涉法涉诉信访案件的,及时向司法行政机关提出需求,积极支持律师工作,破解息诉息访难问题。

各省、自治区、直辖市和新疆生产建设兵团要结合实际,制定律师参与化解和代理涉法涉诉信访案件的具体办法,力争 2015 年底前,以地市为重点全面推开实施。要建立健全律师参与化解和代理涉法涉诉信访案件的人员选任、培训考核、日常管理、奖惩激励等办法,确保工作健康有序开展。要切实保障律师参与化解和代理涉法涉诉信访案件的必要经费。同时,积极鼓励倡导信访人自行聘请律师,为其代理申诉,依法维护自身权益。要积极动员具有业务专长、有群众威信的第三方人员参加涉法涉诉信访案件化解工作,逐步形成以律师等法律服务人员为主、社会力量共同参与的多元化解工作格局。注意总结工作、交流经验、宣传推广,不断健全、完善相关工作机制,努力让信访群众感受到法律服务的便捷和诉求解决的顺畅,着力提高依法解决涉法涉诉信访案件的法律效果和社会效果。

三、司法解释、司法业务文件

最高人民法院关于依法维护
人民法院申诉信访秩序的意见

1. 2014年12月15日
2. 法〔2014〕347号
3. 自2014年12月26日起实施

为依法保障公民、法人和其他组织的合法权益,规范申诉信访行为,维护申诉信访秩序,根据《中华人民共和国刑事诉讼法》《中华人民共和国民事诉讼法》《中华人民共和国行政诉讼法》《中华人民共和国人民警察法》的规定,制定本意见。

第一条 申诉信访人员应当遵守法律、法规和司法解释有关诉讼参与人行为规范的规定。到人民法院申诉信访,应当听从工作人员的组织、指挥和引导。

第二条 人民法院在解决申诉信访人员实际问题的同时,对有轻微缠访、闹访行为的,要进行劝阻、批评、教育;对涉嫌违法犯罪的,要严格依法处理。

第三条 人民法院申诉信访场所由司法警察执勤,负责维护秩序和安全。

第四条 对扰乱申诉信访秩序的人员,司法警察应当分别采取训诫、制止、控制、强行带离等处理措施,收集、固定、保存相关证据,并视情节移送公安机关处理。

第五条 人民法院要加强与公安机关的沟通与配合,建立闹访、缠访情况沟通机制,协同公安机关现场处置。

第六条 无行为能力、限制行为能力人,应当由监护人陪同进入人民法院申诉信访场所。未经准许,不能正常表达诉求的精神病人、醉酒者不得进入。

第七条　申诉信访场所应当配备物品寄存设施,申诉信访人员应当将所携带的具有拍照、录音、录像功能的设备予以寄存。

未经准许拍照、录音、录像的,司法警察应当予以制止,删除拍录内容,并可以对行为人予以训诫。

第八条　申诉信访人员对司法工作人员进行侮辱、诽谤、诬陷、殴打或者打击报复的,人民法院可以依照《中华人民共和国民事诉讼法》第一百一十一条或者《中华人民共和国行政诉讼法》第四十九条的规定,予以罚款、拘留;构成犯罪的,依法追究刑事责任。

第九条　申诉信访人员阻碍司法工作人员执行职务,有下列行为之一的,人民法院可以依照《中华人民共和国民事诉讼法》第一百一十一条或者《中华人民共和国行政诉讼法》第四十九条的规定,予以罚款、拘留;构成犯罪的,依法追究刑事责任:

（一）聚众哄闹、寻衅滋事;

（二）对司法工作人员实施暴力或者威胁;

（三）煽动、串联、胁迫、诱使、操纵、教唆他人采取极端方式缠访、闹访;

（四）实施自杀、自伤行为,造成恶劣社会影响;

（五）故意损毁、占用人民法院申诉信访场所财物;

（六）在人民法院滞留或者将年老、年幼、患有严重疾病、肢体残疾等生活不能自理的人弃留人民法院,经劝阻、批评和教育无效;

（七）以暴力、威胁或者其他方法阻碍司法工作人员执行职务。

第十条　进入人民法院申诉信访场所应当自觉接受安全检查。有以下行为之一的,司法警察应当采取训诫、制止、控制等处置措施,固定相关证据,对涉嫌违法犯罪的,移送公安机关处理:

（一）哄闹、冲击安检口或者煽动他人哄闹、冲击安检口;

（二）打砸安检设施,袭击、侮辱司法工作人员;

（三）殴打其他申诉信访人员的;

（四）携带枪支、弹药、管制器具、爆炸性、毒害性、放射性、腐蚀性等危险物质企图进入人民法院；

（五）其他严重扰乱安检秩序的行为。

第十一条 申诉信访人员扬言采取暴力或者其他极端手段报复他人、在社会上制造事端的,司法警察应当采取控制措施后,移送公安机关处理。

第十二条 申诉信访人员在人民法院门前非法聚集、拦截车辆、堵塞、阻断交通的,司法警察应当及时采取制止、控制等处置措施,确保道路交通畅通,并视情节移送公安机关处理。

第十三条 申诉信访人员在人民法院周围采取极端行为制造社会影响的,司法警察应当及时采取措施予以制止,及时通知公安机关处理。

第十四条 人民法院应当及时将申诉信访人员缠访、闹访情况录入涉诉信访信息系统。

对申诉信访人员缠访、闹访行为,人民法院可以通报其户籍所在地或者经常居住地的基层组织或者所在单位。对极端闹访行为,人民法院认为有必要的,可以通过媒体向社会予以公布。

第十五条 人民法院诉讼服务中心工作秩序的维护,适用本意见。

第十六条 本意见自 2014 年 12 月 26 日起实施。

最高人民法院关于人民法院办理执行信访案件若干问题的意见

1. 2016 年 6 月 27 日
2. 法发〔2016〕15 号

为贯彻落实中央关于涉诉信访纳入法治轨道解决、实行诉访分离以及建立健全信访终结制度的指导精神,根据《中华人民共和国民事诉讼法》(以下简称《民事诉讼法》)及有关司法解释,结合人民法院执

行工作实际,现针对执行信访案件交办督办、实行诉访分离以及信访终结等若干问题,提出如下意见:

一、关于办理执行信访案件的基本要求

1. 执行信访案件,指信访当事人向人民法院申诉信访,请求督促执行或者纠正执行错误的案件。执行信访案件分为执行实施类信访案件、执行审查类信访案件两类。

2. 各级人民法院执行部门应当设立执行信访专门机构;执行信访案件的接待处理、交办督办以及信访终结的复查、报请、决定及备案等各项工作,由各级人民法院执行部门统一归口管理。

3. 各级人民法院应当建立健全执行信访案件办理机制,畅通执行申诉信访渠道,切实公开信访办理流程与处理结果,确保相关诉求依法、及时、公开得到处理:

(1)设立执行申诉来访接待窗口,公布执行申诉来信邮寄地址,并配备专人接待来访与处理来信;

(2)收到申诉信访材料后,应当通过网络系统、内部函文等方式,及时向下级人民法院交办;

(3)以书面通知或其他适当方式,向信访当事人告知案件处理过程及结果。

4. 各级人民法院应当建立执行信访互联网申诉、远程视频接访等网络系统,引导信访当事人通过网络反映问题,减少传统来人来信方式信访。

5. 各级人民法院应当建立和落实执行信访案件交办督办制度:

(1)上级人民法院交办执行信访案件后,通过挂牌督办、巡回督导、领导包案等有效工作方式进一步督促办理;

(2)设立执行信访案件台账,以执行信访案件总数、已化解信访案件数量等作为基数,以案访比、化解率等作为指标,定期对辖区法院进行通报;

(3)将辖区法院执行信访工作情况纳入绩效考评,并提请同级党委政法委纳入社会治安综合治理考核范围;

（4）下级人民法院未落实督办意见或者信访化解工作长期滞后，上级人民法院可以约谈下级人民法院分管副院长或者执行局长，进行告诫谈话，提出整改要求。

二、关于执行实施类信访案件的办理

6.执行实施类信访案件，指申请执行人申诉信访，反映执行法院消极执行，请求督促执行的案件。

执行实施类信访案件的办理，应当遵照"执行到位、有效化解"原则。如果被执行人具有可供执行财产，应当穷尽各类执行措施，尽快执行到位。如果被执行人确无财产可供执行，应当尽最大努力解释说明，争取息诉罢访，有效化解信访矛盾；经解释说明，仍然反复申诉、缠访闹访，可以依法终结信访。

7.执行实施类信访案件，符合下列情形的，可以认定为有效化解，上级人民法院不再交办督办：

（1）案件确已执行到位；

（2）当事人达成执行和解协议并已开始依协议实际履行；

（3）经重新核查，被执行人确无财产可供执行，经解释说明或按照有关规定进行司法救助后，申请执行人书面承诺息诉罢访。

8.申请执行人申诉信访请求督促执行，如果符合下列情形，上级人民法院不再作为执行信访案件交办督办：

（1）因受理破产申请而中止执行，已告知申请执行人依法申报债权；

（2）再审裁定中止执行，已告知申请执行人依法应诉；

（3）因牵涉犯罪，案件已根据相关规定中止执行并移送有关机关处理；

（4）信访诉求系认为执行依据存在错误。

9.案件已经执行完毕，但申请执行人以案件尚未执行完毕为由申诉信访，应当制作结案通知书，并告知针对结案通知书提出执行异议。

10.被执行人确无财产可供执行，执行法院根据相关规定作出终结本次执行程序裁定，申请执行人以案件尚未执行完毕为由申诉信访,告知针对终结本次执行程序裁定提出执行异议。

三、关于执行审查类信访案件的办理

11. 执行审查类信访案件,指信访当事人申诉信访,反映执行行为违反法律规定或对执行标的主张实体权利,请求纠正执行错误的案件。

执行审查类信访案件的办理,应当遵照"诉访分离"原则。如果能够通过《民事诉讼法》及相关司法解释予以救济,必须通过法律程序审查;如果已经穷尽法律救济程序以及本意见所规定的执行监督程序,仍然反复申诉、缠访闹访,可以依法终结信访。如果属于审判程序、国家赔偿程序处理范畴,告知通过相应程序寻求救济。

12. 信访当事人向执行法院请求纠正执行错误,如果符合执行异议、案外人异议受理条件,应当严格按照立案登记制要求,正式立案审查。

13. 信访当事人未向执行法院提交《执行异议申请》,但以"申诉书"、"情况反映"等形式主张执行行为违反法律规定或对执行标的主张实体权利的,应当参照执行异议申请予以受理。

14. 信访当事人向上级人民法院申诉信访,主张下级人民法院执行行为违反法律规定或对执行标的主张实体权利,如案件尚未经过异议程序或执行监督程序处理,上级人民法院一般不进行实质性审查,按照如下方式处理:

(1)告知信访当事人按照相关规定寻求救济;

(2)通过信访制度交办督办,责令下级人民法院按照异议程序或执行监督程序审查;

(3)下级人民法院正式立案审查后,上级人民法院不再交办督办。

15. 当事人、利害关系人不服《民事诉讼法》第二百二十五条所规定执行复议裁定,向上一级人民法院申诉信访,上一级人民法院应当作为执行监督案件立案审查,以裁定方式作出结论。

16. 当事人、利害关系人在异议期限之内已经提出异议,但是执行法院未予立案审查,如果当事人、利害关系人在异议期限之后继续申诉信访，执行法院应当作为执行监督案件立案审查，以裁定方式作出结论。

当事人、利害关系人不服前款所规定执行监督裁定，向上一级人民法院继续申诉信访，上一级人民法院应当作为执行监督案件立案审查，以裁定方式作出结论。

17. 信访当事人向上级人民法院申诉信访，反映异议、复议案件严重超审限的，上级人民法院应当通过信访制度交办督办，责令下级人民法院限期作出异议、复议裁定。

18. 当事人、利害关系人申诉信访请求纠正执行错误，如果符合下列情形，上级人民法院不再作为执行信访案件交办督办：

（1）信访诉求系针对人民法院根据行政机关申请所作出准予执行裁定，并非针对执行行为；

（2）信访诉求系认为执行依据存在错误。

四、关于执行信访案件的依法终结

19. 被执行人确无财产可供执行，申请执行人书面承诺息诉罢访，如果又以相同事由持续反复申诉、缠访闹访，执行法院可以逐级报请高级人民法院决定终结信访。

20. 当事人、利害关系人提出执行异议，经异议程序、复议程序及执行监督程序审查，最终结论驳回其请求，如果仍然反复申诉、缠访闹访，可以依法终结信访：

（1）执行监督裁定由高级人民法院作出的，由高级人民法院决定终结信访；

（2）执行复议、监督裁定由最高人民法院作出的，由最高人民法院决定终结信访或交高级人民法院终结信访。

21. 执行实施类信访案件，即使已经终结信访，执行法院仍然应当定期查询被执行人财产状况；申请执行人提出新的财产线索而请求恢复执行的，执行法院应当立即恢复执行。

22. 申请执行人因案件未能执行到位而导致生活严重困难的，一般不作信访终结。

23. 高级人民法院决定终结信访之前,应当报请最高人民法院备案。最高人民法院对于不符合条件的,及时通知高级人民法院予以补正或者退回。不予终结备案的,高级人民法院不得终结。

24. 最高人民法院、高级人民法院决定终结信访的,应当书面告知信访当事人。

25. 已经终结的执行信访案件,除另有规定外,上级人民法院不再交办督办,各级人民法院不再重复审查;信访终结后,信访当事人仍然反复申诉、缠访闹访的,依法及时处理,并报告同级党委政法委。

26. 执行信访终结其他程序要求,依照民事案件信访终结相关规定办理。

附件:执行信访案件分流办理示意图(略)

最高人民法院关于建立健全执行信访案件"接访即办"工作机制的意见

1. 2021年11月4日
2. 法〔2021〕227号

为深入贯彻落实中央关于全国政法队伍教育整顿有关决策部署,践行"以人民为中心"发展理念,进一步健全完善新时期执行信访工作长效机制,提高执行信访案件办理质效,规范执行行为,维护信访人合法权益,根据相关法律、司法解释的规定,就建立健全执行信访案件"接访即办"工作机制,提出如下意见。

一、本意见所称"接访即办",是指人民法院对于收到的执行信访材料,给予即时录入、快速督办、及时反馈、高效化解的信访管理工作机制。

二、建立健全"接访即办"工作机制,应当坚持依法、公正、规范、及时、便民的原则。

高级、中级人民法院对辖区人民法院"接访即办"工作承担监督管理职责;各地人民法院对其本院初访信访案件的办理承担主体责任。

三、人民法院执行部门应当确定专人处理涉及执行案件的来信、来访,所有执行信访案件均应及时、全面录入人民法院执行申诉信访办理系统,并且全流程在人民法院执行申诉信访办理系统上办理。

四、人民法院执行部门对收到的信访材料,应当先予形式审查,于5个工作日内在人民法院执行申诉信访办理系统中完成申诉信访登记,并确定承办人办理。

对于来信来访涉及本院执行部门正在办理的执行案件的,应当及时将相关材料转交案件承办人。

五、对于反映本院执行案件办理问题的信访材料,各地人民法院信访工作承办人应当于30日内办结,并及时将办理结果告知信访人。

六、对于反映下级人民法院执行案件办理问题的信访材料,高级、中级人民法院的承办人应当于15个工作日内完成甄别工作,紧急情况应即刻办理、及时报告、及时采取措施。

七、对于上级人民法院挂网交办的执行信访案件,执行法院应当于45日内办理完毕,并及时告知信访人;办理意见经执行部门相关负责人审批同意后,通过人民法院执行申诉信访办理系统层报上级交办法院核销。

八、上级人民法院收到交办信访案件的核销申请后,应当于5个工作日内完成核销工作。

九、对于已阶段化解和终局化解的信访案件,上一级人民法院应当对信访人进行回访,了解信访诉求办理的响应、解决、满意度等情况。

十、各高级人民法院每季度对辖区中级、基层人民法院办理执行信访案件情况进行通报。对执行信访案件办理情况进行常态化监督,发现执行法院不进行初信初访登记、登记后未实际处理或者未在合理期限内采取措施,导致群体访、越级赴省进京信访的,对执行法院主要负责人和其他相关责任人进行约谈。

十一、执行信访案件办理情况纳入年度平安建设考评内容。对于"接访即办"工作长期滞后的,上级人民法院应及时提出限期整改要求。

十二、执行法院或者执行人员在"接访即办"工作中弄虚作假或者不执行上级人民法院的监督意见,以及执行人员存在消极执行、违法执行等情形,造成恶劣影响或者严重后果的,除责令限期纠正外,相关人民法院应当启动"一案双查"工作机制予以查处。

十三、进一步提高执行申诉信访工作信息化建设与应用水平,发挥人民法院执行申诉信访办理系统上下贯通、节点控制的监督作用,加强系统数据分析,研判提出解决问题的对策和方法。

十四、各级人民法院应当建立健全执行信访互联网申诉应用平台,引导鼓励信访当事人通过网络反映问题,方便当事人快速便捷提出信访诉求,降低信访成本。

十五、加强预防、妥善处理涉执群体访案件,完善预警机制,健全与公安机关、检察机关、综治部门的协同联动机制,做到及时快速规范处理。

十六、各级人民法院要按照"三同步"原则对执行信访负面舆情及早发现,及时应对。上级人民法院要按照程序交办重大、涉敏感舆情执行信访案件,妥善指导下级人民法院应对执行信访负面舆情,防范化解风险。

人民检察院信访工作规定

1. 2007年3月26日最高人民检察院公布
2. 高检发控字〔2007〕1号

目 录

第一章 总 则
第二章 信访工作机构及职责
第三章 信访事项的管辖
第四章 信访事项的受理

第五章　信访事项的办理

第六章　信访事项的交办和督办

第七章　责任追究

第八章　附　　则

第一章　总　　则

第一条　为了规范人民检察院信访工作,保护信访人的合法权益,维护信访秩序,保持与人民群众的密切联系,根据国家有关法律规定,结合检察工作实际,制定本规定。

第二条　本规定所称信访,是指信访人采用书信、电子邮件、传真、电话、走访等形式,向人民检察院反映情况,提出建议、意见或者控告、举报和申诉,依法由人民检察院处理的活动。

　　本规定所称信访人,是指采用前款规定的形式,反映情况,提出建议、意见或者控告、举报和申诉的公民、法人或者其他组织。

第三条　人民检察院依法处理下列信访事项：

　　(一)反映国家工作人员职务犯罪的举报；

　　(二)不服人民检察院处理决定的申诉；

　　(三)反映公安机关侦查活动存在违法行为的控告；

　　(四)不服人民法院生效判决、裁定的申诉；

　　(五)反映刑事案件判决、裁定的执行和监狱、看守所、劳动教养机关的活动存在违法行为的控告；

　　(六)反映人民检察院工作人员违法违纪行为的控告；

　　(七)加强、改进检察工作和队伍建设的建议和意见；

　　(八)其他依法应当由人民检察院处理的信访事项。

第四条　人民检察院信访工作应当遵循立检为公、执法为民的宗旨,坚持化解社会矛盾、促进社会和谐的原则,畅通信访渠道,依法处理人民群众的建议、意见和控告、举报、申诉,接受人民群众的监督,维护人民群众的合法权益。

第五条　人民检察院信访工作应当坚持属地管理、分级负责,谁主管、谁负责,依法、及时、就地解决问题与教育疏导相结合的原则,把矛盾纠纷化解在基层,解决在当地。

第六条 人民检察院信访工作实行首办责任制,按照部门职能分工,明确责任,及时将信访事项解决在首次办理环节。

第七条 办理信访事项的人民检察院工作人员与信访事项或者信访人有利害关系的,应当回避。

第八条 各级人民检察院应当建立由本院检察长和有关内设部门负责人组成的信访工作领导小组,强化内部配合、制约机制,充分发挥各职能部门的作用,形成统一领导、部门协调、各负其责、齐抓共管的信访工作格局。

第九条 各级人民检察院应当建立重大信访信息报告制度,不得隐瞒、谎报、缓报重大信访信息;下列重大信访信息应当及时向检察长报告:

(一)受理信访事项的综合和分类数据;

(二)群众反映强烈的突出问题;

(三)重大、紧急的信访事项;

(四)转送、催办和交办、督办情况;

(五)重大信访事项办结后,进行调查研究,查找执法环节和检察队伍建设、制度落实等方面存在的突出问题,提出改进检察工作的建议。

第十条 人民检察院应当将信访工作纳入干部考核体系和执法质量考评体系,将信访事项是否解决在本院、解决在当地,作为考核的重要依据。对在信访工作中做出优异成绩的单位和个人,应当给予表彰奖励。

第十一条 人民检察院开展文明接待室创建评比活动,每三年评比、命名一次文明接待室和优秀接待员。

第二章 信访工作机构及职责

第十二条 各级人民检察院应当设立控告申诉检察部门负责信访工作。人员较少的县级人民检察院应当确定负责信访工作的机构或者专职人员。

第十三条 控告申诉检察部门在信访工作中的主要职责:

（一）统一受理来信,接待来访；

（二）对所受理的信访事项按照职责分工转送有关部门办理,或者根据有关规定自行办理；

（三）向下级人民检察院转送或者交办信访事项,并进行督办,对下级人民检察院提交的办结报告进行审查；

（四）根据有关规定对信访事项进行初步调查；

（五）对上级机关交办的信访事项进行转办和催办,或者根据有关规定自行办理,并将办理情况报告上级机关；

（六）对信访事项的办理情况书面答复或者告知信访人；

（七）依据有关规定做好化解矛盾、教育疏导工作及相关善后工作；

（八）在信访工作中发现检察人员有违法违纪行为的,及时移送有关部门调查处理；

（九）研究、分析信访情况,开展调查研究,及时提出加强、改进检察工作和队伍建设的建议；

（十）宣传法制,提供有关法律咨询；

（十一）指导下级人民检察院的信访工作。

第十四条 人民检察院应当设立专门的信访接待场所,并在信访接待场所公布与信访工作有关的法律规定和信访事项的处理程序,以及其他相关事项。

第十五条 人民检察院控告申诉检察部门应当向社会公布通信地址、邮政编码、电子信箱、举报电话、举报网址、接待时间和地点、查询信访事项处理进展情况及结果的方式等相关事项。

第十六条 人民检察院应当加强信访信息化建设,建立和完善信访信息系统,逐步实现各级人民检察院之间、人民检察院与其他国家机关之间信访信息的互联互通,方便人民群众提出诉求,查询办理进度和结果,提高信访工作效率和信访管理水平。

第三章 信访事项的管辖

第十七条 各级人民检察院受理应当由本院管辖的控告、举报和申诉,以及信访人提出的建议和意见。

第十八条　上级人民检察院受理信访人不服下级人民检察院信访事项处理意见提出的复查请求。

第十九条　人民检察院各部门均有按职能分工承办信访事项的职责,对控告申诉检察部门转送的信访事项,应当指定承办人及时办理,并在规定时限内书面回复办理结果。

第二十条　信访事项涉及检察业务工作的,由业务主管部门办理;涉及法律适用问题研究的,由法律政策研究部门办理;涉及组织人事工作的,由政工部门办理;涉及检察人员违法违纪的,由纪检监察部门办理;涉及多个部门工作的,由本院检察长组织协调,明确相关部门牵头办理。

第二十一条　上级人民检察院认为有必要时,可以直接受理由下级人民检察院管辖的信访事项,也可以将本院管辖的信访事项在受理后交由下级人民检察院办理。

第二十二条　信访事项涉及多个地区的,由所涉及地区的人民检察院协商管辖。对于管辖权有争议的,由其共同的上一级人民检察院指定管辖。

第四章　信访事项的受理

第二十三条　信访人采用走访形式提出信访事项的,负责接待的工作人员应当制作笔录,载明信访人的姓名或者名称、单位、住址和信访事项的具体内容,经宣读或者交信访人阅读无误后,由信访人和负责接待的工作人员签名或者盖章。对信访人提供的控告、举报、申诉材料认为内容不清的,应当要求信访人补充。

多人采用走访形式提出同一信访事项的,应当要求信访人推选代表,代表人数不超过五人。

接受控告、举报线索的工作人员,应当告知信访人须对其控告、举报内容的真实性负责,不得捏造、歪曲事实,不得诬告陷害、诽谤他人,以及诬告陷害、诽谤他人应负的法律责任。

第二十四条　信访人采用书信形式提出信访事项的,负责处理来信的工作人员应当及时拆阅。启封时,应当注意保持邮票、邮戳、邮编、地址和信封内材料的完整。启封后,按照主件、附件顺序装订整齐,在来信首页右上角空白处加盖本院收信专用章。

第二十五条 对信访人采用电子邮件、电话、传真等形式提出的信访事项,应当参照本规定第二十三条、第二十四条相关规定办理。

第二十六条 人民检察院实行检察长和业务部门负责人接待人民群众来访制度。接待时间和地点应当向社会公布。

地市级和县级人民检察院检察长和业务部门负责人接待的时间,每年应当不少于十二次,每次不少于半天。

省级以上人民检察院检察长和业务部门负责人每年应当根据情况不定期安排接待时间,或者深入基层组织开展联合接访活动。

第二十七条 检察长和业务部门负责人接待来访群众,可以定期接待,也可以预约接待。

第二十八条 县级人民检察院应当实行带案下访、定期巡访制度,在乡镇、社区设立联络点,聘请联络员,及时掌握信访信息,化解社会矛盾。

第二十九条 信访事项应当逐件摘要录入计算机,在受理后七日内按照管辖和部门职能分工转送下级人民检察院或者本院有关部门办理。对于转送本院有关部门办理的控告、举报、申诉,应当逐件附《控告、申诉首办流程登记表》。

对于重要信访事项应当提出意见,经部门负责人审核后报检察长阅批。

对于告急信访事项应当在接收当日依法处理。

第三十条 对于性质不明难以归口、群众多次举报未查处和检察长交办的举报线索,控告申诉检察部门应当依法进行初查。

第三十一条 各级人民检察院应当依法保护控告人、举报人的合法权益。严禁把控告、举报材料及有关情况泄露给被控告人、被举报人。

第三十二条 属于本院管辖的信访事项,能够当场答复是否受理的,应当当场书面答复;不能当场答复的,应当自收到信访事项之日起十五日内书面告知信访人,但是信访人的姓名(名称)、住址不清的除外。

不属于本院管辖的信访事项,应当转送有关主管机关处理,并告知信访人。

第五章　信访事项的办理

第三十三条　人民检察院办理信访事项,应当听取信访人陈述事实和理由,必要时可以要求信访人、有关组织和人员说明情况,需要进一步核实情况的,可以向其他组织和人员调查了解。

办理重大、复杂、疑难信访事项,应当由检察长组织专门力量调查处理。

第三十四条　人民检察院办理信访事项,经调查核实,应当依法作出处理,并答复信访人:

(一)事实清楚,符合法律政策规定的,应当支持;

(二)信访人提出的建议和意见,有利于改进工作的,应当研究论证并予以采纳;

(三)缺乏事实根据或者不符合法律政策规定的,不予支持,并向信访人做好解释疏导工作。

第三十五条　承办部门应当在收到本院控告申诉检察部门转送的信访事项之日起六十日内办结;情况复杂,逾期不能办结的,报经分管检察长批准后,可适当延长办理期限,并通知控告申诉检察部门。延长期限不得超过三十日。法律、法规另有规定的,从其规定。

第三十六条　控告申诉检察部门对转送本院有关部门办理的信访事项,应当每月清理一次。对即将到期的应当发催办函进行催办;超过一个月未办结的,应当报分管检察长,并向有关部门负责人通报。

第三十七条　上级人民检察院应当每季度向下一级人民检察院通报转交信访事项情况;下级人民检察院应当每季度向上一级人民检察院报告转交信访事项的办理情况。

第三十八条　承办部门应当向控告申诉检察部门书面回复办理结果。书面回复文书应当具有说理性,主要包括下列内容:

(一)信访人反映的主要问题;

(二)办理的过程;

(三)认定的事实和证据;

（四）处理情况和法律依据；

（五）开展化解矛盾、教育疏导工作及相关善后工作的情况。

第三十九条　信访事项办理结果的答复由承办该信访事项的人民检察院控告申诉检察部门负责，除因通讯地址不详等情况无法答复的以外，原则上应当书面答复信访人。

重大、复杂、疑难信访事项的答复应当由承办部门和控告申诉检察部门共同负责，必要时可以举行公开听证，通过答询、辩论、评议、合议等方式，辩明事实，分清责任，做好化解矛盾、教育疏导工作。

举报答复应当注意保密，依法保护举报人的合法权益。需要以邮寄方式书面答复署名举报人的，应当挂号邮寄并不得使用有人民检察院字样的信封。

第四十条　信访人对人民检察院处理意见不服的，可以依照有关规定提出复查请求。人民检察院收到复查请求后应当进行审查，符合立案复查规定的应当立案复查，不符合立案复查规定的应当书面答复信访人。

第四十一条　人民检察院信访接待人员应当告知信访人依照国家有关规定到指定地点反映诉求，做到依法有序信访。对于信访人的下列行为，应当进行劝阻、批评或者教育；对于劝阻、批评或者教育无效的，应当移送公安机关依法处理：

（一）在人民检察院办公场所周围非法聚集、围堵、冲击人民检察院，拦截公务车辆，堵塞、阻断交通，影响正常办公秩序的；

（二）携带危险物品、管制器具的；

（三）侮辱、殴打、威胁检察人员，或者非法限制检察人员人身自由的；

（四）在信访接待场所滞留、滋事，故意破坏信访接待场所设施，或者将生活不能自理的人弃留在信访接待场所的；

（五）煽动、串联、胁迫、以财物诱使、幕后操纵他人信访或者以信访为名借机敛财的。

第四十二条　对于信访人捏造歪曲事实，诬告陷害、诽谤他人，构成犯罪的,应当依法追究刑事责任;尚不构成犯罪的,应当移送主管机关处理。

第六章 信访事项的交办和督办

第四十三条 上级人民检察院控告申诉检察部门可以代表本院向下级人民检察院交办下列重要信访事项:

（一）群众反映强烈,社会影响较大的;

（二）举报内容较详实,案情重大,多次举报未查处的;

（三）不服人民检察院处理决定,多次申诉未得到依法处理的;

（四）检察长批办的。

第四十四条 控告申诉检察部门负责管理上级人民检察院控告申诉检察部门交办的信访事项。登记后提出办理意见,报分管检察长审批。

第四十五条 对上级人民检察院交办的信访事项应当及时办理,一般应当在三个月内办结;情况复杂,确需延长办结期限的,需经检察长批准,延长期限不得超过三个月。延期办理的,应当向上级人民检察院报告进展情况,并说明理由。

第四十六条 对于上级人民检察院交办的信访事项,承办部门应当将办理情况和结果报经检察长审批后,制作《交办信访事项处理情况报告》,连同有关材料移送控告申诉检察部门,由控告申诉检察部门以本院名义报上一级人民检察院控告申诉检察部门。

第四十七条 《交办信访事项处理情况报告》应当包括下列内容:

（一）信访事项来源;

（二）信访人反映的主要问题;

（三）办理的过程;

（四）认定的事实和证据;

（五）处理情况和法律依据;

（六）开展化解矛盾、教育疏导工作及相关善后工作的情况。

第四十八条 上级人民检察院收到下级人民检察院上报的《交办信访事项处理情况报告》后,应当认真审查,对事实清楚、处理适当的,应当结案;对事实不清、证据不足、定性不准、处理不当的,应当提出意见,退回下级人民检察院重新办理。

对确有错误,下级人民检察院坚持不予纠正的,上级人民检察院经检察长或者检察委员会决定,可以撤销下级人民检察院的原处理决定,并作出新的决定。

第四十九条 上级人民检察院控告申诉检察部门对下级人民检察院在处理信访事项中有下列情形之一的,应当及时予以监督纠正:

(一)应当受理而拒不受理的;

(二)未按规定程序办理的;

(三)未按规定的办理期限办结的;

(四)未按规定反馈办理结果的;

(五)不执行信访处理意见的;

(六)其他需要监督纠正的事项。

第五十条 上级人民检察院控告申诉检察部门对所督办事项应当提出改进建议。下级人民检察院收到改进建议后应当及时改进并反馈情况。建议未被采纳的,控告申诉检察部门可报经检察长审批后,责成被督办单位执行。

第七章 责任追究

第五十一条 控告申诉检察部门在处理信访事项工作中,发现检察人员有违法违纪行为的,应当提出建议,连同有关材料移送政工部门或者纪检监察部门处理。

第五十二条 具有下列情形之一导致信访事项发生,造成严重后果的,对直接负责的主管人员和其他直接责任人员,依照《人民检察院错案责任追究条例(试行)》和《检察人员纪律处分条例(试行)》等有关规定给予纪律处分;构成犯罪的,依法追究刑事责任:

(一)超越或者滥用职权,侵害信访人合法权益的;

(二)应当作为而不作为,致使信访人合法权益受到侵害的;

(三)因故意或者重大过失,造成案件定性处理错误,侵害信访人合法权益的;

(四)其他因故意或者重大过失导致信访事项发生,造成严重后果的。

第五十三条　在处理信访事项过程中违反本规定,具有下列情形之一,造成严重后果的,对责任单位、责任部门和直接责任人予以批评教育;情节较重的,给予纪律处分;构成犯罪的,依法追究刑事责任:

(一)无故推诿、敷衍,应当受理而不予受理的;

(二)无故拖延,未在规定期限内办结的;

(三)对事实清楚,符合法律、法规或者其他有关规定的信访请求未予支持的;

(四)作风粗暴,方法简单,激化矛盾的;

(五)玩忽职守、徇私舞弊,打击报复信访人,或者把控告、举报材料及有关情况泄露给被控告人、被举报人的;

(六)拒不执行信访处理意见的。

第五十四条　隐瞒、谎报、缓报重大信访信息,造成严重后果的,对直接负责的主管人员和其他直接责任人员给予批评教育;情节较重的,给予纪律处分。

第八章　附　　则

第五十五条　本规定由最高人民检察院负责解释。

第五十六条　本规定自公布之日起实施,此前有关人民检察院信访工作的规定与本规定不一致的,适用本规定。

最高人民法院、最高人民检察院、公安部、司法部关于依法处理涉法涉诉信访工作衔接配合的规定

1. 2017年11月24日
2. 高检会〔2017〕3号

第一条　为了加强人民法院、人民检察院、公安机关、司法行政机关处理

涉法涉诉信访案件的衔接配合，畅通人民群众诉求表达渠道，提升依法解决涉法涉诉信访问题的质量和效果，依据有关法律规定，制定本规定。

第二条　对信访人提出的涉法涉诉信访事项，人民法院、人民检察院、公安机关、司法行政机关应当按照事项性质、管辖分工依法审查受理。不属于本机关管辖的，引导到有管辖权的机关处理，或者转送有管辖权的机关处理。

对同一涉法涉诉信访事项，两个以上机关都有管辖权的，接待机关应当对其他有管辖权的机关是否已经受理该信访事项、是否已经就该信访事项作出法律结论进行核查，依法作出是否受理的决定，并向当事人说明情况。

对涉法涉诉信访事项管辖存在争议的，应当协商解决；协商未能达成一致意见的，报请各自的上级机关协调解决。

第三条　控告人对公安机关不予立案决定不服，既向公安机关提出刑事复议、复核申请，又向人民检察院提出立案监督请求，公安机关已经受理且正在审查程序当中的，人民检察院应当告知控告人待公安机关处理完毕后如不服再向人民检察院提出立案监督请求；人民检察院已经受理或者已经作出法律结论的，公安机关不予受理或者终止办理，但发现有新证据的除外。

未向公安机关申请刑事复议、复核，直接向人民检察院提出立案监督请求的，人民检察院应当告知控告人如检察机关受理后公安机关将不予受理的后果，并引导控告人先行向公安机关申请复议、复核。控告人坚持立案监督请求的，人民检察院应当受理。

第四条　当事人和辩护人、诉讼代理人、利害关系人对于司法机关及其工作人员有刑事诉讼法第一百一十五条规定情形之外的侦查活动违法行为，既向办案机关申诉或者控告，又向人民检察院申诉，办案机关已经受理且正在处理程序当中的，人民检察院应当告知申诉人待办案机关处理完毕后如不服再向人民检察院申诉；人民检察院已经受理或者已经作出法律结论的，办案机关不予受理或者终止办理。

未向办案机关申诉、控告,直接向人民检察院申诉的,人民检察院应当告知申诉人如检察机关受理后办案机关将不再受理的后果,并引导申诉人先行向办案机关申诉、控告。申诉人坚持向人民检察院提出的,人民检察院应当受理。

第五条 申诉人不服生效刑事判决、裁定,既向人民法院提出刑事申诉,又向人民检察院申诉,人民法院或者人民检察院一方已经受理且正在审查程序当中的,未受理机关暂缓受理,并告知申诉人待已经受理的机关处理完毕后如不服再提出申诉。

第六条 当事人根据民事诉讼法第二百零九条第一款规定,向人民检察院申请检察建议或者抗诉的,由作出生效民事判决、裁定、调解书的人民法院所在地的同级人民检察院依法受理。人民检察院不得以超过申请监督期限为由不予受理。

第七条 信访人因不服信访工作机构依据《信访条例》作出的处理意见、复查意见、复核意见或者不履行《信访条例》规定的职责提起行政诉讼的,人民法院不予受理,但信访答复行为重新设定了信访人的权利义务或者对信访人权利义务产生实际影响的除外。

第八条 涉法涉诉信访终结案件应当编立案号,纳入案件质量监管和业绩考评。

人民检察院认为涉法涉诉信访案件符合终结条件的,可以书面建议人民法院、公安机关、司法行政机关依法予以终结。人民法院、公安机关、司法行政机关应当及时启动终结审查程序,并将终结情况书面回复人民检察院。

第九条 对已经依法终结的涉法涉诉信访案件,按照本地区终结案件移交办法,报请信访工作联席会议、党委政法委或者社会治安综合治理委员会办公室,移交信访人住所地的乡镇、街道或者相关单位,落实教育疏导、矛盾化解和帮扶救助工作,并配合做好法律释明和政策解释工作。

人案分离的涉法涉诉信访终结案件,由终结决定单位对口移送信访人住所地人民法院、人民检察院、公安机关、司法行政机关,按照该地区终结移交办法处理。存在争议且经协商未能达成一致的,报请共同的上级机关协调。最高人民法院、最高人民检察院、公安部、司法部可以直接移送终结材料。省级以下人民法院、人民检察院、公安机关、司法行政机关指定联络员,负责协调人案分离涉法涉诉信访终结案件的移送、接收工作。

第十条 人民法院、人民检察院、公安机关、司法行政机关对信访活动中的违法信访人应当进行劝阻、批评或者教育。属地公安机关接警后应当及时出警处置,对经劝阻、批评和教育无效的,予以警告、训诫或者制止;违反集会游行示威的法律、行政法规,或者构成违反治安管理行为的,依法采取必要的现场处置措施,给予治安管理处罚;涉嫌犯罪的,依法及时立案侦查,人民检察院和人民法院依法起诉、审判。

第十一条 公安机关对信访活动中的违法行为给予行政处罚,被处罚人不服,在法定期限内向人民法院提起行政诉讼的,人民法院应当依法受理。

第十二条 对于当事人救济权利已经充分行使仍缠访缠诉,社会影响较大的涉法涉诉信访案件,人民法院、人民检察院、公安机关、司法行政机关可以联合接待信访人,或者联合召开案件听证会,共同做好化解息诉工作。

第十三条 人民法院、人民检察院、公安机关、司法行政机关因工作需要调阅、借阅、查阅、复制卷宗的,有关机关应当及时提供。

人民检察院在履行法律监督职责过程中,依照相关规定开展调查核实工作的,有关机关应当配合。

第十四条 人民法院、人民检察院、公安机关、司法行政机关应当开放涉法涉诉信访信息系统接口和数据,支持、配合涉法涉诉信访信息联网平台和数据库建设,共享信访信息和案件处理情况。

第十五条 人民法院、人民检察院、公安机关、司法行政机关建立涉法涉诉信访工作联席会议制度,研究解决协作配合中存在的问题。

第十六条 本规定由最高人民法院、最高人民检察院、公安部、司法部共同负责解释,自印发之日起施行。

四、部门规章、规章性文件

国家信访局办理群众来信工作规则

1. 国信发〔2022〕10号
2. 自2022年4月30日起施行

第一章 总 则

第一条 为规范办理群众来信工作,根据中共中央、国务院《信访工作条例》、"三定方案"及中央领导同志有关要求,结合新时代信访工作特点和办信工作实际,制定本规则。

第二条 本规则主要适用于公民、法人或者其他组织的来信。

第三条 办信工作原则是:党政同责、一岗双责;属地管理、分级负责,谁主管、谁负责;突出重点、兼顾一般,注重时效、急事急办;公开透明、便捷高效,方便群众、接受监督。

第二章 受信范围

第四条 国家信访局负责办理国内群众和境外人士写给中共中央、国务院,中央政治局委员,中央书记处书记,国家主席、副主席,国务院总理、副总理、国务委员(以下简称中央领导同志)以及中共中央办公厅、国务院办公厅和本局的来信。

第五条 本规则所称"来信",主要包括信函、贺卡、明信片、汇款单、包裹等。

第六条 工作人员对邮政或其他渠道的来信进行签收,做到件件留痕,有据可查。

第三章 来信登记

第七条 办信人员在国家信访信息系统中登记处理群众来信,确保基本数据准确、完整。

第八条 对本机构初次来信,要做到应扫描尽扫描,件件留痕。

第九条 办信人员要在来信首页右上角空白处加盖当日收信专用戳记,戳记印迹要端正、清晰。

第四章 来信办理

第十条 群众来信登记完毕后,要按照《信访工作条例》第二十二条规定,区分情况,在15日内采取不同方式办理。有紧急事项的要及时妥善处理。

第十一条 办理群众来信的基本方式有:上报、转送、交办、通报、告知、回复、抄送、拒收退回等。

第十二条 上报主要是向中央领导同志反映有重要参考价值的来信信息,为中央领导同志科学民主决策服务。

第十三条 转送、交办主要是将群众来信提出的信访事项转送、交办有权处理的机关、单位处理。

第十四条 通报主要是向地方党委、政府、信访工作联席会议和中央有关部门通报群众来信反映比较突出、集中或带有地区性、倾向性、苗头性的问题,提出进一步改进工作、完善措施的相关建议。

第十五条 告知和回复。具备告知、回复条件的,可视来信内容和来信人的具体情况,分别采取手机短信、书面、电话等方式予以处理。

第十六条 抄送主要是抄请相关机关、单位知悉相关情况,并指导督促基层党组织和基层单位继续做好疏导教育、矛盾化解和帮扶救助等工作。

第十七条 拒收退回主要是指将汇款单、包裹以及来信夹带的钱款、证件、贵重物品等退回来信人。其余来信不予退回。

第十八条 对相关机关、单位已经受理或正在办理过程中,且已作出告知,信访人仍以同一事实和理由继续重复反映同一事项的来信,以及内容不清等来信,作"存"处理。

第十九条 重要来信事项,按照审阅审批职责权限送审,并采取相应的公文形式进行处理。

第五章 督查督办

第二十条 督查督办工作严格执行《信访工作条例》和国家信访局有关督查督办工作的规定。

第二十一条 对发现有《信访工作条例》第四十条、四十三条规定情形的,及时督办,提出改进工作的建议。

第二十二条 督查督办主要采取网上、电话、发函、视频、约谈等方式进行。

第二十三条 根据工作需要,按程序报批后可组织实地督查督办,推动问题解决,矛盾化解。

第六章 工作纪律和保密要求

第二十四条 办信人员要严格遵守国家信访局各项工作纪律,在《信访工作条例》规定时限内及时办理来信,不得擅自处理随信寄来的钱款、有价证券等物品。办信人员与信访事项或来信人有直接利害关系的,应当回避。

第二十五条 办信人员要严格遵守保密规定,不得向无关人员扩散来信内容,不准擅自将信件带出机关。来信统计数据等,未经批准,不得对外提供。

国家信访局接待群众来访工作规则

1. 国信发〔2022〕7号
2. 自2022年5月1日起施行

为维护来访群众合法权益,规范接待来访工作,提高工作效率和质量,根据《信访工作条例》等法规文件,制定本规则。

一、工作职责

接待公民、法人或者其他组织向党中央、国务院和中共中央办公厅、国务院办公厅及其领导同志反映情况,提出建议、意见或者投诉请求的来访。交办、转送、督办来访事项,协调处理重大、疑难来访问题,综合分析来访信息,开展调查研究,及时、准确地向党中央、国务院和中共中央办公厅、国务院办公厅领导同志反映重要来访情况,向地方和部门通报群众来访及来访事项处理情况,提出完善政策和改进工作建议。

二、工作原则

坚持党的全面领导;坚持以人民为中心;坚持落实信访工作责任;坚持依法按政策解决问题;坚持源头治理化解矛盾;坚持依法逐级走访;坚持树立正确导向。

三、工作程序

(一)登记。

对群众来访提出的信访事项应及时、全面、客观、准确登记录入国家信访信息系统(以下简称"信息系统")。

对属于国家信访局受理范围的,以及下级机关、单位受理办理存在程序不规范、责任不落实等问题的来访事项,一般应进一步接谈,详细了解情况。

对进一步接谈的来访事项,要通过信息系统向接谈员分配接谈任务,同时在排号单上加盖接谈印章,填写接谈室号,交来访人作为接谈凭证。

对登记疏导的,登记人员要认真倾听群众反映的诉求,深入细致地做好思想疏导、政策解释和路径指引工作。

(二)接谈。

1.接谈人员要核对来访人的身份证或其他有效证件,阅看相关材料,听取来访人的陈述,询问有关情况,引导来访人详细叙述建议、意见或者投诉请求,讲清事实和理由,核实来访登记信息,并在信息系统中录入以下内容:来访人反映问题的主要情况、诉求及理由,来访人以往的信访过程及有关机关、单位的办理情况,本次来访处理情况,告知来访人的内容。

2. 接谈后,对于转送、交办、督办的来访事项,引导来访人返回属地,向有权处理的机关、单位反映并配合调查核实处理。有法定途径的,引导来访人配合有关机关、单位按照法定程序处理。

3. 对疑难、复杂、敏感及群体性、政策性等来访事项,可协调相关地方、部门进行联合接待。

(三)处理。

对群众来访事项应在15日内按下列方式处理:

1. 对依照职责属于中央和国家机关、单位或其工作部门处理决定的,转送有权处理的机关、单位。

2. 对涉及省级及以下机关、单位或其工作人员的,按照"属地管理、分级负责,谁主管、谁负责"的原则,转送有权处理的机关、单位。

对来访人提出的信访事项,按照信访事项的性质和管辖层级,引导来访人到有权处理的本级或者上一级机关、单位设立或指定的接待场所提出。对反映涉诉问题的,引导来访人向有关政法部门反映问题。

已经受理或正在办理,已作出处理、复查意见且在请求复查、复核期限内,来访人又提出同一信访事项的,不予受理。对复核意见不服,来访人仍然以同一事实和理由提出投诉请求的,不再受理。对不予受理、不再受理的,向来访人宣传有关法律法规,做好疏导引导工作。

四、特殊情况处理

(一)异常情况处置。

来访人的行为有下列情形之一的,接待工作人员应对其进行劝阻、批评或者教育;经劝阻、批评和教育无效的,交由公安机关依法处置:

1. 在机关周围非法聚集,围堵、冲击机关,拦截公务车辆,或者堵塞、阻断交通；

2. 携带危险物品、管制器具；

3. 侮辱、殴打、威胁国家机关工作人员，非法限制他人人身自由，或者毁坏财物；

4. 在信访接待场所滞留、滋事，或者将生活不能自理的人弃留在信访接待场所；

5. 煽动、串联、胁迫、以财物诱使、幕后操纵他人信访或者以信访为名借机敛财；

6. 其他扰乱公共秩序、妨害国家和公共安全的行为。

（二）来访人患病情况的处置。

1. 来访人在接待过程中患病需紧急救治的，应迅速通知医务人员到场，必要时送医院急救。

2. 来访人患有恶性传染病的，应迅速通知北京市卫生健康部门处置。

（三）其他。

来访人赠送中央领导同志的礼品，原则上不予接受，并做好解释，表达谢意。

来访人的食宿、交通等费用自理。

五、工作纪律

接待工作人员要严格遵守国家信访局各项工作纪律。在接待过程中，不得擅自向来访人就来访事项的处理作实质性的表态或透露内部研究的情况；不得接受来访人赠送的礼品、礼金或有价证券。

与来访人或者来访事项有直接利害关系的接待工作人员应当回避，不得干预接待工作或擅自办理来访事项。

国家信访局工作规则

1. 2014年1月3日国家信访局印发
2. 国信发〔2014〕1号

第一章 总 则

一、为进一步提高国家信访局各项工作的制度化、规范化、科学化水平，根据《国务院工作规则》及有关要求，结合工作实际，制定本规则。

二、国家信访局工作的指导思想是，以邓小平理论、"三个代表"重要思想、科学发展观为指导，认真贯彻中央关于信访工作的决策部署，严格落实《信访条例》，确保政令畅通。

三、国家信访局要全面正确履行工作职能，坚持依法行政，实行科学民主决策，积极推进政务公开，主动接受各方面监督，努力建设为党分忧、为民解难、工作一流、群众满意的信访部门。

第二章 领导职责

四、国家信访局实行局长负责制，局长领导国家信访局的全面工作，副局长协助局长工作。

五、局长召集和主持局长办公会议。工作中的重大事项，须经局长办公会议讨论决定。

六、副局长按分工负责处理分管工作；受局长委托，负责其他方面的工作或专项任务；工作中的重要情况和重大问题，应及时向局长报告。

七、局长出访、出差、脱产学习期间，由局长指定的副局长主持工作。副局长出访、出差、脱产学习期间，其分管的工作由互为AB角的局领导代管。

八、各司室主要负责人在局长、分管副局长领导下,负责本司室的全面工作,领导班子其他成员协助主要负责人开展工作。

九、为保证局机关工作正常运转,及时处理重要和紧急问题,必须保证至少一名局领导在局机关主持工作;各司室也必须保证至少一名司室领导在本司室主持工作。

第三章 工作安排部署

十、加强工作的计划性、系统性和预见性,认真制定整体工作规划和安排部署,并根据形势和任务的变化及时作出调整。

十一、根据党中央、国务院的年度工作安排,提出局年度工作要点,确定重点推动的工作和召开的信访系统全国性会议。

十二、各司室根据局年度工作安排,确定本司室的工作任务并认真抓好落实。年中和年末,各司室要向局长办公会议报告工作情况。

十三、各司室必须坚决贯彻落实国家信访局的决策部署。局办公室加强督促检查,及时跟踪和反馈工作情况。

第四章 会议制度

十四、国家信访局实行局长办公会议制度。局长办公会议由局长或局长委托的副局长召集和主持。主要任务是:讨论决定业务工作中的重大事项,安排部署重要工作。

十五、局长办公会议一般每两周召开一次,根据工作需要可随时召开。各司室主要负责人列席相关议题。会议议题由局长审定,会议纪要由局长审批。

十六、副局长受局长委托或按照分工可以召开专题会议,研究、协调和处理工作中的一些具体事项。

十七、召开涉及各地各有关部门参加的专题工作会议,要贯彻精简、高效、节约的原则,制定年度计划,提交局长办公会议研究审批。计划外的会议原则上不得召开。局办公室加强对局机关会议活动的统筹协调。

第五章 公文处理

十八、处理各类公文要符合《党政机关公文处理工作条例》的规定,坚持实事求是、准确规范、精简高效、安全保密的原则。

十九、以国家信访局名义发文,由局长或局长委托副局长签发。以国家信访局办公室名义发文,一般由局办公室主任签发;重要的由分管局领导签发或核报局长签发。

二十、除局办公室外,各司室一般不得以本司室的名义对外正式行文。

二十一、公文文稿签发前,须经局办公室审核;涉及制度性、规范性文件的,须经法规部门审核;涉及人事、财务问题的,须经人事、财务部门审核。

二十二、国家信访局接收的公文,由局办公室统一分类处理。

二十三、严格控制发文数量。凡法律、行政法规已作出明确规定的,一律不再制发文件;可发可不发的文件简报,一律不发。

第六章 作风建设

二十四、严格执行中央关于改进工作作风、密切联系群众和廉洁从政的各项规定,切实加强作风建设和廉政建设。

二十五、坚持从严治局,坚决杜绝以权谋私、权钱交易问题,严肃查处违法违纪行为。

二十六、厉行勤俭节约,反对奢侈浪费,建设节约型机关。严格执行住房、办公用房、车辆配备等方面的规定。严格控制因公出国(境)团组数量和规模,简化和规范公务接待工作。

二十七、局领导定期阅看群众来信、接待群众来访,改进调查研究,注重解决实际问题。

二十八、局领导减少事务性和应酬活动,除统一安排外,不出席地方或部门举行的礼仪性、事务性活动,不参加商业性活动。有关单位邀请局领导出席各类会议活动的,由局办公室提出意见,报局长批准。

第七章 工作纪律

二十九、国家信访局工作人员要政治坚定,旗帜鲜明,在政治上、思想上、行动上同党中央保持高度一致。

三十、国家信访局工作人员必须严格执行国家信访局的决定,如有不同意见可向组织提出,在没有重新作出决定前,不得有任何与国家信访局决定相违背的言论和行为。

三十一、严格执行新闻发布制度,未经批准,不得以公职身份向新闻媒体发表谈话或接受采访,不得代表国家信访局发表讲话或文章。

三十二、严格执行请销假制度。局长出差、出访或休假、请假,按规定向国务院办公厅报告。副局长出差或休假、请假,要事先向局长报告。司长(主任)、副司长(副主任)出差或休假、请假,报分管局领导同意后,报局长批准,并分别告知局办公室、人事司备案。

信访事项内容分类

1. 2020年7月14日修订
2. 国信发〔2020〕4号

一级分类	二级分类	三级分类	备注
(一)农村农业	1.村务管理	①集体资产管理	
		②集体财务公开	
		③村务公开	
		④村级债务	

续表

一级分类	二级分类	三级分类	备注
		⑤集体经济组织成员资格认定	
		⑥农村社会事业	
	2.土地承包经营	①土地承包	
		②土地流转	
	3.农村宅基地	①宅基地审批	
		②收回宅基地	
		③宅基地纠纷	
	4.扶贫开发	①扶贫开发政策	
		②扶贫开发资金使用管理	
	5.农副产品流通	①价格质量	
		②运输购销	
		③储备供应	
	6.农资农技	①农资价格质量	
		②农技推广应用	
	7.农垦农场	①经营管理	
		②职工待遇	
	8.畜牧养殖	①养殖管理	含野生动物养殖
		②屠宰管理	
	9.动物防疫	①疫情防控	
		②扑杀补偿	
	10.水利水电	①规划设计	
		②工程建设管理	
		③防汛抗旱	
		④江河湖治理	

续表

一级分类	二级分类	三级分类	备注
		⑤引水调水	
		⑥水事纠纷	
	11. 水库移民	①移民补偿安置	
		②后期扶持	
	12. 惠农补贴	①耕地地力保护补贴	
		②农机农资补贴	
		③其他补贴	
	13. 其他	①农村"八大员"问题	
		②其他	
（二）自然资源	1. 土地资源管理	①国土空间规划	
		②耕地保护	
		③土地权属纠纷	
		④土地转让	
	2. 土地征收	①审批手续	
		②征收征用	
		③安置补偿	
		④失地农民保障	
	3. 不动产登记	①不动产登记事务	
		②不动产登记纠纷	
		③不动产评估	
	4. 矿产资源管理	①地质勘查	
		②矿产开采	
		③矿山地质环境	

续表

一级分类	二级分类	三级分类	备注
	5. 林业管理	①国有林业资产管理	
		②防沙治沙	
		③退耕还林	
		④采伐运输	
		⑤森林防火	
		⑥林权改革及林业经营者权益维护	
		⑦国有林场改革发展	
		⑧林业补助	
	6. 草原管理	①草原保护修护修复	
		②草原流转	
		③草原承包	
	7. 海洋气象	①海域使用	
		②海岛使用	
		③气象	
	8. 野生资源管理	①野生动植物保护	
		②其他	
	9. 自然保护地管理	①自然保护地规划	
		②建设管理	
	10. 其他	①其他	
（三）城乡建设	1. 国有土地上房屋征收与补偿	①征收手续	
		②安置补偿	
		③房屋拆迁	
		④回迁房	

续表

一级分类	二级分类	三级分类	备注
		⑤棚户区改造	
		⑥城镇危房改造	
	2.集体土地上房屋拆迁与补偿	①安置补偿	
		②房屋拆迁	
		③回迁房	
		④城中村改造	
	3.城市建设和管理	①城市公共设施	
		②园林绿化环卫	
		③居民服务设施	
		④城管执法	
	4.城乡规划	①历史文化名城保护	
		②违法建设	
		③建筑日照	
	5.住房保障与房地产	①保障性住房	
		②房地产开发管理	
		③产权交易	
		④物业服务	
		⑤住房公积金	
		⑥房屋租赁管理	
	6.建筑市场	①招标投标	
		②勘察设计和施工监管	
		③企业资质和执业资格	
		④拖欠工程款	

续表

一级分类	二级分类	三级分类	备注
	7.工程管理	①工程质量	
		②施工安全	
		③抗震防灾	
		④消防审验	
	8.村镇建设	①小城镇建设	
		②新农村建设	
	9.其他	①其他	
（四）劳动和社会保障	1.城镇职工社会保险	①职工养老保险	
		②职工失业保险	
		③职工工伤保险	
	2.城乡居民社会保险	①城乡居民养老保险	
	3.医疗和生育保险	①职工医疗保险	
		②城乡居民医疗保险	
		③生育保险	
	4.社保基金	①基金管理	
	5.工资福利	①工资调整	
		②工资发放	
		③福利待遇	
		④最低工资标准	
		⑤假期工资待遇	
		⑥同工同酬	
		⑦工亡职工遗属待遇	

续表

一级分类	二级分类	三级分类	备注
	6. 就业培训	①就业和再就业	
		②职业培训	
		③职业技能鉴定	
	7. 劳动保护	①劳动环境	
		②劳动安全	
		③女工和未成年工保护	
		④工作时间和休息休假	
	8. 劳动关系	①劳动合同纠纷	
		②协议解除劳动关系	
		③劳务派遣纠纷	
		④非法用工	
		⑤拖欠农民工工资	
		⑥新业态劳动用工纠纷	
	9. 退休政策及待遇	①退休政策	
		②退休人员待遇	
		③内部退养人员待遇	
		④病退及提前退休人员待遇	
		⑤退休金发放	
	10. 其他	①死亡抚恤	
		②其他	
(五)卫生健康	1. 公共卫生	①卫生服务管理	
		②疾病预防控制	
		③卫生应急	

续表

一级分类	二级分类	三级分类	备注
	2. 医政药政	①医疗机构管理	
		②医务人员管理	
		③医疗技术和服务	
		④血液管理	
		⑤医疗收费	
		⑥非法行医	
		⑦卫生监督	
		⑧药物政策管理	
		⑨罕见病治疗	
	3. 医患纠纷	①医疗事故争议	
		②患者权益	
		③医护人员权益	
	4. 人口监测与家庭发展	①人口政策	
		②奖励扶助	
		③计划生育服务管理	
		④计划生育特殊家庭	
		⑤计划生育手术并发症	
	5. 中医中药管理	①发展政策机制	
		②从业人员资格准入和管理	
		③行业职业技能鉴定	
		④中药管理	
	6. 其他	①其他	

续表

一级分类	二级分类	三级分类	备注
（六）教育	1.教育体制	①教育体制改革	
		②教育统筹管理	
		③教育资源配置	
		④异地升学	
	2.考试招生	①招生录取	
		②考场考纪	
	3.教育行政管理	①教学管理	
		②教育经费管理	
		③语言文字规范	
		④学历学位学籍管理	
		⑤学生负担	
		⑥民办学校	
		⑦校园安全	
		⑧学前教育	
		⑨职业教育	
		⑩校外培训	
		⑪其他	
	4.教师队伍和待遇	①培养培训	
		②招聘与管理	
		③师德师风	
		④教师待遇	
		⑤职称评定	
		⑥企业教师	
		⑦原民办代课教师	

续表

一级分类	二级分类	三级分类	备注
（七）经济管理	5.失学辍学	①教育救助	
		②控辍保学	
	6.教育收费	①收费标准	
		②乱收费	
	7.其他	①其他	
	1.宏观调控	①经济体制改革	
		②产业行业政策	
		③区域发展	
		④收入分配	
	2.商业贸易	①商务管理	
		②贸易发展	
		③劳务输出	
		④反倾销	
		⑤进出口管理	
		⑥出入境检验检疫	
		⑦电子商务	
	3.金融	①宏观金融管理	
		②银行业监管	
		③保险业监管	
		④证券业监管	
		⑤期货基金	
		⑥互联网金融	
		⑦集资融资	

续表

一级分类	二级分类	三级分类	备注
	4.财税	①财税收支	
		②税收征管	
	5.国资监管	①企业改制	
		②企业兼并重组	
		③资产流失	
	6.能源管理	①能源开发供应	
		②节能降耗	
		③新能源产品研发与推广	
	7.企业破产	①政策性破产	
		②依法破产	
	8.审计监督	①审计管理体制	
		②审计质量监督	
	9.营商环境	①政务服务	
		②承诺兑现	
	10.共享经济	①资金监管	
		②利益保障	
		③服务管理	
		④物联网	
	11.其他	①中小企业管理	
		②其他	
（八）市场监管	1.食品药品	①食品生产	
		②食品经营	
		③特殊食品	
		④食品抽检监测	

续表

一级分类	二级分类	三级分类	备注
		⑤药品和医疗器械管理	
		⑥保健品化妆品管理	
	2. 市场主体登记注册	①登记注册	
		②信息公示	
	3. 反垄断与公平竞争审查	①反垄断	
		②公平竞争审查	
	4. 市场秩序	①不正当竞争	
		②违法直销和传销	
		③制售假冒伪劣商品	
		④广告监管	
		⑤中介机构管理	
		⑥商标管理	
		⑦价格与收费监管	
		⑧消费投诉	
		⑨市场交易	
		⑩网络商品交易及服务	
		⑪无证无照经营	
		⑫其他	
	5. 质量管理	①产品质量监控	
		②缺陷产品召回	
		③产品防伪	
		④质量抽查	
		⑤工业产品生产许可	
		⑥纤维检验	

续表

一级分类	二级分类	三级分类	备注
		⑦特种设备	
		⑧认证认可标准化	
		⑨计量	
	6.知识产权	①知识产权申报	
		②知识产权保护	
	7.其他	①其他	
（九）交通运输	1.建设管理	①规划建设	
		②设施维护	
		③规费征稽	
		④收费	
		⑤运营权管理	
		⑥其他	
	2.客货运输	①旅客运输	
		②货物运输	
		③物流管理	
		④运输安全	
	3.港航及水上安全管理	①航道设施监管	
		②船员船舶监管	
		③打捞救助	
		④航运事故处理	
		⑤其他	
	4.铁路监管	①运输安全监督	
		②工程质量安全监督	
		③设备质量安全监督	

续表

一级分类	二级分类	三级分类	备注
		④运输服务质量监督	
		⑤其他	
	5.民航管理	①民航工程质量安全监督	
		②民航旅客服务	
		③其他	
	6.邮政管理	①邮政行业规划与标准	
		②邮政市场监管	
		③快递行业管理	
		④邮政行业服务质量	
		⑤其他	
	7.出租车管理	①经营权转让	
		②运价监管	
		③网约车	
	8.其他	①其他	
（十）民政与应急	1.社会组织	①社会组织登记	
		②社会组织管理	
	2.社会救助	①城镇低保	
		②农村低保	
		③特困人员供养救助	
		④临时救助	
		⑤其他	
	3.基层选举和社区建设	①村委会选举	
		②居委会选举	
		③居务公开	

续表

一级分类	二级分类	三级分类	备注
		④社区服务	
	4.区划地名	①区划调整	
		②地名管理	
		③边界纠纷	
	5.社会事务	①殡葬管理	
		②婚姻登记	
		③生活无着人员救助	
		④残疾人福利	
	6.养老服务	①服务管理	
		②老年人福利	
	7.儿童服务	①儿童福利	
		②儿童收养	
		③儿童保护	
	8.慈善事业促进和社会工作	①慈善捐助	
		②慈善机构	
		③福利彩票	
		④社会工作	
		⑤志愿服务	
	9.灾害救助	①救灾管理	
		②捐赠服务	
	10.安全生产	①安全生产管理	
		②安全隐患	
		③事故处理	

续表

一级分类	二级分类	三级分类	备注
	11.应急救援	①安全生产类	
		②自然灾害类	
		③消防安全	
		④救援力量建设	
		⑤其他	
	12.防灾减灾	①森林草原火灾	
		②地震	
		③地质灾害	
		④其他灾害	
	13.其他	①其他	
（十一）政法	1.法治建设	①立法规划	
		②法治宣传	
		③司法改革	
		④政策法规	
		⑤行政执法	
	2.诉讼	①刑事诉讼	
		②民事诉讼	
		③行政诉讼	
		④国家赔偿	
		⑤司法救助	
	3.仲裁与调解	①民商事仲裁	
		②劳动仲裁	
		③人事仲裁	
		④司法调解	

续表

一级分类	二级分类	三级分类	备注
		⑤行政调解	
		⑥人民调解	
	4.行政复议	①复议申请	
		②不服决定	
	5.生效法律文书执行	①规范性法律文件执行	
		②行政复议决定执行	
		③其他	
	6.法律服务	①司法鉴定	
		②公证	
		③律师	
		④法律援助	
		⑤基层法律服务	
	7.法律监督	①审判监督	
		②侦查监督	
		③工作人员职务犯罪监督	
	8.刑罚执行	①监狱管理	
		②社区矫正	
		③戒毒管理	
	9.警务督察	①刑讯逼供	
		②超期羁押	
		③警务执法	
		④包庇违法违纪人员	
	10.社会治安	①治安案件	
		②扫黑除恶	

续表

一级分类	二级分类	三级分类	备注
		③黄赌毒	
		④走私贩私	
		⑤拐卖人口	
		⑥邪教组织	
		⑦集会游行示威	
		⑧防范打击恐怖活动	
		⑨犬类管理	
	11. 交通管理	①道路交通执勤执法	
		②道路交通事故处理	
		③机动车和驾驶人管理	
		④公安交通管理信息服务	
	12. 刑案侦查	①立案侦查	
		②强制措施	
		③案件侦破	
		④财物处置	
	13. 户籍证件	①户籍管理	
		②身份证管理	
		③流动人口管理	
	14. 移民和出入境管理	①公民出入境管理	
		②外国人管理	
		③出入境边防检查	
		④边境管理	
	15. 其他	①法律职业资格管理	
		②见义勇为	

续表

一级分类	二级分类	三级分类	备注
（十二）军队事务		③其他	
	1.军队建设	①军队人员管理	
		②军婚	
		③军产处置	
	2.军民融合	①战略与实施	
		②其他	
	3.军转干部安置	①计划安置	
		②自主择业	
		③企业军转干部	
		④随军家属安置	
	4.退役士兵安置	①转业退伍安置	
		②自谋职业	
	5.优待抚恤	①优待政策落实	
		②评残及伤残抚恤	
		③参战退役人员身份待遇	
		④参试退役人员身份待遇	
		⑤复员干部待遇	
		⑥老退役军人待遇	
		⑦遗属身份认定及待遇	
		⑧其他身份认定及待遇	
	6.褒扬纪念	①烈士评定	
		②烈士遗骸寻找	
		③烈士纪念设施维护	
		④英烈名誉保护	

续表

一级分类	二级分类	三级分类	备注
		⑤荣誉褒扬	
		⑥其他	
	7. 其他	①退役军人帮扶援助	
		②军休	
		③其他	
(十三)科技与信息产业	1. 科学技术	①科技体制改革	
		②科技资源配置	
		③科研诚信	
		④发明创造	
		⑤成果鉴定转化	
	2. 信息化建设	①信息产业发展规划	
		②软件行业管理	
		③互联网运营管理	
	3. 电信	①电信资费	
		②通信保障	
		③运营商监管	
		④无线电管理	
	4. 网络安全	①网络安全战略与规划	
		②网络安全审查	
		③数据安全和个人信息保护	
		④关键信息基础设施保护	
		⑤网络安全国家标准	
	5. 其他	①其他	

续表

一级分类	二级分类	三级分类	备注
（十四）生态环境	1.环境污染与生态破坏	①水污染	
		②大气污染	
		③固体污染	
		④噪音污染	
		⑤危险化学品污染	
		⑥放射性污染	
		⑦电磁污染	
		⑧海洋污染	
		⑨生态破坏	
		⑩气候变化	
		⑪其他	
	2.建设项目审批	①项目审批	
		②环境评估	
		③未批先建	
		④未验先用	
		⑤其他	
	3.环境管理	①环境资质管理	
		②生态示范和模范城区创建	
		③环境监测	
		④环境执法	
		⑤污染损害纠纷调解	
		⑥专项资金使用	
		⑦淘汰落后产能补偿	
		⑧其他	

续表

一级分类	二级分类	三级分类	备注
（十五）文体旅游	1. 文化管理	①文化体制改革	
		②文化市场与文化执法	
		③世界遗产与非物质文化遗产	
		④文化艺术	
		⑤公共文化	
		⑥网络游戏	
		⑦其他	
	2. 旅游管理	①旅游市场管理	
		②景区管理	
	3. 文物管理	①文物保护	
		②文物违法	
		③文物考古	
		④文物鉴定	
		⑤文物捐献	
		⑥其他	
	4. 体育	①体育事业	
		②体育竞赛	
		③体育市场	
		④运动员权益	
		⑤体育场地设施	
	5. 其他	①其他	

续表

一级分类	二级分类	三级分类	备注
（十六）党务政务	1.党的建设	①政治建设	
		②思想建设	
		③组织建设	
		④作风建设	
		⑤纪律建设	
		⑥制度建设	
	2.政治体制	①体制改革	
		②人大工作	
		③政协工作	
		④统战工作	
	3.民族宗教	①民族政策	
		②民族事务	
		③宗教事务	
	4.港澳台侨	①港澳事务	
		②台湾事务	
		③侨务	
	5.国防外交	①外交外事	
		②国防军事	
	6.群众团体	①工会工作	
		②共青团工作	
		③妇联工作	
	7.宣传舆论	①精神文明建设	
		②广播影视管理	
		③新闻管理	

续表

一级分类	二级分类	三级分类	备注
（十七）组织人事		④出版管理	
		⑤互联网信息监管	
	8.政务服务	①电子政务	
		②信息公开	
		③其他	
	9.其他	①老干部工作	
		②其他	
	1.选拔任用	①跑官要官	
		②任人唯亲	
		③干部任免	
		④职务升降	
	2.招录辞退	①招聘录用	
		②辞退	
	3.编制职位	①编制管理	
		②职位管理	
	4.人力资源	①人才工作	
		②人力市场管理	
		③职称评定	
		④专业资格考试	
		⑤职业资格考试	
		⑥人事调动	
	5.机构改革	①党和国家机构改革	
		②行政机构改革	
		③事业单位改制	

续表

一级分类	二级分类	三级分类	备注
		④金融机构和国有企业改革	
		⑤乡镇机构改革	
	6.离休	①离休待遇	
		②退改离	
	7.其他	①档案和党组织关系	
		②其他	
（十八）纪检监察	1.贪污贿赂	①贪污	
		②行贿受贿索贿	
		③挪用公款	
		④买官卖官	
		⑤财产来源不明	
	2.滥用职权	①以权谋私	
		②打击报复	
	3.失职渎职	①玩忽职守	
		②包庇纵容	
		③行政不作为	
	4.干部作风	①形式主义	
		②官僚主义	
		③享乐主义	
		④奢靡之风	
	5.党政处分	①党纪处分	
		②政务处分	
	6.其他	①其他	

续表

一级分类	二级分类	三级分类	备注
（十九）其他	1. 历史遗留问题	①私房落实政策	
		②平反落实政策	
		③支边知青	
		④精减下放	
		⑤其他	
	2. 领导事务	①评价反馈	
		②贺信贺卡	
		③其他	
	3. 表达情感	①致敬致谢	
		②其他	
	4. 其他	①内容不清	
		②其他	

国家信访局关于进一步规范信访事项受理办理程序引导来访人依法逐级走访的办法

1. 2014年4月9日
2. 国信发〔2014〕4号

第一条 为进一步强化属地责任、提高信访工作效能，引导来访人依法逐级走访，推动信访事项及时就地解决，根据《信访条例》和《关于创新群众工作方法解决信访突出问题的意见》等法规文件，结合工作实际，制定本办法。

第二条 各级人民政府信访工作机构和其他行政机关要按照《信访条

例》"属地管理、分级负责,谁主管、谁负责,依法、及时、就地解决问题与疏导教育相结合"的原则和有关规定,分级受理职责范围内的信访事项,并按规定的程序和期限办理。

第三条 各级人民政府和县级以上人民政府工作部门要高度重视初信初访,及时就地妥善处理信访事项,防止因受理不及时、办理不到位导致信转访或走访上行。

第四条 信访人提出信访事项,一般应当采用书信、电子邮件、网上投诉等书面形式。信访人采用走访形式提出信访事项,应当根据信访事项的性质和管辖层级,到依法有权处理的本级或上一级机关设立或者指定的接待场所提出。首先接谈的机关先行受理,不得推诿。

对跨越本级和上一级机关提出的信访事项,上级机关不予受理,并引导来访人以书面或走访形式向依法有权处理的机关提出,同时将相关情况及时通报下级有关机关。

第五条 各级人民政府信访工作机构和其他行政机关对来访人反映的信访事项要逐一登记,在规定期限内决定是否受理,并告知来访人。有权处理机关必须向来访人出具是否受理告知书。不属于本机关受理范围的,要指明受理机关。

"三跨三分离"信访事项,按照《信访条例》第二十四条和《国家信访局协调"三跨三分离"信访事项工作规范》明确的原则和程序划分责任、受理办理。

第六条 对属于各级人民代表大会以及县级以上各级人民代表大会常务委员会、人民法院、人民检察院职权范围内的信访事项,以及已经或者依法应当通过诉讼、仲裁、行政复议等法定途径解决的,各级人民政府信访工作机构及其他行政机关不予受理,但应当告知来访人依照有关法律、行政法规规定的程序向有关机关提出。

第七条 信访事项已经受理或者正在办理,来访人在规定期限内向受理或办理机关的上级机关再提出同一信访事项的,上级机关不予受理。

第八条 来访人对信访事项处理(复查)意见不服,未提出复查(复核)请求而到上级机关再次走访的,各级人民政府信访工作机构和其他行政机关不予受理,并引导来访人走复查(复核)程序。

第九条 对信访事项处理(复查)意见不服,但无正当理由超过规定期限未请求复查(复核)的,不再受理。

已经省(自治区、直辖市)人民政府复查复核机构审核认定办结,或已经复核终结备案并录入全国信访信息系统的信访事项,来访人仍然以同一事实和理由提出投诉请求的,各级人民政府信访工作机构和其他行政机关不再受理。

第十条 中央和国家机关来访接待部门对应到而未到省级人民政府信访工作机构和其他行政机关提出信访事项,或者省级相关部门正在处理且未超出法定处理期限的,不予受理;信访事项已经复核终结的,不再受理。

第十一条 有权处理机关要在规定期限内办理信访事项,向来访人出具处理意见书,并告知请求复查(复核)的期限和机关。如需延期办理,应当出具延期告知书。来访人请求复查(复核)的,复查(复核)机关应当书面告知是否受理,并在规定期限内出具复查(复核)意见书。

处理意见书、延期告知书、复查(复核)意见书应当及时送达来访人,并严格履行签收手续。

第十二条 各级人民政府信访工作机构和其他行政机关要及时将信访事项信息及受理、办理环节各项书面文书统一录入全国信访信息系统,确保程序规范、数据完整、信息共享。

第十三条 县级以上人民政府信访工作机构负责督办本级和下级有关行政机关的信访事项受理、办理情况。对于不按要求登记录入、应受理而未受理、未按规定期限和程序受理办理信访事项、不执行信访事项处理意见,造成群众越级走访的,按照《信访条例》第三十六条的规定予以督办,提出改进建议,并视情通报;情节严重或造成严重后果的,依据《信访条例》和《关于违反信访工作纪律处分暂行规定》等法规文件,向有关地方和部门提出责任追究建议。

第十四条 各级人民政府信访工作机构和其他行政机关要采取多种形式进行法制宣传教育,引导来访人以书面形式提出信访事项、按照《信访条例》规定的程序逐级走访。

第十五条　各省(自治区、直辖市)人民政府信访工作机构、中央和国家机关来访接待部门要依据《信访条例》和本办法,结合本地区本部门实际,制定实施细则。社会团体、企业事业单位参照本办法执行。

第十六条　本办法由国家信访局负责解释。

第十七条　本办法自2014年5月1日起施行。

初次信访事项办理办法

1. 2022年7月17日
2. 国信办发〔2022〕15号

　　为加强初次信访事项办理工作,规范工作程序,压实首办责任,提高办理质量和效率,根据《信访工作条例》等规定,结合工作实际,制定本办法。

第一条　本办法所称初次信访,是指公民、法人或者其他组织采用信息网络、书信、电话、传真、走访等形式,首次向各级机关、单位反映情况,提出建议、意见或者投诉请求,依法依规应当由有关机关、单位作出处理的活动。

　　采用前款规定的形式,反映的情况,提出的建议、意见或者投诉请求,称初次信访事项。

第二条　初次信访事项办理工作,坚持"属地管理、分级负责,谁主管、谁负责"的原则,实行首办负责制。各级党委和政府信访部门以及其他机关、单位应当根据各自职责和有关规定,按照诉求合理的解决问题到位、诉求无理的思想教育到位、生活困难的帮扶救助到位、行为违法的依法处理的要求,依法按政策及时就地解决群众合法合理诉求,努力实现"让群众最多访一次"。

第三条　各级党委和政府信访部门按照《信访工作条例》规定的程序、

期限,负责受理、转送、交办信访人提出的初次信访事项,并进行协调、督办。

各级党委和政府信访部门以外的其他机关、单位按照《信访工作条例》规定的程序、期限,负责受理、办理法定职权范围内的初次信访事项,并书面答复信访人。包括以下两种情形:

(一)信访人首次向本机关、单位提出的信访事项;

(二)本级或上级党委和政府信访部门首次转送、交办的信访事项。

信访人向不同机关、单位或同一机关、单位不同部门提出信访事项的,先行收到的机关、单位或部门先行受理,并录入信访信息系统。

第四条　各级党委和政府信访部门以及其他机关、单位收到初次信访事项,应当及时在信访信息系统中录入信访人姓名(名称)、住址、联系方式、投诉请求、建议意见以及相应的事实、理由等主要内容,做到要素完整、客观、准确。

第五条　各级党委和政府信访部门收到初次信访事项,应在15日内区分不同情况,按下列方式处理:

(一)对申诉求决类初次信访事项,属于本级或下级机关、单位或者其工作部门处理决定的,按照"属地管理、分级负责,谁主管、谁负责"的原则,逐级转送有权处理的机关、单位;对有重要情况需要反馈办理结果的,可以交由有权处理的机关、单位办理,要求其在指定办理期限内反馈结果,提交办结报告。

(二)对建议意见类初次信访事项,其中有利于完善政策、改进工作、促进经济社会发展的,上报本级党委、政府作为决策参考,或转送有权处理的机关、单位研究。

(三)对收到的涉法涉诉信件,应当转送同级政法部门依法处理;对走访反映涉诉问题的信访人,应当释法明理,引导其向有关政法部门反映问题。

(四)对属于纪检监察机关受理的检举控告类初次信访事项,按照管理权限转送有关纪检监察机关依规依纪依法处理。

（五）地方各级党委和政府信访部门对情况重大、紧急的初次信访事项，应当及时提出建议报请本级党委和政府决定，并向上一级信访部门报告，同时报告国家信访局。

对通过信息网络收到的初次信访事项，应缩短转送、交办期限。

第六条　党委和政府信访部门以外的其他机关、单位收到初次信访事项，对属于本机关、单位或本系统下级机关、单位职权范围的，应当告知信访人接收情况、处理途径和程序、转送交办去向等；对不属于本机关、单位或本系统职权范围的，应当告知信访人向有权处理的机关、单位提出。能够当场告知的，应当当场书面告知；不能当场告知的，应当自收到信访事项之日起15日内书面告知。

对跨地区、跨部门、跨行业和人事分离、人户分离、人事户分离的初次信访事项，按照《信访工作条例》第二十四条和《国家信访局协调解决"三跨三分离"信访事项工作规则》明确的原则和程序划分责任、受理办理。

第七条　有权处理机关、单位应按照《信访工作条例》的规定，区分不同情况办理初次信访事项。对条例第三十一条第六项规定的初次信访事项，应在规定时限内向信访人出具信访处理意见书，告知请求复查的期限和机关、单位；收到复查（复核）请求的机关、单位，应当做好复查（复核）工作，并在规定的时限内出具复查（复核）意见书。

有权处理机关、单位出具的告知书、信访处理意见书、延期告知书、复查（复核）意见书应当要素齐全、格式正确、事实清楚、依据充分，并及时送达信访人或有关人员，严格履行签收等手续。相关文书及送达凭证均要及时录入信访信息系统。

有权处理机关、单位应当按期向交办机关反馈处理意见，督促有关机关、单位执行，并做好信访人的政策解释和疏导教育工作。

第八条　各级党委和政府信访部门以及其他机关、单位应为信访人查询初次信访事项办理情况提供便利。对纳入满意度评价范围的初次信访事项，办理过程、处理结果应依托信访信息系统予以公开，以便于信访人查询、评价。

第九条 各级党委和政府信访部门发现本级和下级有关机关、单位存在违反信访工作规定受理、办理信访事项,办理信访事项推诿、敷衍、拖延、弄虚作假或者拒不执行信访处理意见等情形的,应当及时督办并提出改进工作的建议;造成严重后果的,应当向有管理权限的机关、单位提出责任追究建议。

各级党委和政府信访部门对收到的初次信访事项应当登记、转送、交办而未按规定登记、转送、交办,或者应当履行督办职责而未履行的,由其上级机关责令改正;造成严重后果的,按照《信访工作条例》的规定追究责任。

第十条 各级党委和政府信访部门应当以依规依法及时就地解决信访问题为导向,定期考核下一级信访部门和有权处理机关、单位初次信访办理工作,并在一定范围内通报有关考核情况。

第十一条 本办法由国家信访局负责解释。

第十二条 本办法自发布之日起施行,《国家信访局关于进一步加强初信初访办理工作的办法》同时废止。

信访事项办理群众满意度评价工作办法(试行)

1. 2022年5月9日国家信访局印发
2. 国信发〔2022〕11号

第一条 为进一步提高信访事项办理质量和效率,方便信访人监督、查询、评价信访事项办理情况,根据《信访工作条例》,结合工作实际,制定本办法。

第二条 本办法所称信访事项,是指公民、法人或者其他组织(以下简称"信访人")采用信息网络、书信、电话、传真、走访等形式,向各级机关、单位反映的情况、提出的建议、意见或者投诉请求。

第三条 本办法所称群众满意度评价(以下简称"满意度评价"),是指信访人(即评价主体)对各级党委和政府信访部门以及有权处理的机关、单位(即评价对象)处理信访事项工作情况作出的评价。

第四条　满意度评价的范围是通过国家信访信息系统初次登记受理办理的信访事项。

对属于下列信访事项的,可依据相关法律法规另行作出满意度评价规定:

(一)检举控告类事项。

(二)申诉求决类事项。一是应当通过审判机关诉讼程序或者复议程序、检察机关刑事立案程序或者法律监督程序、公安机关法律程序处理的,涉法涉诉信访事项未依法终结的;二是应当通过仲裁解决的;三是可以通过党员申诉、申请复审等解决的;四是可以通过行政复议、行政裁决、行政确认、行政许可、行政处罚等行政程序解决的;五是属于申请查处违法行为,履行保护人身权或者财产权等合法权益职责,依法履行或者答复的。

依法依规不宜公开的信访事项,不纳入满意度评价的范围。

第五条　满意度评价工作坚持谁初次办理、谁负责公开、谁接受评价的原则;坚持服务群众、依靠群众、让群众参与、由群众评价的原则;坚持公开透明、接受监督、主动改进工作的原则;坚持科学管理、落实责任、严明纪律、提高效能的原则。

第六条　各级党委和政府信访部门登记受理的信访事项应在15日内分级完成向有权处理的机关、单位转送、交办工作。国家信访局登记的信访事项,分级转送、交办时限一般为:国家信访局5日内、省级信访部门3日内、市(地)级信访部门3日内、县级信访部门4日内。

第七条　各级机关、单位应当健全完善信访事项办理制度,按照"三到位一处理"要求,落实首问首办责任,通过督查、回访、约谈、群众评价等方式,强化过程监督,实施结果问效,推动问题解决。

第八条　各级机关、单位应当依托国家信访信息系统及时向信访人公开信访事项处理进展以及结果,主动接受监督。公开内容包括:信访事项登记日期,党委和政府信访部门分级转交日期,向有权处理的机关、单位转交日期,有权处理的机关、单位出具的告知单、信访处理意见书及日期等。

第九条　各级机关、单位应当加大宣传力度,依托国家信访信息系统,为信访人查询、评价信访事项办理情况提供便利条件,通过短信通知、系统提醒、回复回访等方式,积极引导信访人进行满意度评价。

国家信访局对纳入评价范围的来信、来访事项,采取短信、邮寄、告知等方式向信访人提供查询码,信访人凭查询码登陆国家信访局门户网站查询、评价;对信访人未留手机号码的来信、来访事项,逐级转交后,由直接转交有权处理的机关、单位办理的党委和政府信访部门负责联系信访人,并告知查询码。

国家信访局登记受理的、应当纳入评价范围的网上信访事项,信访人通过注册账户查询、评价。

第十条　信访人自信访部门登记受理信访事项之日起,一般可对信访部门进行满意度评价。信访人在办理期限内自收到信访处理意见书(或超过办理期限未收到信访处理意见书)之日起,30日内可对有权处理的机关、单位进行满意度评价。超期未作评价的,视为放弃评价。

第十一条　满意度评价内容。

(一)对党委和政府信访部门的评价内容:工作人员的服务态度和工作效率等方面。

(二)对有权处理的机关、单位的评价内容:工作人员的服务态度和工作效率、在规定期限内作出告知、依法按政策解决信访问题、按期出具信访处理意见书并送达等方面。

评价设满意、基本满意、不满意三个选项;设"留言"栏,供信访人填写评价意见。

第十二条　各级党委和政府信访部门应当通过国家信访信息系统,对超出办理期限仍未出具信访处理意见书的信访事项,下发督办提醒信息,督促有权处理的机关、单位依法按政策认真解决群众合法合理诉求,并按规定将处理进展以及结果告知信访人。

第十三条　各级党委和政府信访部门和有权处理的机关、单位要高度重视满意度评价工作。国家信访局对各地各部门满意度评价总体情况和存在的突出问题,及时进行综合分析和通报。

各级党委和政府信访部门要把满意度评价结果纳入党委、政府信访工作绩效考核内容,作为评选表彰的参考。对评价工作中群众反映强烈的突出问题,及时报告本级党委、政府和信访工作联席会议。

第十四条 各级党委和政府信访部门以及有权处理的机关、单位要加强对满意度评价工作的督导检查。对工作不到位、责任不落实,推诿扯皮、弄虚作假的,要视情予以通报批评;造成严重后果的,要依照相关规定严肃追究责任。

第十五条 各省(自治区、直辖市)和新疆生产建设兵团,中央和国家机关信访部门可以参照本办法制定满意度评价工作细则。

第十六条 本办法由国家信访局负责解释。

第十七条 本办法自印发之日起试行。

关于进一步加强和规范联合接访工作的意见

1. 2015年6月24日国家信访局印发
2. 国信发〔2015〕12号

为整合资源力量,方便群众反映诉求,及时就地解决信访问题,现就进一步加强和规范联合接访工作提出如下意见。

一、总体要求

深入贯彻落实中央关于信访工作制度改革和信访法治建设的部署要求,坚持以依法按政策解决信访问题为核心,坚持"属地管理、分级负责,谁主管、谁负责,依法、及时、就地解决问题与疏导教育相结合"的原则,坚持一站式接待、一条龙办理、一揽子解决,形成统一领导、综合协调、部门负责、分类处理的工作格局,努力把信访事项特别是初次来访解决在初始、化解在属地。

二、方式方法

（一）分级分类接访。省（含省级）以下都要实行联合接访。认真贯彻落实依法逐级走访有关规定，分级受理职责范围内的来访事项，并按规定期限和程序办理。对越级上访的，不予受理，但要做好解释引导工作。对依法应当通过诉讼、仲裁、行政复议等法定途径解决的投诉请求，通过法定途径分类处理。对涉法涉诉信访事项，引导来访人到有关政法机关反映诉求。

（二）领导干部定期接访。各地党委和政府领导、进驻部门领导干部要定期到联合接访场所接待来访群众。接访领导干部的姓名、职务、分管工作及接访时间，在当地新闻媒体和联合接访场所提前向社会公布。要建立工作台账，明确承办单位和责任人，以便督办落实。

（三）领导干部带案下访。对疑难复杂信访事项，按照"谁主管、谁负责"、"一岗双责"的要求，由相关领导干部带案下访、协调化解，做好思想疏导工作。化解情况要通过适当方式予以公开，接受群众监督。

（四）推行视频接访。有条件的地方可在联合接访场所建立视频接访系统，搭建快捷高效服务群众的远程接访平台，开展预约接访，方便信访群众就地反映诉求，方便领导干部面对面听取意见，方便责任部门点对点解决问题。

三、运行机制

（五）首办负责制。压实首办责任，及时受理，全程负责跟踪督办。信访事项处理全过程公开，接受群众评价，提高初访办理的质量和效率，确保第一时间、第一地点解决问题、化解矛盾。

（六）联合会商制度。对涉及多个部门的信访问题，由主责部门或信访部门组织协调，相关责任部门参与会商，共同研究制定解决方案。对联合会商难以解决的疑难复杂信访问题，可提请本级信访工作联席会议协调。

（七）信访听证制度。对社会关注度高、争议较大的信访问题，除涉及国家秘密及个人隐私的，可进行公开听证，以此促进问题解决、矛盾化解,实现息诉息访。听证会由主责部门或信访部门负责组织。

(八)社会力量参与机制。组织律师、心理咨询师和专业社会工作者进驻联合接访场所,辅助做好法律援助、心理咨询和情绪疏导等工作。组织党代表、人大代表、政协委员定期到联合接访场所接待来访群众,充分发挥老干部、老党员、老模范、老教师、老军人等参与解决信访问题的特殊作用。

(九)教育疏导机制。通过多种形式,加强经常性的法制宣传教育,着力引导来访群众依法理性反映诉求,规范信访行为。为进驻警务室创造良好工作条件,支持配合依法维护信访秩序。对违反联合接访场所有关规定、言行过激的来访群众,做好教育劝导工作。对信访活动中的违法犯罪行为,由政法机关依法处理。

四、组织管理

(十)改善接访条件。按照方便群众、布局合理、功能完善、环境友好的要求,改善接访环境,满足接访需要。

(十一)健全规章制度。制定进驻部门和人员工作制度,明确职责任务和岗位要求。实行接访公开承诺,工作人员挂牌上岗。严格来访登记、受理办理、转送交办、督查督办、信息录入等工作流程,做到规范有序、公开透明、便捷高效。

(十二)加强日常管理。有关部门要把政治素质好、业务能力强、工作作风实、善于做群众工作的干部选派到联合接访岗位并做到人员相对固定,连续工作时间一般不少于一年。对后备干部、新提任干部,要安排一定时间到联合接访场所挂职锻炼。派驻人员由信访部门和所在部门双重管理,以信访部门管理为主。信访部门负责本级联合接访场所的日常管理,根据形势任务相机调整进驻单位和工作人员;对进驻部门和人员的工作情况进行考核,结果送组织人事部门和派驻单位备案,作为评先评优和干部选拔任用的重要依据。

(十三)严格责任追究。对接访过程中敷衍塞责、推诿扯皮,以及未按规定期限、程序受理和答复,引发群众重复来访、越级走访的,信访部门予以通报批评;情节严重或造成严重后果的,依照违反信访工作纪律处分的相关规定,由信访部门向有关部门提出责任追究建议。

信访事项网上办理工作规程

1. 2022年4月30日国家信访局印发
2. 国信发〔2022〕8号

第一章 总 则

第一条 为深入推进信访事项网上办理工作规范化建设,提高工作质量、效率和公信力,根据《信访工作条例》规定,结合工作实际,制定本规程。

第二条 本规程适用于通过信访信息系统登记、受理、办理公民、法人或者其他组织用信息网络、书信、电话、传真、走访等形式,向各级机关、单位提出的信访事项。

第三条 信访事项网上办理工作应坚持党的全面领导;坚持以人民为中心;坚持落实信访工作责任;坚持依法按政策解决问题;坚持源头治理化解矛盾。

第二章 登 记

第四条 通过信息网络、书信、电话、传真、走访等形式提出的信访事项均应客观、准确、及时登记录入信访信息系统。

第五条 登记时应逐一录入信访人姓名(名称)、地址、信访人数、信访目的、问题属地、内容分类等要素,录入主要诉求、反映的情况、提出的建议意见以及相应的事实、理由及信访过程等。留有电话号码、身份证号码的应准确录入。

对采取走访形式的,应认真听取来访人的陈述,询问有关情况,并与来访人核实登记内容。

第三章　党委和政府信访部门的受理办理

第六条　党委和政府信访部门对收到的信访事项,应区分情况,在15日内按下列方式处理:

（一）对依照法定职责属于本级机关、单位或者其工作部门处理决定的,应当转送有权处理的机关、单位;情况重大、紧急的,应当及时提出建议,报请本级党委和政府决定。

（二）涉及下级机关、单位或者其工作人员的,按照"属地管理、分级负责,谁主管、谁负责"的原则,转送有权处理的机关、单位。

（三）对转送信访事项中的重要情况需要反馈办理结果的,可以交由有权处理的机关、单位办理,要求其在指定办理期限内反馈结果,提交办结报告。

各级党委和政府信访部门对收到的涉法涉诉信件,应当转同级政法部门依法处理;对走访反映涉诉问题的信访人,应当释法明理,引导其向有关政法部门反映问题。对属于纪检监察机关受理的检举控告类信访事项,应当按照管理权限转有关纪检监察机关依规依纪依法处理。

第七条　对信访人采用走访形式提出的信访事项,可当场告知受理情况,指明反映问题途径和程序。

第八条　对已有复核意见,仍然以同一事实和理由提出投诉请求的,不再受理,并向信访人告知有关情况(告知书模板见附件1-①)。

第九条　对信访事项中带有普遍性、倾向性、苗头性特别是有关政策性的问题,应综合分析研判,及时向本级党委、政府报告,并提出完善政策、解决问题的建议。

对一段时间内某一地方、领域反映突出、集中的信访事项,向有关机关、单位通报。

第四章　其他机关、单位的受理办理

第十条　党委和政府信访部门以外的其他机关、单位收到信访人直接提出的信访事项后,应按照本规程第五条规定,及时将信访事项录入信访信息系统,使网上信访、来信、来访、来电在网上流转,方便信访人查询、评价信访事项办理情况。

对属于本机关、单位职权范围的,应当告知信访人接收情况以及处理途径和程序;对属于本系统下级机关、单位职权范围的,应当转送、交办有权处理的机关、单位,并告知信访人转送交办去向;对不属于本机关、单位或者本系统职权范围的,应当告知信访人向有权处理的机关、单位提出(告知书模板见附件1-②)。

对信访人直接提出的信访事项,有关机关、单位能够当场告知的,应当当场书面告知;不能当场告知的,应当在15日内书面告知信访人(告知书模板见附件1、2)。

第十一条 对党委和政府信访部门或者本系统上级机关、单位转送、交办的信访事项,属于本机关、单位职权范围的,有关机关、单位应当自收到之日起15日内书面告知信访人接收情况以及处理途径和程序;不属于本机关、单位或者本系统职权范围的,有关机关、单位应当自收到之日起5个工作日内提出异议,并详细说明理由,经转送、交办的信访部门或者上级机关、单位核实同意后,交还相关材料。

第十二条 政法部门处理涉及诉讼权利救济事项、纪检监察机关处理检举控告事项的告知按照有关规定执行。

第十三条 对信访人反映的情况、提出的建议意见类事项,有权处理的机关、单位应当认真研究论证,并酌情回复。

第十四条 对信访人提出的检举控告类事项,纪检监察机关或者有权处理的机关、单位应当依规依纪依法接收、受理、办理和反馈。

第十五条 对信访人提出的申诉求决类事项,有权处理的机关、单位应当区分情况,分别按下列方式办理:

(一)应当通过审判机关诉讼程序或者复议程序、检察机关刑事立案程序或者法律监督程序、公安机关法律程序处理的,涉法涉诉信访事项未依法终结的,按照法律法规规定的程序处理。

(二)应当通过仲裁解决的,导入相应程序处理。

(三)可以通过党员申诉、申请复审等解决的,导入相应程序处理。

（四）可以通过行政复议、行政裁决、行政确认、行政许可、行政处罚等行政程序解决的，导入相应程序处理。

（五）属于申请查处违法行为、履行保护人身权或者财产权等合法权益职责的，依法履行或者答复。

（六）不属于以上情形的，应当调查核实，作出处理，出具处理意见书。

对上述第（六）项规定的信访事项应当自受理之日起60日内办结；情况复杂的，经本机关、单位负责人批准适当延长办理期限，但延长期限不得超过30日，并出具《延期办理告知书》（告知书模板见附件3）。

第十六条　办理信访事项基本流程：

（一）联系或视情约见信访人，听取信访人陈述事实和理由，必要时可以要求信访人、有关组织和人员说明情况；

（二）对信访人提出的事项进行核实，可以向其他组织和人员调查；

（三）对重大、复杂、疑难的信访事项，可以举行听证；

（四）经调查核实，依照有关法律、法规、规章及其他有关规定作出处理，出具《信访事项处理意见书》（意见书模板见附件4），属于第十五条前五项的按照法律法规规定的程序处理；

（五）落实处理意见。

第十七条　信访人请求复查（复核）的，复查（复核）机关、单位审查后，应出具《申请复查（复核）受理（不予受理）告知书》（告知书模板见附件5、6）。受理的，应当自收到复查（复核）请求之日起30日内出具《信访事项复查（复核）意见书》（意见书模板见附件7、8）。

第十八条　有权处理（复查、复核）的机关、单位向信访人出具的告知书、处理（复查、复核）意见书等，均应按期送达信访人，填写送达回证（送达回证模板见附件9）并录入信访信息系统。

有关送达要求参照《民事诉讼法》相关规定。

第十九条　对下列情形不予（不再）受理：

（一）对已经受理或者正在办理的，信访人在规定期限内向受理、办理机关、单位的上级机关、单位又提出同一信访事项的，上级机关、单位不予受理（告知书模板见附件1－③）。

（二）对已有处理（复查）意见且正在复查（复核）期限内的，不予另行受理，应向信访人告知有关情况（告知书模板见附件1－④、1－⑤）。

（三）对已有复核意见，仍然以同一事实和理由提出投诉请求的，不再受理，并向信访人告知有关情况（告知书模板见附件1－①）。

第五章　督查督办

第二十条　对交办、转送的信访事项，交办、转送机关、单位要通过信访信息系统及时检查受理、办理情况，发现有关机关、单位存在违反信访工作规定受理、办理信访事项，办理信访事项推诿、敷衍、拖延、弄虚作假或者拒不执行信访处理意见等情形的，应当及时督办，并提出改进工作的建议。

第二十一条　督办可通过网上督办、电话督办、发函督办、视频督办、约谈督办、实地督查等形式实施，推动信访事项依法及时就地解决。

第二十二条　督办信访事项的督办建议和结果，要及时录入信访信息系统。

第六章　查询和评价

第二十三条　信访事项处理过程和办理结果要在网上及时向信访人反馈，主动接受监督，实现信访事项的可查询、可跟踪、可监督、可评价。

反馈内容包括：信访事项登记日期，党委和政府信访部门分级转交日期，向有权处理的机关、单位转交日期，有权处理的机关、单位出具的告知书、信访处理意见书、复查意见书、复核意见书及日期等。

第二十四条　对纳入评价范围的来信、来访事项，采取短信、邮寄、告知等方式向信访人提供查询码，信访人凭查询码登陆国家信访局门户网站查询、评价；对信访人未留手机号码的来信、来访事项，逐级转交后，由直接转交有权处理的机关、单位办理的党委和政府信访部门负责联系信访人,并告知查询码(告知书模板见附件10)。

对纳入群众满意度评价的网上信访事项,信访人通过注册账户查询评价。

第七章 附 则

第二十五条 本规程所称信访事项,不包含涉密内容的信访事项,涉密事项按相关规定办理。

第二十六条 本规程附件所列文书模板供各机关、单位作范本参考。

第二十七条 本规程由国家信访局负责解释。

第二十八条 本规程自2022年5月1日起施行。

附件:(略)

信访事项简易办理办法

1. 2022年7月17日国家信访局印发
2. 国信办发〔2022〕17号

第一条 为进一步深化信访制度改革,推动及时就地解决信访问题,根据《信访工作条例》和《信访事项网上办理工作规程》等规定,结合工作实际,制定本办法。

第二条 信访事项简易办理是指各级机关、单位按照工作职责,针对诉求简单明了的信访事项,简化程序,缩短时限,更加方便快捷地受理、办理。

第三条 信访事项简易办理应当遵循依法合规、简便务实、灵活高效的原则。

第四条 下列初次信访事项适用简易办理:

(一)事实清楚、责任明确、争议不大、易于解决的;

(二)提出咨询或意见建议、表达感谢,可以即时反馈的;

(三)涉及群众日常生产生活、时效性强,应当即时处理的;

（四）有关机关、单位已有明确承诺或结论的；

（五）其他可以简易办理的。

第五条　下列信访事项不适用简易办理：

（一）属于《信访工作条例》第三十一条前五项规定情形的；

（二）上级机关、单位交办的；

（三）可能对信访人诉求不予支持的；

（四）涉及多个责任主体或集体联名投诉的重大、复杂、疑难等不宜简易办理的。

第六条　信访事项是否适用简易办理，由有权处理的机关、单位决定，县级以上党委和政府信访部门以及上级机关、单位可以提出简易办理建议。

第七条　县级以上党委和政府信访部门以及上级机关、单位对提出简易办理建议的信访事项，可以通过信访信息系统直接转送有权处理的机关、单位，并抄送下一级信访部门；不具备直接转送条件的，各中间层级机关、单位应当依次在收到信访事项之日起1个工作日内通过信访信息系统完成转送。

第八条　对适用简易办理的信访事项，有权处理的机关、单位应当在收到之日起3个工作日内决定是否受理。可以当即决定的，应当当即告知信访人。

除信访人要求出具纸质受理告知书的，可以当面口头或通过信息网络、电话、手机短信等快捷方式告知信访人。告知情况应当录入信访信息系统。

第九条　对适用简易办理的信访事项，有权处理的机关、单位应当在受理之日起10个工作日内作出处理意见。可以当即答复的，应当当即出具处理意见。

除信访人要求出具纸质信访处理意见书的，可以通过信息网络、手机短信等快捷方式答复信访人。答复情况应当录入信访信息系统。

第十条　有权处理的机关、单位在办理信访事项过程中，发现不宜简易办理或简易办理未得到妥善解决的，应当经本机关负责人批准，按照

《信访工作条例》规定的普通程序继续办理。属上级党委和政府信访部门或者机关、单位提出简易办理建议的,应当向提出建议的机关、单位反馈情况并说明理由。

按照《信访工作条例》规定的普通程序继续办理的信访事项,办理时限从按照简易办理程序受理之日起计算。

第十一条　县级以上党委和政府信访部门以及有关机关、单位应当对简易办理工作加强指导和监督。对可以简易办理的信访事项推诿拖延,或者以简易办理为名损害信访人权益的,要督促限期改正;造成严重后果的,按照《信访工作条例》的规定追究责任。

第十二条　本办法由国家信访局负责解释。

第十三条　本办法自发布之日起施行。

依法分类处理信访诉求工作规则

1. 2022年4月30日国家信访局印发
2. 国信发〔2022〕9号

第一条　为了进一步规范依法分类处理信访诉求工作,根据《信访工作条例》和相关法律法规,制定本规则。

第二条　本规则适用于各级机关、单位对申诉求决类信访事项的分类处理。

第三条　各级机关、单位收到信访事项,应当按照《信访工作条例》第二十二条、第二十三条相关规定进行登记、转送、交办、告知。

对信访人提出的申诉求决类信访事项,有权处理机关、单位应当区分情况,分别按照下列方式办理:

(一)应当通过审判机关诉讼程序或者复议程序、检察机关刑事立案程序或者法律监督程序、公安机关法律程序处理的,涉法涉诉信访事项未依法终结的,按照法律法规规定的程序处理。

(二)应当通过仲裁解决的,导入相应程序处理。

(三)可以通过党员申诉、申请复审等解决的,导入相应程序处理。

(四)可以通过行政复议、行政裁决、行政确认、行政许可、行政处罚等行政程序解决的,导入相应程序处理。

(五)属于申请查处违法行为、履行保护人身权或者财产权等合法权益职责的,依法履行或者答复。

(六)不属于以上情形的,应当听取信访人陈述事实和理由,并调查核实,出具信访处理意见书。对重大、复杂、疑难的信访事项,可以举行听证。

第四条 有权处理机关、单位负责信访工作的机构收到转送、交办或者信访人直接提出的申诉求决类事项,认为应当按照第三条第二款第一项、第二项、第三项、第四项、第五项规定的方式办理的,应当与本机关、单位对该事项负有办理责任的部门(以下简称责任部门)进行会商,确定处理途径和程序。

有权处理机关、单位应当制作包含以下内容的告知书,加盖机关印章或者业务办理专用印章,告知信访人:

(一)拟适用的途径及依据;

(二)查询或者联系方式;

(三)其他需要告知的内容。

除告知以上内容外,需要依申请启动的,还应当告知其申请需要提供的相关材料。

法律法规对受理的时间和告知的形式、内容另有规定的,从其规定。

第五条 有权处理机关、单位认为应当适用第三条第二款第六项规定的方式办理的,应当出具信访事项受理告知书,加盖信访业务专用章送达信访人。

第六条 有权处理机关、单位负责信访工作的机构与本机关、单位责任部门经会商无法就分类处理信访诉求达成一致意见的,由负责信访工作的机构会同本机关、单位负责法制工作的部门提出处理意见后报请本机关负责人决定。

第七条 涉及两个或者两个以上机关、单位的信访事项,受理主体按照《信访工作条例》第二十四条确定。

第八条 有权处理机关、单位以及党委和政府信访部门应当建立完善社会力量参与信访工作机制,充分发挥法律顾问和律师在依法分类处理工作中的作用。

第九条 适用第三条第二款第一项、第二项、第三项、第四项、第五项规定的方式办理的申诉求决类事项,有权处理机关、单位应当依据相应的规定及程序作出处理,并将处理结果告知信访人。

适用第三条第二款第五项规定的方式办理,但有关法律法规没有具体期限规定的,应当在接到申请之日起两个月内履行或者答复。

对欠缺形式要件的诉求,可以根据情况要求提出该诉求的公民、法人或者其他组织补充。

有权处理机关、单位负责信访工作的机构对适用第三条第二款第一项、第二项、第三项、第四项、第五项规定的方式处理的事项,应当跟踪处理进展,并将处理结果录入国家信访信息系统。

第十条 适用第三条第二款第六项规定的方式办理的,有权处理机关、单位可以运用教育、协商、听证等方法,及时妥善处理,按照《信访工作条例》规定的时限、程序做出信访处理意见书,加盖信访业务专用章并送达信访人。

信访处理意见书及有关材料应当录入国家信访信息系统。

第十一条 各级机关、单位在处理申诉求决类事项过程中,可以在不违反法律法规强制性规定的情况下,在裁量权范围内,经争议双方当事人同意进行调解;可以引导争议双方当事人自愿和解。经调解、和解达成一致意见的,应当制作调解协议书或者和解协议书。

第十二条 信访复查(复核)机关、单位在信访复查(复核)中,发现事项应当适用其他途径而未适用,以信访处理代替第三条第二款第一项、第二项、第三项、第四项、第五项规定的方式作出处理的,应当区分情况,撤销信访处理(复查)意见,要求原办理机关、单位适用其他途径重新处理,或者变更原处理(复查)意见。

第十三条　对有权处理机关、单位正在或者已经适用第三条第二款第一项、第二项、第三项、第四项、第五项规定的方式处理的事项,信访人再次通过信访渠道反映的,区分下列情形作出相应处理:

（一）以同一事实和理由再次提出同一诉求的,各级机关、单位不再重复处理;

（二）对同一诉求提出新的事实和理由的,应交由有权处理机关、单位认定;有权处理机关、单位认定属于新的事实和理由的,按照本规则第四条规定处理;不属于新的事实和理由的,按照本款第一项规定处理。

适用第三条第二款第六项规定的方式办理的事项,信访人重复提出信访事项的,按照《信访工作条例》规定办理。

第十四条　党委和政府信访部门发现本级或者下级机关、单位及其工作部门、工作人员在分类处理工作中有下列情形的,应当进行督办,并提出改进工作的建议:

（一）应告知而未告知的;

（二）违反第三条第二款规定的分类办理方式的;

（三）未按规定的期限处理的;

（四）未按规定反馈交办事项相关情况的;

（五）未及时在国家信访信息系统中录入相关信息和材料的;

（六）其他需要督办的情形。

对工作中发现的有关政策性问题,应当及时向本级党委和政府报告,并提出完善政策的建议。

对在信访工作中推诿、敷衍、拖延、弄虚作假造成严重后果的机关、单位及其工作人员,应当向有管理权限的机关、单位提出追究责任的建议。

对信访部门提出的改进工作、完善政策、追究责任的建议,有关机关、单位应当书面反馈采纳情况。

第十五条　党委和政府信访部门以及有权处理机关、单位应当将依法分类处理信访诉求情况纳入信访工作绩效考核范围。

第十六条 各级党委和政府信访部门应当定期统计本部门和同级有权处理机关、单位依法分类处理信访诉求工作情况，及时汇总和反映工作中的问题，并于每年第一季度向上一级党委和政府信访部门提交上年度依法分类处理信访诉求工作报告。

第十七条 本规则中的送达，按照第三条第二款第六项规定方式处理的，适用《信访事项网上办理工作规程》的规定；属于相关途径的，适用相关规定。

本规则第九条中规定的告知，可以采用短信、信息网络或者提供自行查询方式等形式。

第十八条 本规则自 2022 年 5 月 1 日起施行。

国家信访局关于让群众"最多访一次"的办法（试行）

1. 2019 年 4 月 24 日
2. 国信办发〔2019〕6 号

本办法所称"最多访一次"，是指国家信访局对登记的全系统初次申诉求决、意见建议类信访事项（不含匿名），实行首办负责制，马上办、简易办，及时回应群众关切，推动有权处理机关依法及时解决群众合理诉求，最大限度减轻群众"访累"。

一、登记环节。对上述范围内的信访事项，经办人应当日接收、当日处理、当日回复信访人。

回复内容应准确具体，增加个性化内容，体现信访工作温度。对程序性受理并转交相关地方和部门处理的事项，告知转交去向，请信访人耐心等待办理结果；对不予受理事项，解释不予受理依据，指明反映诉求的具体途径。

回复一般采取手机短信、电话、回信等方式。对预留手机号码的，通过手机短信实时推送告知书内容;对预留固定电话号码的,通过电话回复;对未留电话号码但地址详细的,通过信件回复;对通过移动端信访的,可同时通过微信、手机 APP 等方式回复。

二、办理环节。对转送、交办、督办事项,经办人全程跟踪、及时督办、一盯到底。

坚持易事快办、急事急办、特事特办,对事实清楚、责任明确、易于解决的事项,最长不超过 10 个工作日办结;对时效性强的事项,即时办结。

信访事项办理过程和结果实时告知信访人。

三、回访环节。信访事项办结后,经办人及时进行电话回访,核实办理情况,引导信访人进行满意度评价。对评价不满意的,区分不同原因,有针对性地做好工作。对回访中发现的问题,督促相关地方和单位限期整改。

四、督查环节。对督办后实体问题仍未解决的,推送督查室督查督办,对典型事项进行实地督查。

五、考核环节。登记办理初次信访事项一次性化解情况纳入对工作人员的绩效考核。

六、问责环节。对未按规定处理初次信访事项的,视不同情形及造成的后果,对责任人进行问责。

本办法自 2019 年 5 月 1 日起试行。

国家信访局关于进一步加强和完善信访事项统筹实地督查工作的规定

1. 2019 年 9 月 20 日国家信访局办公室印发
2. 国信办发〔2019〕15 号

为进一步加大对信访事项的实地督查力度,提高工作效能和权威,就加强和完善信访事项统筹实地督查工作,制定本规定。

第一条 对信访事项实地督查实行统一计划、统一组织、统一实施,建立职责明确、协调统一、规范有序、务实高效的工作机制。

第二条 统筹实地督查的信访事项主要范围是,群众来信、来访和网上投诉反映强烈的信访突出问题,涉及省际、中央和国家机关、中央企业的"三跨三分离"信访事项,以及其他需要实地督查的重大、紧急信访事项。

第三条 督查室负责信访事项实地督查的统筹、组织和后续跟踪工作,主要是编制工作计划,具体组织实施,督促整改落实,报告工作情况。办信司、来访接待司、投诉办负责从国家信访信息系统内筛选提供实地督查事项。人事司负责抽调局机关工作人员参加实地督查。研究室负责协调相关媒体参与,并做好实地督查的宣传和网上公开等工作。

第四条 督查室根据计划安排,核选统筹实地督查事项,完成督查人员编组,拟定实地督查方案,由局分管负责同志审核并报局主要负责同志同意后,提交局长办公会议审定。经核选未纳入统筹实地督查的信访事项,通过国家信访信息系统退回原经办司室。

对重大、紧急信访事项的实地督查,经局主要负责同志批准后随时实施。

第五条 统筹实地督查应由信访督查专员或其他副司长以上干部任组长,业务司室选派业务骨干参加,每组局内人员原则上不超过4人。

实地督查实行组长负责制,每个督查组都要形成有情况、有结果、有建议的报告。

统筹实地督查结束后,由局领导听取督查情况汇报,各督查组可提出重点事项挂牌督办、向相关部门移送问题线索、网上公开督查结果等建议,经批准后由督查室负责具体实施。

第六条 督查室对统筹实地督查信访事项建立台账,指导地方及时将实地督查事项的后续整改方案及落实情况录入国家信访信息系统,逐一跟踪督办,督促问题解决到位。对地方整改落实不力,导致问题得不到解决的,按照《信访条例》和《信访工作责任制实施办法》,提出责任追究建议。

第七条 实地督查中,督查组成员应当严格贯彻执行中央八项规定及实施细则精神,严格遵守国家信访局机关干部"约法三章"和督查组成员"十不准"等纪律要求。实地督查结束后,各督查组组长应当就本组执行督查纪律情况进行专题说明。

第八条 统筹实地督查以国家信访局或中央信访工作联席会议办公室名义组织。一般邀请全国或省人大代表、政协委员,以及新闻媒体参与,必要时可协调有关部委进行联合督查。

本规定自印发之日起执行,《国家信访局关于加强和统筹信访事项督查督办工作的规定》(国信办发〔2013〕16号)同时废止。

视频信访系统使用管理规定

1. 2019年5月14日国家信访局办公室印发
2. 国信办发〔2019〕7号

第一章 总 则

第一条 为规范视频信访系统使用与管理,保障系统高效、安全、稳定运行,依据《中华人民共和国网络安全法》《互联网信息服务管理办法》等法律法规,制定本规定。

第二条 视频信访系统是各级信访工作机构召开视频会议,开展视频培训和视频会商的重要信息系统。

第三条 视频信访系统为非涉密信息系统,禁止组织涉密的会议、培训、会商等业务。

第二章 使用管理

第四条 视频信访系统的使用管理,遵循"统一组织、分级负责、属地管理"原则。

第五条 国家信访局及其司(室、中心)使用视频信访系统,按照"谁主办,谁报批,谁组织,谁负责"的原则按程序报批。

召开视频会议需经办公室、服务中心、信息中心会签;

组织视频培训需经人事司、服务中心、信息中心会签;

开展视频会商需经服务中心、信息中心会签。

第六条 国家信访局视频信访系统的技术保障由信息中心负责,主要包括视频系统建设、培训、运行维护等技术保障;主会场保障由服务中心负责,主要包括视频信访系统设备操作和日常管理。

第七条 省级及以下视频信访系统的相关管理工作,由各省级信访工作机构(以下简称"各省")根据实际情况明确职责分工。

第三章 技 术 保 障

第八条 会前联调。

(一)信息中心接到系统使用通知后,及时组织做好系统自检自查,并通知各省做好技术保障。

(二)各省接会议通知后,应按时间安排及要求,组织系统联调。联调时,要做好系统自检,听从主会场指挥。召开多级视频会议时,各省应提前将所辖分会场呼入会议,并完成会前调试。联调结束后,严禁修改设备参数或更改设备技术状态。

(三)各省如出现会议冲突、会场被占用等情况,要及时协调处理,保证系统联调顺利进行,无故不按时参加统一联调的,不再单独进行测试。

(四)各级应采取有效措施保证视频信访系统使用期间的网络畅通。

(五)会前1小时,主会场对各分会场进行点名,点名完毕后仍未能加入会议的,本次会议将不再呼入。

(六)如召开紧急会议,各级接到通知后立即参加联调,做好技术保障。

第九条 会中管理。

(一)各分会场按要求设置电子会标,严格按照中央八项规定及实施细则精神要求布置会场。

（二）各分会场要确保音视频传输正常，不得播放与会议无关的音视频信息，不得随意回传主会场的音视频信息。

（三）各分会场不发言时，应将视频会议话筒调至静音状态。

（四）发生故障时，要及时启动应急预案，服从主会场指挥，排除故障。

第十条　会后保障。

（一）会议结束后，由主会场统一断开系统连接，各分会场在确认主会场断开后，方可关闭视频会议系统。

（二）主会场应按需求完成会议实况的录制、存档等工作。

第十一条　日常操作与维护。

（一）各级均应设立系统管理员，一般由信息化部门相关人员担任，对视频信访系统设备及会议室设施进行维护和管理，定期对设备进行维护保养，及时排除故障隐患。

（二）每月定期对视频信访系统进行调试，确保系统正常运行。

（三）不得将视频信访系统设备改为其他用途。

第四章　注意事项

第十二条　实行系统管理员备案和培训制度。各省级系统管理员，应向国家信访局信息中心备案，系统管理员发生人员变化时，要及时报备变更。各级系统管理员，应分级定期组织业务培训。

第十三条　建立视频信访系统设备配置变更报备机制。各省要固化系统联调成果和技术状态，不得随意变更视频信访系统的网络与设备、系统配置、技术参数等。因客观原因确需变更、调整配置的，须提前1个月向国家信访局信息中心书面申请。

第十四条　建立巡检与呼叫机制。每周不少于1次对视频信访系统进行巡检，每月不少于1次呼叫测试。

第十五条　建立网络安全保障机制。加强病毒防治和流量控制，做好网络安全管理工作。

第五章　附　　则

第十六条　各省要参照本规定建立本级视频信访系统管理制度，规范系统操作流程，制定应急预案，组织应急演练。

第十七条　本规定自印发之日起施行。

关于违反信访工作纪律处分暂行规定

1. 2008年6月30日监察部、人力资源和社会保障部、国家信访局令第16号公布
2. 自公布之日起施行

第一条　为严格执行处理信访突出问题及群体性事件工作责任制，切实落实领导责任，惩处信访工作违纪行为，维护信访工作秩序，保护信访人合法权益，促进社会和谐稳定，根据《中华人民共和国行政监察法》、《中华人民共和国公务员法》、《信访条例》、《行政机关公务员处分条例》及其他有关法律法规，制定本规定。

第二条　本规定适用于各级行政机关公务员。

第三条　本规定所称违反信访工作纪律，是指违反党和国家有关信访工作的规定的行为。

第四条　本规定所称领导责任，是指有关领导人员在处理信访突出问题及群体性事件时，承担的与领导工作职责相关的责任，分为主要领导责任和重要领导责任。

　　主要领导责任，是指在其职责范围内，对直接主管的工作不履行或不正确履行职责，对造成的影响或后果负直接领导责任。

　　重要领导责任，是指在其职责范围内，对应管的工作或参与决策的工作不履行或不正确履行职责，对造成的影响或后果负次要领导责任。

第五条　有下列情形之一的，对负有直接责任者，给予记大过、降级、撤职或者开除处分；负有主要领导责任者，给予记大过、降级或者撤职处

分;负有重要领导责任者,给予记过、记大过或者降级处分:

(一)决策违反法律法规和政策,严重损害群众利益,引发信访突出问题或群体性事件的;

(二)主要领导不及时处理重要来信、来访或不及时研究解决信访突出问题,导致矛盾激化,造成严重后果的;

(三)对疑难复杂的信访问题,未按有关规定落实领导专办责任,久拖不决,造成严重后果的。

第六条 有下列情形之一的,对负有直接责任者,给予记大过、降级、撤职或者开除处分;负有主要领导责任者,给予记过、记大过、降级或者撤职处分;负有重要领导责任者,给予警告、记过、记大过或者降级处分:

(一)拒不办理上级机关和信访工作机构交办、督办的重要信访事项,或者编报虚假材料欺骗上级机关,造成严重后果的;

(二)拒不执行有关职能机关提出的支持信访请求意见,引发信访突出问题或群体性事件的;

(三)本地区、单位或部门发生越级集体上访或群体性事件后,未认真落实上级机关的明确处理意见,导致矛盾激化、事态扩大或引发重复越级集体上访,造成较大社会影响的;

(四)不按有关规定落实信访工作机构提出的改进工作、完善政策、给予处分等建议,造成严重后果的;

(五)对可能造成社会影响的重大、紧急信访事项和信访信息,隐瞒、谎报、缓报,或者授意他人隐瞒、谎报、缓报,造成严重后果的。

第七条 有下列情形之一的,对负有直接责任者,给予记过、记大过、降级或者撤职处分;负有主要领导责任者,给予记过、记大过或者降级处分;负有重要领导责任者,给予警告、记过或者记大过处分:

(一)在处理信访事项过程中,工作作风简单粗暴,造成严重后果的;

(二)对信访事项应当受理、登记、转送、交办、答复而未按规定办理或逾期未结,或者应当履行督查督办职责而未履行,造成严重后果的;

（三）在处理信访事项过程中，敷衍塞责、推诿扯皮导致矛盾激化，造成严重后果的；

（四）对重大信访突出问题和群体性事件，应到现场处置而未到现场处置或处置不当，造成严重后果或较大社会影响的。

第八条　有下列情形之一的，对负有直接责任者，给予记大过、降级、撤职或者开除处分；负有主要领导责任者，给予记过、记大过、降级或者撤职处分；负有重要领导责任者，给予警告、记过、记大过或者降级处分：

（一）超越或者滥用职权，侵害公民、法人或者其他组织合法权益，导致信访事项发生，造成严重后果的；

（二）应当作为而不作为，侵害公民、法人或者其他组织合法权益，导致信访事项发生，造成严重后果的；

（三）因故意或重大过失导致认定事实错误，或者适用法律、法规错误，或者违反法定程序，侵害公民、法人或者其他组织合法权益，导致信访事项发生，造成严重后果的。

第九条　违反规定使用警力处置群体性事件，或者滥用警械、强制措施，或者违反规定携带、使用武器的，对负有直接责任者，给予记过、记大过、降级或者撤职处分。造成严重后果的，对负有直接责任者，给予撤职或者开除处分；负有主要领导责任者，给予记过、记大过、降级或者撤职处分；负有重要领导责任者，给予警告、记过、记大过或者降级处分。

第十条　在信访工作中有其他失职、渎职行为，引发信访突出问题或群体性事件的，对负有直接责任者，给予记大过、降级、撤职或者开除处分；负有主要领导责任者，给予记过、记大过、降级或者撤职处分；负有重要领导责任者，给予警告、记过、记大过或者降级处分。

第十一条　有本规定第五条至第十条规定的行为，除给予政纪处分外，对负有领导责任的人员，可同时建议有关机关给予组织处理。

第十二条　有本规定第五条至第十条规定的行为，但未造成较大影响或严重后果的，可以责令作出深刻检查或给予通报批评。

第十三条　对法律、法规授权的具有公共事务管理职能的事业单位中经批准参照《中华人民共和国公务员法》管理的工作人员和其他事业单位中由国家行政机关任命的人员有本规定第五条至第十条规定的行为的,参照本规定执行。

第十四条　本规定由监察部、人力资源和社会保障部、国家信访局负责解释。

第十五条　本规定自公布之日起施行。

民政信访工作办法

1. 2024年1月20日民政部印发
2. 民发〔2024〕3号

第一章　总　　则

第一条　为了坚持和加强党对民政信访工作的全面领导,做好新时代民政信访工作,保持党和政府同人民群众的密切联系,根据《信访工作条例》和国家有关规定,结合民政信访工作实际,制定本办法。

第二条　民政信访工作坚持以马克思列宁主义、毛泽东思想、邓小平理论、"三个代表"重要思想、科学发展观、习近平新时代中国特色社会主义思想为指导,贯彻落实习近平总书记关于加强和改进人民信访工作的重要思想,深刻领悟"两个确立"的决定性意义,增强"四个意识"、坚定"四个自信"、做到"两个维护",牢记为民解难、为党分忧的政治责任,坚守人民情怀,坚持底线思维、法治思维,践行"民政为民、民政爱民"工作理念,服务民政工作大局,维护群众合法权益,化解民政信访突出问题,促进社会和谐稳定。

第三条　民政信访工作应当遵循下列原则:

（一）坚持党的全面领导。把党的领导贯彻到民政信访工作各方面和全过程,确保正确政治方向。

（二）坚持以人民为中心。践行党的群众路线，倾听群众呼声，关心群众疾苦，千方百计为群众排忧解难。

（三）坚持落实信访工作责任。党政同责、一岗双责、属地管理、分级负责、谁主管、谁负责。

（四）坚持依法按政策解决问题。将信访纳入法治化轨道，依法维护群众权益、规范信访秩序。

（五）坚持源头治理化解矛盾。多措并举、综合施策，着力点放在源头预防和前端化解，把可能引发信访问题的矛盾纠纷化解在基层、化解在萌芽状态。

第四条　各级民政部门应当畅通信访渠道，做好民政信访工作，认真处理信访事项，倾听人民群众建议、意见和要求，接受人民群众监督，为人民群众服务。

第二章　信访工作体制

第五条　各级民政部门要坚持和加强党对民政信访工作的全面领导，应当成立民政信访工作领导小组，构建党组（委）统一领导、信访工作领导小组协调、信访工作机构推动、各方齐抓共管的民政信访工作格局。

各级民政部门的信访工作机构负责落实本级信访工作领导小组布置的各项任务，承办日常信访工作。

地方各级民政部门在本级党委和政府领导及上级民政部门指导下开展信访工作。

第六条　各级民政部门应当落实本级信访工作联席会议确定的工作任务和议定事项，及时报送落实情况；及时将民政领域疑难和敏感信访问题提请本级信访工作联席会议研究。

第七条　各级民政部门应当建立健全科学民主决策、信访矛盾排查化解、信访督办等工作机制，提升民政信访工作的科学化、制度化、规范化水平。

县级民政部门应当保持与乡镇党委和政府、街道党工委和办事处联合处理民政领域信访问题的渠道畅通，及时将矛盾纠纷化解在基层。

第八条　各级民政部门应当根据信访工作形势任务,明确负责信访工作的机构或者人员履行下列职责:

(一)受理、转送、交办民政信访事项;

(二)向信访人宣传有关法律、法规、规章和政策,提供有关信访事项的咨询服务;

(三)协调解决重要民政信访问题以及本单位出现的信访突发事件;

(四)督促检查重要信访事项的处理和落实;

(五)分析研判民政信访形势,征集人民建议,提出工作建议;

(六)总结交流信访工作经验,指导下级民政部门的信访工作;

(七)承办上级机关交办的信访事项,以及本级党组(委)交办的其他事项。

第九条　各级民政部门应当加强信访工作机构建设,选优配强信访工作干部,配备与形势任务相适应的工作力量,引入社会工作师、律师、心理咨询师等专业社会力量参与信访工作,加强信访工作人员教育培训,打造高素质专业化信访干部队伍;建立健全年轻干部和新录用干部到信访工作岗位锻炼,以及信访干部轮岗交流制度,进一步增强信访干部队伍活力。加强信访接待场所建设,并设置无障碍设施,方便残疾人、老年人进行信访活动。为信访工作提供必要的支持和保障,所需经费列入本级预算。

从事民政信访工作的人员按照国家有关规定享受信访岗位津贴。

第三章　信访事项的提出和受理

第十条　公民、法人或者其他组织可以采用信息网络、书信、电话、传真、走访等形式,向各级民政部门反映情况,提出建议、意见或者投诉请求,有关民政部门应当依规依法处理。

采用前款规定的形式,反映情况,提出建议、意见或者投诉请求的公民、法人或者其他组织,称信访人。

第十一条　各级民政部门应当向社会公布网络信访渠道、通信地址、咨询投诉电话、信访接待的时间和地点、查询信访事项处理进展以及结果的方式等相关事项,在其信访接待场所或者网站公布与民政工作有关的法律、法规、规章和信访事项的处理程序,以及其他为信访人提供便利的相关事项。

各级民政部门领导干部应当阅办群众来信和网上信访、定期接待群众来访、定期下访,包案化解群众反映强烈的民政领域突出问题,听取群众的意见和建议。

第十二条　信访人一般应当采用书面形式提出信访事项,并载明其姓名(名称)、住址和请求、事实、理由。对采用口头形式提出的信访事项,有关民政部门应当在全国民政信访信息系统(以下简称信访信息系统)中如实记录。

信访人提出信访事项,应当客观真实,对其所提供材料内容的真实性负责,不得捏造、歪曲事实,不得诬告、陷害他人。

信访事项已经受理或者正在办理的,信访人在规定期限内向受理、办理民政部门的上级民政部门又提出同一信访事项的,上级民政部门不予受理。

第十三条　信访人采用走访形式提出信访事项的,应当到有权处理的本级民政部门或者上一级机关、单位设立或者指定的接待场所提出。

多人采用走访形式提出共同的信访事项的,应当推选代表,代表人数不得超过5人。

地方各级民政部门应当落实属地责任,认真接待处理群众来访,把问题解决在当地,引导信访人就地反映问题。

第十四条　各级民政部门应当加强信访工作信息化、智能化建设,加强信访信息系统应用,及时将收到的信访人直接提出的信访事项录入信访信息系统,使网上信访、来信、来访、来电在网上流转,方便信访人查询、评价信访事项办理情况。

第十五条　各级民政部门收到信访事项,应当予以登记,并区分情况,在15日内分别按照下列方式处理:

(一)对属于本级民政部门职权范围的,应当告知信访人接收情况以及处理途径和程序。

（二）对属于下级民政部门职权范围的，按照"属地管理、分级负责，谁主管、谁负责"的原则，转送、交办有权处理的下级民政部门，并告知信访人转送、交办去向。

（三）对不属于本级民政部门或者民政系统职权范围的，应当告知信访人向有权处理的机关、单位提出。

（四）对转送信访事项中的重要情况需要反馈办理结果的，要求相关民政部门在指定办理期限内反馈结果，提交办结报告。

对信访人直接提出的信访事项，民政部门能够当场告知的，应当当场告知；不能当场告知的，应当自收到信访事项之日起15日内书面告知信访人，但信访人的姓名（名称）、住址不清的除外。

对党委和政府信访部门或者上级民政部门转送、交办的信访事项，不属于本级民政部门职权范围的，应当自收到之日起5个工作日内提出异议，并详细说明理由，经转送、交办的信访部门或者民政部门核实同意后退回，并交还相关材料。

第十六条 各级民政部门对可能造成社会影响的重大、紧急信访事项和信访信息，应当及时报告本级党委和政府，通报相关主管部门和本级信访工作联席会议办公室，在职责范围内依法及时采取措施，防止不良影响的产生、扩大。

第十七条 信访人在信访过程中应当遵守法律、法规，不得损害国家、社会、集体的利益和其他公民的合法权利，自觉维护社会公共秩序和信访秩序，不得有下列行为：

（一）在民政部门办公场所周围非法聚集，围堵、冲击民政部门，拦截公务车辆，或者堵塞、阻断交通；

（二）携带危险物品、管制器具；

（三）侮辱、殴打、威胁民政部门工作人员，非法限制他人人身自由，或者毁坏财物；

（四）在民政部门信访接待场所滞留、滋事，或者将生活不能自理的人弃留在民政部门信访接待场所；

（五）煽动、串联、胁迫、以财物诱使、幕后操纵他人信访，或者以信访为名借机敛财；

（六）其他扰乱公共秩序、妨害国家和公共安全的行为。

第四章　信访事项的办理

第十八条　各级民政部门及其工作人员应当根据各自职责和有关规定，按照诉求合理的解决问题到位、诉求无理的思想教育到位、生活困难的帮扶救助到位、行为违法的依法处理的要求，依法按政策及时就地解决群众合法合理诉求，维护正常信访秩序。

第十九条　各级民政部门及其工作人员办理信访事项，应当恪尽职守、秉公办事，查明事实、分清责任，加强教育疏导，及时妥善处理，不得推诿、敷衍、拖延。

各级民政部门应当按照诉讼与信访分离制度要求，将涉及民事、行政、刑事等诉讼权利救济的信访事项从普通信访体制中分离出来，并引导信访人向有关政法部门提出。

各级民政部门工作人员与信访事项或者信访人有直接利害关系的，应当回避。

第二十条　各级民政部门对信访人反映的情况、提出的建议意见类事项，应当认真研究论证。对科学合理、具有现实可行性的，应当采纳或者部分采纳，并予以回复。

信访人反映的情况、提出的建议意见，对国民经济和社会发展或者对改进工作以及保护社会公共利益有贡献的，应当按照有关规定给予奖励。

第二十一条　对信访人提出的检举控告类事项，各级民政部门纪检监察机构或者有权处理的民政部门应当依法依纪依规接收、受理、办理和反馈。

不得将信访人的检举、揭发材料以及有关情况透露或者转给被检举、揭发的人员或者单位。

第二十二条　对信访人提出的申诉求决类事项，有权处理的民政部门应当区分情况，分别按照下列方式处理：

（一）可以通过行政复议、行政确认、行政许可、行政处罚等行政程序解决的,导入相应程序处理。

(二)可以通过党员申诉、申请复审等解决的,导入相应程序处理。

(三)属于申请查处违法行为、履行保护人身权或者财产权等合法权益职责的,依法履行或者答复。

(四)不属于以上情形的,应当听取信访人陈述事实和理由,并调查核实,出具信访处理意见书。对重大、复杂、疑难的信访事项,可以举行听证。

第二十三条　信访处理意见书应当载明信访人投诉请求、事实和理由、处理意见及其法律法规依据:

(一)请求事实清楚,符合法律、法规、规章或者其他规定的,予以支持;

(二)请求事由合理但缺乏法律依据的,应当作出解释说明;

(三)请求缺乏事实根据或者不符合法律、法规、规章或者其他有关规定的,不予支持。

有权处理的民政部门作出支持信访请求意见的,应当督促有关内设机构、单位执行;不予支持的,应当做好信访人疏导教育工作。

地方各级民政部门对于疑难复杂信访事项在作出处理意见前,应当报上级民政部门审核同意后送达信访人。

第二十四条　对本办法第二十二条第四项规定的信访事项,应当自受理之日起60日内办结;情况复杂的,经本级民政部门负责同志批准,可以适当延长办理期限,但延长期限不得超过30日,并告知信访人延期理由。

第二十五条　信访人对信访处理意见不服的,可以自收到书面答复之日起30日内请求原办理民政部门的上一级机关、单位复查。收到复查请求的民政部门应当自收到复查请求之日起30日内提出复查意见,并予以书面答复。

第二十六条　信访人对民政部门作出的复查意见不服的,可以自收到书面答复之日起30日内向复查民政部门的上一级机关、单位请求复核。

收到复核请求的民政部门应当自收到复核请求之日起 30 日内提出复核意见，并予以书面答复。

复核民政部门可以按照本办法第二十二条第四项的规定举行听证，经过听证的复核意见可以依法向社会公示。听证所需时间不计算在前款规定的期限内。

信访人对复核意见不服，仍然以同一事实和理由提出投诉请求的，各级民政部门不再受理。

第二十七条　各级民政部门应当坚持社会矛盾纠纷多元预防调处化解，人民调解、行政调解、司法调解联动，综合运用法律、政策、经济、行政等手段和教育、协商、疏导等办法，多措并举化解矛盾纠纷。

各级民政部门在办理信访事项时，对生活确有困难的信访人，可以告知或者帮助其向有关机关或者机构依法申请社会救助。

第五章　监督和追责

第二十八条　各级民政部门应当强化对信访工作的考核，实行信访工作责任制，对信访工作中失职、渎职行为，依法追究有关责任人员的责任；对在信访工作中作出突出成绩的单位或者个人，可以按照有关规定给予表彰和奖励。

第二十九条　各级民政部门信访工作机构发现本级民政部门内设机构、单位，下级民政部门存在违反信访工作规定受理、办理信访事项，办理信访事项推诿、敷衍、拖延、弄虚作假或者拒不执行信访处理意见等情形的，应当及时督办，并提出改进工作的建议。

对工作中发现的有关政策性问题，应当及时向本级民政部门党组（委）报告，并提出完善政策的建议。

对在信访工作中推诿、敷衍、拖延、弄虚作假造成严重后果的本级民政部门内设机构、单位，下级民政部门及其工作人员，应当向有管理权限的机关、单位提出追究责任的建议。

对民政部门信访工作机构提出的改进工作、完善政策、追究责任的建议，有关民政部门应当书面反馈采纳情况。

第三十条　因下列情形之一导致信访事项发生，造成严重后果的，对有

关民政部门直接负责的主管人员和其他直接责任人员,依规依纪依法严肃处理;构成犯罪的,依法追究刑事责任:

(一)超越或者滥用职权,侵害公民、法人或者其他组织合法权益;

(二)应当作为而不作为,侵害公民、法人或者其他组织合法权益;

(三)适用法律、法规错误或者违反法定程序,侵害公民、法人或者其他组织合法权益;

(四)拒不执行有权处理民政部门作出的支持信访请求意见。

第三十一条　对负有受理信访事项职责的民政部门有下列情形之一的,应当予以改正;造成严重后果的,对直接负责的主管人员和其他直接责任人员依规依纪依法严肃处理:

(一)对收到的信访事项不按照规定登记;

(二)对属于其职权范围的信访事项不予受理;

(三)未在规定期限内告知信访人是否受理信访事项。

第三十二条　对信访事项有权处理的民政部门有下列情形之一的,应当予以改正;造成严重后果的,对直接负责的主管人员和其他直接责任人员依规依纪依法严肃处理:

(一)推诿、敷衍、拖延信访事项办理或者未在规定期限内办结信访事项;

(二)对事实清楚,符合法律、法规、规章或者其他有关规定的投诉请求未予支持;

(三)对党委和政府信访部门以及上级民政部门提出的改进工作、完善政策等建议重视不够、落实不力,导致问题长期得不到解决;

(四)其他不履行或者不正确履行信访事项处理职责的情形。

第三十三条　有关民政部门及其领导干部、工作人员有下列情形之一的,应当予以改正;造成严重后果的,对直接负责的主管人员和其他直接责任人员依规依纪依法严肃处理;构成犯罪的,依法追究刑事责任:

(一)对待信访人态度恶劣、作风粗暴,损害党群干群关系;

(二)在处理信访事项过程中吃拿卡要、谋取私利;

（三）对规模性集体访、负面舆情等处置不力，导致事态扩大；

（四）对可能造成社会影响的重大、紧急信访事项和信访信息隐瞒、谎报、缓报，或者未依法及时采取必要措施；

（五）将信访人的检举、揭发材料或者有关情况透露、转给被检举、揭发的人员或者单位；

（六）打击报复信访人；

（七）其他违规违纪违法的情形。

第三十四条　信访人违反本办法第十三条、第十七条规定的，工作人员应当对其进行劝阻、批评或者教育。

信访人滋事扰序、缠访闹访情节严重的，捏造歪曲事实、诬告陷害他人的，有关民政部门应当及时报请公安机关依法进行处置。

第六章　附　　则

第三十五条　在信访事项办理过程中形成的文件、材料按照档案管理的有关规定统一归入本单位文书档案。

第三十六条　本办法由民政部办公厅负责解释。

第三十七条　本办法自2024年2月1日起施行。

民政信访事项网上办理工作规程（试行）

1. 2017年8月4日民政部办公厅印发
2. 民办发〔2017〕22号

第一章　总　　则

第一条　为深入推进民政信访事项网上办理工作规范化建设，提高工作质量、效率和公信力，根据《信访条例》、《民政信访工作办法》和《信访事项网上办理工作规程（试行）》（国信发〔2015〕29号）等法规和政策规定，结合民政工作实际，制定本规程。

第二条　本规程适用于通过全国民政信访信息系统登记、受理、办理的公民、法人或者其他组织以来信、来访、来电、网上信访等形式提出的信访事项。

本规程所称"各单位",包括接入应用全国民政信访信息系统的各级地方民政部门和民政部机关各司局。

第三条　信访事项网上办理工作应当坚持以下原则:

(一)属地管理、分级负责,谁主管、谁负责,依法、及时、就地解决问题与疏导教育相结合;

(二)诉讼与信访分离;

(三)公开透明、便捷高效,方便群众,接受监督,公开为常态、不公开为例外。

第二章　工作职责

第四条　民政部信访办公室(人民建议征集办公室,以下简称部信访办)在信访事项网上办理工作中履行下列职责:

(一)登记、受理、转送、交办群众信访事项;

(二)承办、协调办理有关信访事项;

(三)指导、协调、督办信访事项网上办理工作;

(四)研究分析并定期通报信访事项网上办理情况,及时提出完善政策、解决问题的建议。

第五条　各单位负责承办部信访办通过全国民政信访信息系统转送、交办的信访事项。各省级民政部门负责督办本地区民政系统信访事项网上办理工作。

第六条　各单位应当指定机构并确定专人负责本地区、本单位信息系统运行维护工作,确保信访事项网上办理工作正常开展。

工作人员应当严格遵守各项工作纪律,及时办理信访事项,严禁以任何名义、任何形式删改信访数据,不得向无关人员提供信访信息及数据。

第三章　部信访办的登记和受理办理

第七条　部信访办收到通过来信、来访、来电、网上信访等形式提出的信访事项,均应登记录入全国民政信访信息系统。

第八条　登记时应当逐一录入信访人姓名(名称)、证件类型、证件号码、地址、身份、信访人数、信访目的、问题属地、内容分类、产生信访事项的原因等要素,详细录入主要诉求、反映的情况、提出的意见建议以及相应的事实、理由和信访过程等。

留有手机号码的信访事项,应当准确登记手机号码,以便向信访人提供查询码、告知或回复等。

对初次来信或来信人相同而所提信访事项不同的来信,须将原信扫描存入系统。

对采取走访或者来电形式的,应当认真听取来访或来电人的陈述,询问有关情况,并与来访或者来电人核实登记内容。

第九条　登记录入信访事项时,应当进行判重。如信访事项的信访人姓名、地址、反映的主要内容等信息与系统中已登记过的另一信访事项均相同,判定该信访事项为重复信访事项。

判重时,同一信访事项有多条记录的,选择登记准确、办理情况清楚、附件齐全的作为"相同信访事项"。关联的已登记事项有不规范或不齐全的,应当修改、完善相关项目和概况。

相关人员代信访人反映同一信访事项的,判定为信访人本人反映的重复信访事项。

第十条　根据民政职能及分级负责的原则,对下列信访事项予以受理(处理):

(一)对民政部及其工作人员的职务行为反映情况,提出建议、意见,或者不服其职务行为的;

(二)信访人已向县、市、省级民政部门反映问题或信访事项已经受理,但未在规定期限内,收到处理(复查、复核)意见或处理(复查、复核)意见未落实的;

(三)其他按照法律法规规定应受理(处理)的。

第十一条　对下列不予(不再)受理的信访事项,应当在15日内告知、回复:

（一）依法不属于民政部门职权范围的，已经或者依法应当通过诉讼、仲裁、行政复议等法定途径的初次信访事项和未曾出具告知书的重复信访事项，应当出具不予受理告知，引导信访人向有关机关提出。

（二）根据反映的内容和有关地方民政部门在全国信息系统录入的情况判断属于不再受理的事项，应当出具不再受理告知。

（三）对内容表示不清晰、无法辨明具体诉求及咨询、感谢类信访事项，存档备查，有必要的可以告知信访人补充诉求，并应酌情做好告知、回复工作。

对来访提出的信访事项可以当场口头或书面告知不予（不再）受理情况。对属未依法逐级走访的，应告知信访人向依法有权处理的民政部门或者上一级机关提出。

第十二条　对下列初次信访事项，应当在5个工作日内区分不同情况，按下列方式办理：

（一）对申诉求决类信访事项，直接或通过下级民政部门信访工作机构转送有权处理单位办理。对其中的重要信访事项可以向下级民政部门进行交办，并通过全国民政信访信息系统及时跟踪办理情况，必要时可以要求承办单位提交办理情况报告；

（二）对意见建议类信访事项，直接或通过下级民政部门信访工作机构转送有权处理单位处理；

（三）对重大、紧急类信访事项，应当及时提出建议报请民政部信访工作领导小组决定。

第十三条　对重复信访事项，根据情况按下列方式办理：

（一）对同时向多个受信人提出同一信访事项的，原则上只办理、告知其中1件，其余存档备查；

（二）对正在办理期限内的、已有处理（复查）意见且正在复查（复核）期限内的，应当向信访人告知有关情况；

已告知过正在办理，或者已告知过不予（不再）受理，而信访人仍以同一事实和理由继续反映的，存档备查；

（三）对根据反映的内容和有关地方民政部门在系统录入的情况无法判断是否属于不予（不再）受理的，直接或者通过下级民政部门信访工作机构转送有权处理单位处理。

第十四条　对信访人提出的应当通过各种行政程序（包括行政确认、行政给付、行政许可、行政处罚等）分类处理的信访事项，属于民政部本级职权范围的，转送有权处理的工作机构按法定程序办理；属于下级民政部门职权范围的，直接或者通过下级民政部门信访工作机构转送有权处理的工作机构按法定程序办理。

对信访人提出的应当通过纪检监察举报途径处理的信访事项，按照纪检监察相关规定和干部管理权限，属于民政部本级干部管理权限范围的，直接转送有权处理的工作机构；不属于民政部本级干部管理权限范围的，应当向信访人告知有关情况，引导向有关纪检监察机关提出。

对信访人向民政部本级提出的申请行政复议、信息公开来信事项，直接转送有权处理的工作机构。

第四章　有权处理单位的受理办理

第十五条　省级民政部门收到转送信访事项后，应当在5个工作日内转本级业务工作机构或下级民政部门办理。有权处理的民政部门收到转送信访事项后，应当在15日内决定是否受理并告知信访人。决定受理的，应当在60日内办结；情况复杂的，经本机关负责人批准适当延长办理期限，但延长期限不得超过30日。

部内单位收到转送信访事项后，应当在5日内决定是否受理并出具受理（或不予受理）告知书，网上提交民政部信访工作机构进行程序性审核，并在民政部收到信访事项15日内将受理（或不予受理）告知文书加盖民政部信访专用章送达信访人。决定受理的，应当在受理之日起60日内办结；情况复杂的，经本单位负责同志批准适当延长办理期限，但延长期限不得超过30天，并需书面告知信访人。

第十六条　对诉求简单明了的信访事项，有权处理单位可决定适用简易办理。应当在收到信访事项之日起3个工作日内决定是否受理，受理之日起10个工作日内作出处理意见。除信访人要求出具纸质受理告知书或处理意见书的,可以当面口头或者通过信息网络、电话、手机短信等快捷方式告知信访人。告知答复情况应当录入全国民政信访信息系统。

第十七条　信访人提出复查(复核)申请的,复查(复核)部门审查后,应当出具《申请复查(复核)受理(不予受理)告知书》。受理的,应当自收到复查(复核)请求之日起30日内出具《信访事项复查(复核)意见书》。

第十八条　有权处理(复查、复核)单位向信访人出具的受理告知书、不予(不再)受理告知书、延期办理告知书、处理(复查、复核)意见书等,均应按期送达信访人,并将相关文书通过附件形式上传至全国民政信访信息系统。

有关送达要求参照《民事诉讼法》相关规定。

第十九条　对意见建议类信访事项,其中有利于完善政策、改进工作的,应研究回复信访人。

第五章　督查督办

第二十条　对交办、转送的信访事项,部信访办、省级民政部门信访工作机构应当通过全国民政信访信息系统及时检查承办单位办理情况,对下列情形予以督办:

(一)无正当理由未按规定期限受理或办结信访事项的;

(二)未按规定反馈信访事项办理结果的;

(三)未按规定程序办理信访事项的;

(四)办理信访事项推诿、敷衍、拖延的;

(五)不执行信访处理意见的或者复查、复核意见的;

(六)其他需要督办的情形。

督办可以通过网络督办、电话督办、实地督查等形式,提出改进建议,推动信访事项依法及时就地解决。

第二十一条　对群众反映强烈的突出信访事项、已有处理意见但信访人评价不满意或者仍不断重复信访且有正当理由的信访事项、需要督查的"三跨三分离"信访事项等,可以纳入实地督查范围。

第二十二条 下级民政部门及其工作人员在信访工作中有推诿、敷衍、拖延、弄虚作假以及无正当理由拒不接受督办意见和建议等行为,造成严重后果的,上级民政部门可以依法建议有关部门对直接负责的主管人员和其他直接责任人给予处分。

第二十三条 督查督办信访事项的结果,应当按规定的时限录入全国民政信访信息系统,实现资源共享。

第六章 公开和评价

第二十四条 全国民政信访信息系统初次登记受理的非涉密署名的求决类来信、来访、网上投诉事项纳入满意度评价范围。信访事项处理过程和办理结果应当在民政部网上信访平台向信访人公开,主动接受群众监督和评价。

公开内容包括:信访事项登记日期,分级转交日期,有权处理单位出具的受理告知书及日期、延长办理期限告知书及日期、处理(复查、复核)答复意见书及日期等。

第二十五条 对于纳入群众满意度评价的来信、来访事项,应当通过全国民政信访信息系统向信访人手机发送查询码,告知信访人凭查询码进行查询评价。

对纳入群众满意度评价的网上信访事项,信访人可以通过注册账户登录,查询评价。

第七章 附 则

第二十六条 全国老龄办、民政部直属单位的信访事项网上办理工作参照本规程执行。

第二十七条 本规程所称信访事项,不包含涉密内容的信访事项,涉密事项按相关规定办理。

第二十八条 本规程未明确规定的日期,均为自然日。

第二十九条 本规程自公布之日起施行。

教育信访工作办法

1. 2020年9月28日教育部印发
2. 教办〔2020〕3号

第一章 总　　则

第一条 为了保持同人民群众的密切联系,接受人民群众监督,保护信访人的合法权益,规范教育信访工作和维护信访秩序,根据《信访条例》和国家有关规定,结合教育信访工作实际,制定本办法。

第二条 本办法所称信访,是指公民、法人或者其他组织采用书信、电子邮件、传真、电话、走访等形式,向教育部门反映情况,提出建议、意见或者投诉请求,依法由教育部门处理的活动。

采用前款规定的形式进行信访活动的公民、法人或者其他组织,称信访人;采用前款规定形式向教育部门反映的情况,提出的建议、意见或者投诉请求,依法由教育部门处理的事项,称教育信访事项。

第三条 教育信访工作遵循下列原则:

(一)属地管理、分级负责,谁主管、谁负责;

(二)依法、及时、就地解决问题与疏导教育、帮扶救助相结合;

(三)诉讼、仲裁、行政复议等与信访分离,依法分类处理;

(四)以人民为中心,把开展工作的过程作为践行党的群众路线、做好群众工作的过程,着力从源头上预防和减少信访问题发生。

第四条 教育部门应当建立协调有序、运转顺畅、高效为民的信访工作领导机制,将信访工作列入议事日程,定期听取工作汇报、分析信访形势、研究解决工作中的重要问题,形成统一领导、分工协作、各负其责、齐抓共管的信访工作格局,及时化解矛盾和纠纷。

教育部门主要负责人是本部门信访工作的第一责任人,对信访工作负总责;分管负责人具体负责;其他负责人根据工作分工,对职权范围内的信访工作负主要领导责任。

第五条　教育部门应当把信访工作作为党的群众工作的重要平台，建立健全联系群众的制度，听取群众意愿，了解社情民意。部门负责人应当阅批群众来信，定期接待群众来访，协调处理疑难复杂信访问题。

第六条　教育部门应当科学、民主决策，依法履行职责，建立健全矛盾纠纷源头预防、排查和化解机制，开展重大决策社会稳定风险评估，定期排查化解矛盾纠纷，坚持和发展新时代"枫桥经验"，努力将矛盾纠纷化解在基层、化解在萌芽状态。

第七条　教育部门应当综合运用法律、政策、经济、行政等手段和教育、调解、疏导等办法，把群众合理合法的利益诉求解决好。可以通过政府购买服务、提供办公场所等形式，发挥好律师、心理咨询师、专家、学者和社会组织的积极作用，促进疑难复杂信访事项办理；可以组织党代表、人大代表、政协委员、有声望的社会人士等共同参与解决和化解信访突出问题。

第八条　教育部门应当建立健全信访工作责任制，对信访工作中的失职、渎职行为，依法依规追究有关人员的责任。应当将信访工作纳入本部门考核体系，制定科学合理的考核评价标准和指标体系，将信访工作考核结果作为领导班子和领导干部综合考评的重要参考和干部选拔任用、集体及个人评比表彰奖惩的重要依据，对做出优异成绩的单位或者个人给予奖励。

第二章　信访工作机构和人员

第九条　教育部门应当按照有利工作、方便信访人的原则，明确负责信访工作的机构（以下简称信访工作机构）或者人员，配备足够工作力量，以适应完成信访工作任务的需要。

第十条　教育部门信访工作机构履行下列职责：

（一）登记信访事项，向本部门有关内设机构或者所属单位、下级教育部门转送、交办信访事项；

（二）指导、督促、检查本部门有关内设机构或者所属单位，受理属于本部门职责范围的信访事项；

（三）处理上级教育部门和本级人民政府转送、交办的信访事项；

（四）向信访人宣传有关法律法规和教育政策，接受信访咨询；

（五）协调处理重大、疑难、复杂信访事项；

（六）研究、分析教育信访情况，开展调查研究和信访风险研判，及时向本部门提出完善政策或者改进工作的建议；

（七）督促检查信访事项的处理，总结交流信访工作经验，指导下级教育部门信访工作；

（八）按要求报送信访工作情况和分析统计报告。

第十一条 教育部门应当选用政治坚定、业务精通、作风优良，具有相应法律知识、政策水平和群众工作经验的人员从事信访工作；建立和完善新入职干部、优秀青年干部、新提拔干部等到信访岗位挂职锻炼制度，把信访工作机构作为发现培养锻炼干部的重要基地。

教育部门应当重视信访干部的使用，建立和完善信访工作人员培训、交流和选拔使用等机制，增强信访干部队伍活力，提高信访干部做好群众工作、解决信访突出问题的能力。

第十二条 教育部门应当保障信访工作机构必要的办公经费和处理信访事项的业务经费，改善办公条件，严格落实信访工作人员岗位津贴，重视对信访工作人员的心理疏导和关爱，为信访工作人员履行职责提供有力支持。按照布局合理、设备齐全、环境友好、安全有序的要求，进一步建设和改善群众来访接待场所。

第三章 信访渠道

第十三条 教育部门应当向社会公开信访工作机构的通信地址、电子信箱、投诉电话、信访接待的时间和地点、查询信访事项处理进展和结果的方式等相关信息。

第十四条 教育部门应当设立或者指定可单独接待信访人的场所。接待场所应具备便于信访人反映问题、了解信访法律法规和信访事项办理程序，以及其他方便信访人反映问题的条件。

第十五条 县级以上教育部门应当建立或者接入信访信息系统，实现上下级教育部门信访信息互联互通，为信访人在当地提出信访事项、查询办理情况提供便利,提高信访工作信息化水平。

第十六条　教育部门应当把领导干部接访下访作为党员干部直接联系群众的一项重要制度,安排领导干部定期接待群众来访,及时收集社情民意、协调化解各类信访问题。

教育部门负责人或者其指定的人员,可以就信访人反映突出的问题到信访人居住地与信访人面谈沟通。

第四章　信访事项的提出和受理

第十七条　信访人向教育部门提出信访事项,一般应当采用书信、网络、传真等书面形式。信访人提出投诉请求的,还应当写明信访人的姓名(名称)、联系方式、住址和请求、事实、理由。

对采用口头形式提出的投诉请求,教育部门应当如实记录信访人的姓名(名称)、联系方式、住址和请求、事实、理由。

第十八条　信访人采用走访形式提出信访事项,应当根据信访事项的性质和管辖层级,到依法有权处理的本级或者上一级教育部门设立或者指定的接待场所提出。

多人采用走访形式提出共同信访事项的,应当推选代表,代表人数不得超过5人。代表应当如实向其所代表的信访人转达教育部门的处理或者答复意见。

第十九条　信访人提出信访事项,应当客观真实,对其所提供材料内容的真实性负责,不得捏造、歪曲事实,不得诬告、陷害他人。

对依法应当通过诉讼、仲裁、行政复议等法定途径解决的投诉请求,信访人应当依照法定程序向有关机关提出。

第二十条　信访人在信访过程中应当遵守法律、法规,不得损害国家、社会、集体的利益和其他公民的合法权利,自觉维护社会公共秩序和信访秩序。

第二十一条　教育信访工作机构应当客观真实、准确规范登记信访事项,包括信访人基本情况、反映事项概况、受理办理过程等相关要素,并及时录入信访信息系统,方便信访人查询、评价和监督。

第二十二条　教育信访工作机构收到信访事项后,应当在15日内分别按照下列方式处理：

（一）属于本级教育部门职责范围的，应当受理并根据所反映问题的性质和内容确定有权处理机构。

（二）属于本级教育部门所属单位职责范围的，应当转送或者交办所属单位办理，并告知信访人转送、交办去向。

（三）属于下级教育部门职责范围的，应当转送下级教育部门办理。对重要信访事项，可以向下级教育部门进行交办，要求其在规定的期限内反馈结果，并提交办理报告。

（四）有以下情形之一的，不予（再）受理：

1. 不属于教育部门职责范围的；

2. 已经或者依法应当通过诉讼、仲裁、行政复议等法定途径解决的；

3. 采取走访形式，但跨越有权处理的本级和上一级教育部门走访的；

4. 同一信访事项已经受理或者正在办理，在办理时限内再次提出的；

5. 无正当理由超过规定期限未申请复查（复核）的；

6. 已经省级人民政府复查复核机构审核认定办结，或已经复核终结备案并录入国家信访信息系统的；

7. 其他不予（再）受理的情形。

第二十三条　教育部门收到信访事项后，能够当场答复是否受理的，应当当场答复并出具告知书；不能当场答复的，应当自收到信访事项之日起15日内书面告知信访人。但信访人的姓名（名称）、住址、电话、电子邮箱等联系信息不清的除外。

同一信访事项不予（再）受理告知书只出具一次。对不属于教育部门职权范围内的信访事项，应当告知信访人向有权处理的机关提出。

第二十四条　教育信访工作机构收到上级教育部门转送、交办的信访事项，不属于本级以及所属下级教育部门职责范围的，应当自收到信访事项之日起5个工作日内向转送、交办单位提出异议，并详细说明理由,经核实同意后,退还相关材料。

第二十五条 信访人就同一信访事项向两个或两个以上有权受理部门提出的,由最先收到的部门受理;同时收到的,由收到部门在10日内协商确定;协商不成的,由其共同上一级教育部门在5日内指定受理部门。

依法应当受理信访事项的部门分立、合并、撤销的,由继续履行其职权的部门受理。

第五章 信访事项的办理和督办

第二十六条 教育部门及其工作人员办理信访事项,应当恪尽职守、秉公办事,查明事实、分清责任,宣传法治、教育疏导,及时妥善处理,维护好群众合法权益,不得推诿、敷衍、拖延。

第二十七条 对信访人提出的有利于改进工作的建议、意见,应当认真研究论证并积极采纳,必要时可组织调查研究和约见信访人听取情况。

第二十八条 对信访人提出的检举、揭发事项,应当按照纪检监察工作相关规定和干部管理权限处理。不得将信访人的检举、揭发材料以及有关情况透露或者转给被检举、揭发的人员或者单位。

第二十九条 对信访人提出的属于教育部门职责范围的投诉请求事项,应当根据诉求的具体情况分别采用以下相应程序处理:

(一)属于《信访条例》以外的其他法律、法规或者规章调整范围,能够适用其他法律、法规、规章或者合法有效的规范性文件设定程序处理的,应当适用相应规定和程序处理;

(二)属于申请查处违法行为、履行保护人身权或者财产权等合法权益法定职责的,应当依法履行或者答复;

(三)不属于以上情形的,适用《信访条例》规定的程序处理。

对前款规定中信访人提出的诉求,同时可以通过诉讼解决的,在受理前可以告知诉讼权利及法定时效,引导其向人民法院提起诉讼,但不得以信访人享有诉讼权利为由免除履行自身法定职责的义务。

第三十条 有权处理机构经调查核实,应当依法依规对投诉请求类事项

分别作出以下处理,并书面答复信访人:

(一)请求事实清楚,符合或者部分符合法律、法规、规章及其他有关规定的,予以支持或者部分支持;

(二)请求合理但缺乏法律、法规、规章及其他有关规定依据的,向信访人做好解释工作;

(三)请求缺乏事实根据或者不符合法律、法规、规章及其他有关规定的,不予支持。书面答复意见应当写明具体请求、事实认定情况、处理意见及依据和不服处理意见的救济途径、期限,盖本级教育部门公章或者信访专用章。对疑难、复杂等信访事项的答复意见,应当进行合法性审查。

作出支持信访请求意见的,教育部门应当督促有关方面执行。

第三十一条 信访事项应当自受理之日起60日内办结;情况复杂的,经本级教育部门负责人批准,可以适当延长办理期限,但延长期限不得超过30日,并告知信访人延期理由。

第三十二条 信访人对信访事项处理意见不服的,可以自收到书面答复之日起30日内向原办理部门的本级人民政府或者上一级教育部门申请复查。

负责复查的部门应当自收到复查申请之日起30日内提出复查意见,书面答复信访人。

信访人对省级教育部门处理意见不服的,应当向省级人民政府提出复查申请。

第三十三条 信访人对复查意见不服的,可以自收到书面答复之日起30日内向复查部门的本级人民政府或者上一级教育部门申请复核。

负责复核的部门应当自收到复核申请之日起30日内提出复核意见,书面答复信访人。复核部门举行听证的,听证所需时间不计算在30日的期限内。

信访人对省级教育部门复查意见不服的,应当向省级人民政府提出复核申请。

第三十四条 原处理(复查)意见认定事实清楚、证据确凿、适用依据正确、程序合法、结论适当的,负责复查(复核)的部门应当予以维持,并书面答复信访人。

原处理(复查)意见有下列情形之一的,负责复查(复核)的部门应当予以撤销或者变更:

(一)主要事实不清、证据不足的;

(二)适用依据错误的;

(三)违反法定程序或以信访程序代替其他行政法定程序的;

(四)超越或者滥用职权的;

(五)结论明显不当的。

原意见被撤销的,作出处理(复查)意见的部门应当在指定期限内重新作出处理(复查)意见。

第三十五条 信访人对信访事项处理(复查)意见不服,但无正当理由超过规定期限未提出复查(复核)申请的,或者信访人对复核意见不服,仍以同一事实和理由提出投诉请求的,教育部门不再受理,并告知信访人。

信访人就同一信访事项提出新的事实和理由的,教育部门应当受理。

第三十六条 信访人反映的问题已经按信访程序办理完毕并书面答复,或者其未逐级提出信访复查、复核请求,且无正当理由已超过规定时限的,教育部门不再受理、交办、统计、通报,但有权处理机构应当做好信访人的教育疏导、矛盾化解、帮扶救助等工作。

第三十七条 对初次信访事项有下列情形之一的,有权处理机构可以适用简易办理程序,按照工作职责,简化程序,缩短时间,更加方便快捷的受理、办理。

(一)事实清楚、责任明确、争议不大、易于解决的;

(二)提出咨询或意见建议、表达感谢,可以即时反馈的;

(三)涉及群众日常生产生活、时效性强,应当即时处理的;

(四)教育部门已有明确承诺或结论的;

(五)其他适用简易办理的情形。

第三十八条　对适用简易办理程序的信访事项,有权处理机构应自收到之日起3个工作日内决定是否受理。可当场作出决定的,应当当场告知信访人。

对决定受理的信访事项,有权处理机构应当在受理之日起10个工作日内作出处理意见。可当场答复的,应当当场出具处理意见。

对适用简易办理程序的信访事项,一般情形可以当面口头或通过网络、电话、手机短信等快捷方式告知或答复信访人。告知或答复情况应当录入信访信息系统。

有权处理机构在办理过程中,发现不宜简易办理或简易办理未妥善解决的,应当经本机构负责人批准,按《信访条例》规定的普通程序继续办理,办理时限从按照简易办理程序受理之日起计算。

第三十九条　对交办、转送的信访事项,信访工作机构或人员发现受理、办理情况有下列情形之一的,应当予以督办,提出改进建议:

(一)应当受理而未受理信访事项的;
(二)无正当理由未按规定期限受理或办结信访事项的;
(三)未按规定程序办理信访事项的;
(四)办理信访事项推诿、敷衍、拖延或弄虚作假的;
(五)不执行信访处理意见的;
(六)未按规定反馈信访事项办理结果的;
(七)其他需要督办的情形。

收到改进建议的单位应当在30日内书面反馈情况;未采纳改进建议的,应当说明理由。

督办可以采用网络督办、电话督办、发函督办、约谈督办、实地督办等形式。

第六章　责任追究

第四十条　因下列情形之一导致信访事项发生,造成严重后果的,对直接负责的主管人员和其他直接责任人员依法依规给予处理或处分;构成犯罪的,依法追究刑事责任:

(一)应当作为而不作为,侵害信访人合法权益的;

（二）超越或者滥用职权，侵害信访人合法权益的；

（三）适用法律、法规错误或者违反法定程序，侵害信访人合法权益的；

（四）拒不执行有权处理部门作出的支持信访请求意见的。

第四十一条 在受理办理信访事项过程中，有下列行为之一的，由其上级主管部门责令改正；造成严重后果的，对直接负责的主管人员和其他直接责任人员依法依规给予处理或处分；构成犯罪的，依法追究刑事责任：

（一）对收到的信访事项不按规定登记的；

（二）对属于其法定职权范围的信访事项不予受理的；

（三）未在规定期限内书面告知信访人是否受理信访事项的；

（四）推诿、敷衍、拖延信访事项办理或者未在法定期限内办结信访事项的；

（五）对事实清楚，符合法律、法规、规章或者其他有关规定的投诉请求未予支持的；

（六）将信访人的检举、揭发材料或者有关情况透露、转给被检举、揭发的人员或者单位的；

（七）对可能造成社会影响的重大、紧急信访事项和信访信息，隐瞒、谎报、缓报，或者授意他人隐瞒、谎报、缓报的；

（八）作风粗暴，激化矛盾，或者打击报复信访人的。

第四十二条 信访人在信访过程中实施下列行为之一，经劝阻、批评和教育无效的，教育部门应当报公安机关依法处置。

（一）在信访接待场所滞留、滋事，或者将生活不能自理的人弃留在信访接待场所的；

（二）携带危险物品、管制器具，或者以自伤、自残、自杀、传播传染病相要挟，或者扬言实施杀人、放火、爆炸、投放危险物质的；

（三）在教育部门办公场所周围、公共场所非法聚集、打横幅、举标语、喊口号、穿状衣、围堵、冲击教育部门，拦截公务车辆，或者堵塞、阻断交通、扰乱教育教学公共秩序的；

(四)侮辱、殴打、威胁教育部门工作人员,或者非法限制他人人身自由的;

(五)捏造歪曲事实、诬告陷害他人,或者煽动、串联、胁迫、以财物诱使、幕后操纵他人信访,或者以信访为名借机敛财的;

(六)其他扰乱信访秩序的行为。

第七章 附 则

第四十三条 各级各类学校信访工作适用本办法。对外国人、无国籍人、外国组织向教育部门提出的信访事项,参照本办法执行。

第四十四条 本办法由教育部负责解释。

第四十五条 本办法自印发之日起施行。2007年7月3日教育部印发的《教育信访工作规定(2007年修订)》(教办〔2007〕6号)同时废止。

教育部信访工作责任制实施细则

1. 2017年9月22日教育部印发
2. 教办〔2017〕7号

第一章 总 则

第一条 为进一步落实教育部内司局、直属事业单位、部属高等学校及其领导干部、工作人员信访工作责任,从源头上预防和减少信访问题发生,推动信访问题及时就地解决,依法维护群众合法权益,促进社会和谐稳定和教育事业健康发展,根据中共中央办公厅、国务院办公厅印发的《信访工作责任制实施办法》,结合教育信访工作实际,制定本实施细则。

第二条 本细则适用于教育部内司局、直属事业单位、部属高等学校。各省(区、市)教育厅(教委)、各计划单列市教育局、新疆生产建设兵团教育局参照执行。

第三条 落实教育部信访工作责任制,以邓小平理论、"三个代表"重要思想、科学发展观为指导,深入贯彻习近平总书记系列重要讲话精神,按照"属地管理、分级负责,谁主管、谁负责,依法、及时、就地解决问题与疏导教育相结合"的工作原则,综合运用督查、考核、惩戒等措施,依法规范信访工作职责,依法分类处理信访诉求,把信访突出问题处理好,把群众合理合法利益诉求解决好,确保中央关于信访工作决策部署贯彻落实。

第二章 责任内容

第四条 各单位领导班子要高度重视信访工作,将信访工作列入重要议事日程,纳入工作全局进行重点部署,结合实际情况每年至少一次专题研究信访工作,听取信访工作汇报,研判信访形势;应当科学、民主决策,依法履行职责,从源头上预防和减少导致信访问题的矛盾和纠纷。

各单位领导班子主要负责人是信访工作的第一责任人,领导班子其他成员根据分工实行"一岗双责",对职权范围内的信访工作负主要领导责任,形成协调有序、运转顺畅、高效为民的信访工作领导体制。

各单位领导干部应当阅批群众来信,接待群众来访,继续坚持和完善领导接待日制度;在坚持定点接访的同时,可以带案下访、专题接访、主动约访、包案化解信访积案,直接处理重大疑难信访问题;对职权范围内发生的大规模集体访和突发性群体事件,应当第一时间赶赴现场,亲自指挥处理,及时化解矛盾、平息事态。

第五条 各单位要从人力物力财力上保证信访工作顺利开展。信访工作任务较重的单位应当按照有利工作、方便信访人的原则,设立信访工作机构或确定专人负责信访工作;工作力量与信访任务不相适应的,要予以保障,配齐配强工作力量。要完善激励机制,从政治上、工作上、生活上、心理上关心爱护信访干部,按规定给予必要的信访岗位补贴,支持信访干部参加学习培训,采取有效措施帮助解决实际困难和问题;对长期在信访岗位上工作的,要以适当的方式进行岗位交流,使信访干部流动起来,增强信访工作的生机活力。信访工作任务较重的直属事业单位和部属高等学校应当加大工作投入,进一步改善办公条件、设施设备和群众来访接待场所,努力营造整洁、有序、安全的工作环境。

第六条　各单位要切实采取措施,开展重大决策事项社会稳定风险评估,把社会稳定风险评估作为重大决策出台的前置程序和刚性门槛,对决策可能引发的各种风险进行科学预测、综合研判,在评估中要充分听取信访部门的意见。建立健全矛盾纠纷源头预防和化解机制,坚持经常排查和集中排查相结合,尤其是对群众反映强烈的教育热点难点问题,要进行重点排查并落实化解责任。

要充分利用网络新媒体,及时关注教育舆论导向。各单位要按照《教育部办公厅关于全面推进政务公开工作的实施意见》,推进教育政务阳光透明,扩大教育政务开放参与,规范办事行为,接受监督。

第七条　各单位要建立协调联动、深度融合的信访工作机制,针对具体问题明确责任归属,诉求合理的解决到位、诉求无理的思想教育到位、生活困难的帮扶救助到位、行为违法的依法处理,推动信访事项依法、及时、就地解决。

对于涉及两个或者两个以上单位的信访事项,由最先收到该信访事项的单位会同其他涉及的单位协商受理。

依法应当受理信访事项的单位分立、合并、撤销或者职权转移的,由继续履行其职权的单位受理。

第八条　各单位信访部门在党委和行政的统一领导下,协调、指导和监督本单位的信访工作,依照法定程序和诉讼与信访分离制度受理、交办、转送和督办信访事项,协调处理重要信访问题,分析研究信访情况,提出改进工作、完善政策和给予处分的建议。

坚持落实首问负责制,规范信访事项办理流程,明确工作职责,及时就地解决群众合理合法诉求,切实做好初信、初访工作,避免初信、初访转为重复信、重复访。应当按照《信访条例》规定的时间节点,完成信访事项的登记、受理、交办、转送、督办工作;应当按照教育部办公厅《重大、疑难来访接访规程》,做好通知、协调、记录、汇报工作,保障重大、疑难来访事项的及时、有效处理。严格执行教育领域通过法定途径分类处理信访投诉请求工作的相关规定，引导群众按照法定途径和程序，理性反映诉求。应当全程记录信访事项的处理情况，方便信访人查询和监督。

第九条 各单位工作人员在处理信访事项过程中，要进一步转变工作作风，遵守群众纪律，秉公办事、清正廉洁、保守秘密、热情周到，认真履行以下工作职责：

（一）依法按程序登记、受理、办理群众反映的信访事项，并做好疏导解释工作；

（二）认真办理领导批办、交办的信访工作事项，按规定上报办理情况；

（三）发生集体访、信访负面舆情或者因信访问题引发的个人极端事件时，及时处理并报告；

（四）向有关领导汇报重要信访事项和信访突出问题，提出加强和改进信访工作的意见建议。

工作人员与信访人或者信访事项有利害关系的，应当回避。

第三章　督查考核

第十条 各单位要将信访工作纳入督查范围，进一步加大督查工作力度，结合工作实际每年至少组织开展一次集中专项督查，并坚持专项督查与常态化督查相结合、信访部门督查与多部门联合督查相结合，创新方式方法，增强督查实效。各单位负责职能范围内信访事项的督查督办工作，重点督查政策落实、信访积案化解、重要信访事项处理等情况。

第十一条 各单位信访部门要建立"谁首次办理、谁跟踪督办"的督办工作责任制，及时检查承办部门办理情况，对下列情形予以督办：

（一）未按规定受理信访事项，或未出具受理告知书；

（二）未按规定办理信访事项，包括转送或交办不及时不准确，办理主体不适格，延期办理但未出具延期办理告知书等；

（三）未按规定反馈信访事项办理结果，包括未按期出具处理意

见书,处理意见书格式不规范,处理意见未正面回应信访人诉求或避重就轻等;

(四)未履行送达职责;

(五)不执行信访处理意见;

(六)办理信访事项过程中存在推诿、敷衍、拖延或弄虚作假;

(七)其他需要督办的情形。

督办可以通过网络督办、电话督办、发函督办、约谈督办、实地督办等形式,提出改进建议,推动信访事项依法及时就地解决。

网络督办适用于未按规定受理、办理或办理不及时不规范的信访事项;电话督办适用于情况紧急需尽快办理、事项简单可简易办理的信访事项;发函督办适用于通过网络督办、电话督办仍未按期办结,或交办信访事项处理不到位的,以及重大信访事项确需发函的信访事项;约谈督办适用于通过网络督办、电话督办和发函督办仍未按期办结且需要当面沟通的信访事项;实地督办适用于交办、转送后相关单位长期没有结果,办结后群众仍继续信访或评价不满意、办理工作明显存在不落实、不到位的信访事项。

第十二条 教育部办公厅(教育部信访办公室)具体负责督查督办教育部领导和上级有关单位交办的信访事项,督查督办越级上访量大、重复信访多、热点难点信访问题突出的单位,协调指导省级教育部门信访督查督办工作。

第十三条 各单位应制定科学合理的考核评价标准和指标体系,将信访工作考核结果作为领导班子和领导干部综合考评的重要参考和干部选拔任用、集体及个人评比表彰奖惩的重要依据。

各单位组织人事部门在干部考察工作中,可根据需要听取信访部门意见,了解掌握领导干部履行信访工作职责情况。

第四章 责任追究

第十四条 各单位及其领导干部、工作人员不履行或者未能正确履行本细则所列责任内容,尚未造成不良影响的,责令改正;有下列情形之一的,应当追究责任:

（一）因决策失误、工作失职，损害群众利益，导致信访问题发生，造成严重后果的；

（二）未按照规定受理、交办、转送和督办信访事项，或者不执行信访事项处理意见，严重损害信访群众合法权益的；

（三）违反群众纪律，对应当解决的群众合理合法诉求消极应付、推诿扯皮，或者对待信访群众态度恶劣、简单粗暴，损害党群干群关系，造成严重后果的；

（四）对发生的集体访或者信访负面舆情处置不力，导致事态扩大，造成不良影响的；

（五）对信访部门提出的改进工作、完善政策和给予处分等建议重视不够、落实不力，导致问题长期得不到解决的；

（六）处理信访事项适用法律、法规错误或者违反法定程序的，处理决定违反法律、法规或者政策的；

（七）对可能造成社会影响的重大、紧急信访事项和信访信息，隐瞒、谎报、缓报，或者授意他人隐瞒、谎报、缓报的；

（八）违反规定将信访群众揭发控告材料或者有关情况透露、转给被揭发控告人或单位，造成信访群众被打击、报复、陷害尚不构成犯罪的；

（九）其他应当追究责任的失职失责情形。

对前款规定中涉及的集体责任，领导班子主要负责人和直接主管的负责人承担主要领导责任，参与决策和工作的班子其他成员承担重要领导责任，对错误决策或者行为提出明确反对意见而没有被采纳的，不承担领导责任；涉及的个人责任，具体负责的工作人员承担直接责任，领导班子主要负责人和直接主管的负责人承担领导责任。

第十五条 根据情节轻重，对各单位领导干部、工作人员进行责任追究采取通报、诫勉、组织调整或者组织处理、纪律处分的方式进行。上述追责方式，可以单独使用，也可以合并使用。

涉嫌违法犯罪的，按照国家有关法律规定处理。

第十六条 对具有本细则第十四条所列情形、情节较轻的，由有管理权限的单位或部门对相关责任人进行通报,责令作出书面检查,限期整改;必要时,可以约请相关责任人说明情况。

第十七条　对受到通报后仍未按期完成整改目标,或者具有本细则第十四条所列情形且危害严重以及影响重大的,由有管理权限的单位或部门对相关责任人进行诫勉,督促限期整改。同时,取消所在单位本年度评选综合性荣誉称号的资格。

第十八条　对受到诫勉后仍未按期完成整改目标,或者具有本细则第十四条所列情形且危害特别严重以及影响特别重大的,按照干部管理权限由纪检监察机关或组织人事部门对相关责任人采取停职检查、调整职务、责令辞职、降职、免职等组织调整或者组织处理措施。纪检监察机关、组织人事部门和信访部门在信访工作责任追究工作中,应当各司其职、密切配合,不定期召开会议通报情况。

第十九条　对在信访工作中失职失责的相关责任人,应当给予党纪政纪处分的,依法依纪追究责任。

第五章　附　　则

第二十条　本细则由教育部办公厅负责解释。

第二十一条　本细则自印发之日起施行。此前发布的有关信访工作责任制的规定,凡与本细则不一致的,按照本细则执行。

文化和旅游部信访工作管理办法

1. 2019年10月9日文化和旅游部办公厅印发
2. 办办发〔2019〕132号

第一章　总　　则

第一条　根据国务院《信访条例》规定,为维护信访秩序,规范信访工作,结合文化和旅游部工作实际,制定本办法。

第二条　信访工作坚持属地管理、分级负责,谁主管、谁负责,依法、及时、就地解决问题与疏导教育相结合的原则。

第三条 文化和旅游部信访办公室（设在办公厅，以下简称"部信访办"）是部系统信访工作专门机构，负责管理、指导、协调各司局、直属单位的信访工作。建立文化和旅游部信访工作联席会议制度，形成信访工作统一领导、统筹兼顾、各负其责、齐抓共管的工作格局。

第四条 加强信访干部队伍建设，人事部门在对涉及信访工作干部的考察中，应当听取信访部门的意见，了解其履行信访工作职责情况。

第二章 工作职责

第五条 部信访办履行下列职责：

（一）受理、交办、转送信访人向我部提出的信访事项，接待到部机关来访的群众；

（二）承办上级和部党组、部领导交办的信访事项；

（三）协调处理重要信访事项；

（四）督促检查信访事项的处理；

（五）对部系统信访工作进行指导。

第六条 各司局、直属单位是信访工作的责任主体，负责人应当阅批群众重要来信、接待群众来访、协调处理信访工作中的疑难复杂问题；应指定专人协调、办理本司局、本单位的信访事项，并履行以下职责：

（一）负责本司局、本单位直接受理的信访事项；

（二）及时办理部信访办转送、交办、督办的信访事项，并按要求向部信访办反馈办理结果；

（三）与部信访办一起共同接待涉及本司局、本单位职责的群众来访。对人数较多的集体访，在依法规范、依法处置的同时，领导班子成员要出面接访、化解矛盾；

（四）信访事项涉及两个以上司局的，由主要事项办理司局牵头办理。

第三章 信访事项的提出和受理

第七条 信访人可依法向文化和旅游部提出信访事项。

第八条　信访人提出信访事项,一般应采用书信、传真、电话、走访等形式。采用走访形式提出信访事项,应当依法逐级上访,不得越级上访。多人采用走访形式提出共同的信访事项,应当推选代表,代表人数不得超过5人。

第九条　部信访办收到信访事项,应当予以登记,对属于文化和旅游部机关、直属单位职责范围的信访事项应在5日内转送有关司局或直属单位办理。有关司局、直属单位收到信访事项后,应当于10日内决定是否受理,并以书面、手机短信等适当方式告知信访人。

第十条　对检举、揭发类事项,应按照纪检监察工作相关规定和干部管理权限处理。

第十一条　信访事项有以下情形,不予(再)受理。

（一）不属本单位职责范围的；

（二）已经或依法应当通过诉讼、仲裁、行政复议等法定途径解决的；

（三）采取走访形式,但越级上访的；

（四）在规定的办理时限内再次提出同样信访诉求的；

（五）未在规定时限内对信访事项处理意见提出复查、复核申请,信访人仍就同一事项重复信访的。

对不予(再)受理的信访事项,应采取书面、手机短信等适当方式告知信访人。不予(再)受理告知书只出具一次。

第四章　信访事项的办理

第十二条　各司局、直属单位应当依照有关法律、法规、规章及其他有关规定办理信访事项,并书面答复信访人。

信访事项应当自受理之日起60日内办结;情况复杂的,经本司局、本单位负责人批准,可以适当延长办理期限,但延长期限不得超过30日,并告知信访人延期理由。

第十三条　信访人对相关司局的信访事项处理意见不服的,可以自收到书面答复之日起30日内书面向部信访办提出复查请求。部信访办自收到复查请求之日起30日内提出复查意见,并予以书面答复。

信访人对复查意见不服的,可以自收到书面答复意见之日起30日内向复查机关的上一级行政机关请求复核。

信访人对复核意见不服,仍以同一事实和理由提出信访诉求的,文化和旅游部不再受理。

第十四条 部信访办发现有关司局、直属单位有下列情形之一的,应当及时督办,并提出改进建议:

(一)无正当理由,未按规定办理期限办结信访事项的;

(二)未按规定反馈信访事项办理结果的;

(三)未按规定程序办理信访事项的;

(四)办理信访事项推诿、敷衍、拖延的;

(五)不执行信访处理意见的;

(六)其他需要督办的情形。

收到督办提醒、改进建议的司局、直属单位应当在15日内书面向部信访办反馈情况;未采纳改进建议的,应当说明理由。

第五章 责任追究

第十五条 信访人应当自觉遵守法律、法规,不得损害国家、社会、集体的利益和其他公民的合法权利,自觉维护社会公共秩序和信访秩序,不得有下列行为:

(一)在文化和旅游部机关办公场所周围非法聚集,围堵、冲击部机关、重要活动场所,拦截公务车辆,或者堵塞、阻断交通;

(二)举挂标牌,携带危险物品、管制器具;

(三)侮辱、殴打、威胁文化和旅游部机关工作人员,或者非法限制他人人身自由;

(四)在文化和旅游部来访接待场所滞留、滋事,或者将生活不能自理的人、急重病患者弃留在来访接待场所;

(五)煽动、串联、胁迫、以财物诱使、幕后操纵他人信访,或者以信访为名借机敛财;

(六)编造、散布虚假信息,利用网络媒体传播虚假信息,在互联网上煽动集体访、非法聚集;

（七）扰乱公共秩序、妨害国家和公共安全的其他行为。

第十六条 信访人违反本办法第十五条规定的,信访工作人员和保卫人员应当对信访人进行劝阻、批评或者教育。经劝阻、批评和教育无效的,由保卫部门协调公安机关现场执法,依法处置。

第十七条 各司局、直属单位违反《信访条例》规定,未履行信访工作职责,推诿、敷衍、拖延、弄虚作假等,造成严重后果的,应按照中共中央办公厅、国务院办公厅《信访工作责任制实施办法》及有关法规和党纪政纪相关规定追究责任。

第六章 附 则

第十八条 本办法由文化和旅游部办公厅负责解释。

第十九条 本办法自印发之日起施行。2013年5月印发的《文化部信访工作办法》(文办发〔2013〕21号)及2014年12月印发的《国家旅游局信访工作实施细则》(旅办发〔2014〕228号)同时废止。

国家体育总局信访工作办法

1. 2006年3月3日国家体育总局印发
2. 体发〔2006〕11号

第一章 总 则

第一条 为了保持同人民群众的密切联系,保护信访人的合法权益,维护信访工作秩序,加强国家体育总局(以下简称总局)信访工作建设,依据《信访条例》,结合总局实际,制定本办法。

第二条 本办法所称信访,是指公民、法人或者其他组织采用书信、电子邮件、电话、传真、走访等形式,向总局及所属各单位反映情况,提出建议、意见或者投诉请求,依法由总局及所属各单位处理的活动;人大、政府信访工作机构转送、交办总局,依法由总局及所属各单位处理的活动。

本办法所称信访人,是指采用上述形式,反映情况、提出建议、意见或者投诉请求的公民、法人或者其他组织。

本办法所称各单位,是指总局机关各司、局,各直属事业单位和相关单位。

第三条　信访工作应当遵循下列原则:

(一)畅通渠道,方便信访人的原则;

(二)属地管理、分级负责,谁主管、谁负责的原则;

(三)依法、及时、就地解决问题与疏导教育相结合的原则;

(四)统一领导,统筹兼顾,标本兼治的原则;

(五)信访工作责任法定的原则。

第四条　总局信访工作联席会议领导小组,负责总局系统信访工作的总体部署,协调处理涉及安全稳定的重大信访事项,协助总局领导处理重要信访工作。

第五条　总局信访工作办公室具体负责总局信访工作并履行下列职责:

(一)受理、交办、转送公民、法人或者其他组织向总局及所属各单位提出的信访事项;

(二)承办上级行政机关转送、交办的信访事项;

(三)协调处理涉及总局多个单位的重要信访事项;

(四)对转办、交办总局各单位处理的信访事项进行督查、督办;

(五)研究、分析信访情况,开展调查研究,及时、准确地向总局领导及相关单位反映信访信息;

(六)指导总局各单位的信访工作,及时研究解决工作中遇到的困难和问题。

第六条　各单位应当建立健全本单位信访工作组织,确立主要领导为信访工作第一责任人、分管领导为直接责任人的信访工作机制,并配备专(兼)职信访工作人员。

各单位信访工作组织履行下列职责:

(一)受理属于本单位职权范围内的信访事项;

(二)办理总局信访工作办公室转办、交办的信访事项;

（三）对办理的信访事项提出处理意见，答复信访人，并负责将办理结果报送总局信访工作办公室；

（四）接受总局信访工作办公室对本单位信访工作的督查、督办。

第七条　总局信访工作办公室向社会公布总局各级信访工作组织的通信地址、投诉电话、信访接待的时间和地点；充分利用信息网络资源，公布信访工作有关法律、法规及信访工作办理程序；建立相关的信访信息系统，为信访人提出信访事项、查询信访事项办理情况提供便利。

第二章　信访事项的提出

第八条　信访人对下列组织、人员的职务行为提出建议、意见，反映情况或者不服下列组织、人员的职务行为，可以向总局及所属单位提出信访事项：

（一）总局机关及其工作人员；

（二）由总局任命、委派的所属企、事业单位管理人员；

（三）总局所属各单位及其工作人员。

第九条　对依法应当通过诉讼、仲裁、行政复议等法定途径解决的投诉请求，信访人应当依照有关法律、行政法规的程序向有关机关提出。

第十条　信访人采用走访形式提出信访事项的，应当到总局及所属各单位设立或指定的接待场所提出；多人采用走访形式提出共同的信访事项的，应当推选代表，代表人数不得超过 5 人。

第十一条　信访人提出信访事项，应当按照《信访条例》的规定，客观真实地反映情况，对其所提供材料内容真实性负责，不得捏造、歪曲事实，不得诬告、陷害他人。

第十二条　信访事项已经由总局各单位信访工作组织受理或正在办理的，信访人在规定期限内向总局信访工作办公室再提出同一信访事项的，总局信访工作办公室不予受理；对已经或者依法应当通过诉讼、仲裁、行政复议等法律途径解决的，总局各级信访工作组织不予受理；信访人对复核意见不服，仍然以同一事实和理由提出投诉请求的，按照《信访条例》的规定，总局各级信访工作组织和其他行政单位不再受理。

第十三条　对信访人的下列行为,总局及所属各单位工作人员可视情节轻重对其进行劝阻、批评、教育,必要时可请公安机关协助,或移交公安机关处理:

（一）不按规定到指定的接待场所上访,或多人就同一信访事项进行走访的代表人数超过5人的;

（二）在总局机关或所属各单位办公场所周围非法聚集、围堵、冲击机关、单位,拦截公务车辆,或者堵塞、阻断交通的;

（三）反映的问题已按规定做了处理,或按规定不予受理并已告知信访人,信访人仍就同一问题提出诉求,经劝阻、教育无效,长期纠缠取闹,影响正常办公秩序的;

（四）在来访人中串联闹事、拦截、纠缠总局及所属单位有关领导的;

（五）携带危险物品、爆炸品、管制器具到接待场所或总局所属单位办公区域的;

（六）侮辱、殴打、威胁信访工作人员,或者非法限制他人人身自由的;

（七）在信访接待场所滞留、滋事,或者将生活不能自理的人弃留在信访接待场所的;

（八）影响正常办公秩序或扰乱公共秩序、妨害公共安全的其他行为。

第三章　信访事项的受理

第十四条　总局各级信访工作组织收到信访事项应当进行初审和登记。

（一）经初审,信访事项涉及总局所属单位或工作人员的,按照"属地管理、分级负责,谁主管、谁负责"的原则,由总局信访工作办公室直接转送总局有权处理的单位。有关单位应当自收到转送、交办信访事项之日起15日内决定是否受理并书面告知信访人,并按要求通报总局信访工作办公室。

（二）信访人直接向总局各级信访工作组织提出的信访事项,各级信访工作组织能够当场答复是否受理的,应当当场书面答复;不能当场答复的,应当自收到信访事项之日起15日内书面告知信访人。但是,信访人姓名(名称)、住址不清的除外。

(三)对符合受理条件的信访事项应按信访工作程序进行受理,并在法定期限内将办理结果答复信访人,向总局信访工作办公室上交办理报告,同时做好信访材料的归档工作。

(四)对信访人提出的不属于总局或总局所属单位法定职权范围内的信访事项,应当告知信访人向有权处理的机关提出。信访人的姓名(名称)、住址不清的除外。

第十五条 总局及所属各单位及其工作人员办理信访事项,应当恪尽职守、秉公办事,查明事实、分清责任,宣传法制、教育疏导,及时妥善处理,不得推诿、敷衍、拖延。信访工作人员与信访事项或者信访人有直接利害关系的,应当回避。

第十六条 总局各级信访工作组织办理信访事项,应当听取信访人陈述事实和理由;必要时可以要求信访人、有关组织和人员说明情况;需要进一步核实有关情况的,可以向其他组织和人员调查。

第十七条 总局各级信访工作组织对信访人提出的信访事项经调查核实,应当依照有关法律、法规或其他有关规定,分别做出以下处理,并书面答复信访人:

(一)请求事实清楚,符合法律、法规、规章或其他和有关规定的,予以支持;

(二)请求事由合理但缺乏法律依据的,应当对信访人做好解释工作;

(三)请求缺乏事实根据或者不符合法律、法规、规章或有关规定的,不予支持。

第十八条 信访事项应当自受理之日起60日内办结;情况复杂的,经总局信访工作联席会议领导小组批准,可以适当延长办理期限,但延长期限不得超过30日,并告知信访人延期理由。法律、行政法规另有规定的,从其规定。

第十九条　国家有关部门转送总局的信访事项，由总局信访工作办公室按照总局所属单位的职责权限交由有关单位办理。收到交办事项的单位，自收到交办事项之日起45日办理完毕，并将办理结果报总局信访工作办公室。不能按期办理完毕的，应向总局信访工作办公室说明情况。

总局信访工作办公室负责将有关单位的办理结果，在规定的办结期限(60天)内上报有关交办部门。

第二十条　信访人对总局各单位信访工作组织作出的信访事项处理意见不服，可以自收到书面答复之日起30日内请求总局信访工作办公室复查。收到复查请求的总局信访工作办公室应当自收到复查请求之日起30日内提出复查意见，并予以书面答复。

第二十一条　信访人对复查意见不服的，可以自收到书面答复之日起30日内向原复查单位的上一级行政机关请求复核。

第二十二条　总局各单位有下列情形之一的，总局信访工作办公室应当及时督办，并提出改进建议：

（一）无正当理由未按规定的办理期限办结信访事项的；

（二）未按规定反馈信访事项办理结果的；

（三）未按规定程序办理信访事项的；

（四）办理信访事项推诿、敷衍、拖延的；

（五）不执行信访处理意见的；

（六）其他需要督办的情形。

收到改进建议的单位应当在30日内书面反馈情况；未采纳改进建议的，应当说明理由。

第四章　奖励与处罚措施

第二十三条　各单位应当将信访工作绩效纳入工作人员年终考核体系。对在信访工作中做出优异成绩的单位或者个人，给予奖励。

第二十四条　因超越或者滥用职权、应当作为而不作为、适用法律法规错误、违反法定程序等行为，侵害信访人合法权益，导致信访事项发生，造成严重后果的，对直接负责的主管人员和其他直接责任人员，依法给予行政处分,并在一定范围内予以通报;构成犯罪的,交有关机关依法追究刑事责任。

第二十五条　总局各级信访工作组织在受理信访事项过程中违反本办法规定,有下列情形之一的,由总局信访工作联席会议领导小组对其提出批评,并责令改正;造成严重后果的,对直接负责的主管人员和其他直接责任人员提出给予行政处分的建议:

（一）对收到的信访事项不按规定登记、转送、交办或者应当履行督办职责而未履行的;

（二）对属于法定职权范围的信访事项未予受理的;

（三）有权处理信访事项的单位未在规定期限内书面告知信访人是否受理信访事项的。

第二十六条　总局各级信访工作人员,在办理信访事项中有下列行为之一的,由总局信访工作联席会议领导小组责令其改正,并提出给予行政处分的建议:

（一）对在信访工作中推诿、敷衍、拖延,或未在法定期限内办结信访事项的;

（二）违反规定将信访人的检举、揭发材料及有关情况透露或者转给被检举、揭发的人员或单位的。

第二十七条　对可能造成社会影响的重大、紧急信访事项和信访信息,隐瞒、谎报、缓报,或者授意他人隐瞒、谎报、缓报,造成严重后果以及打击报复信访人的,由总局信访工作联席会议领导小组对直接负责的主管人员和其他直接责任人员提出给予行政处分或者纪律处分的建议;构成犯罪的,交有关机关依法追究刑事责任。

第二十八条　总局所属单位发生职工群众越级上访或集体上访的,总局信访工作办公室应通知涉事单位派人协助工作。涉事单位领导必须组织有关人员及时到现场将上访人员劝返,并做好疏导教育工作。

对无故不到现场,不认真履行职责,推诿、拖延,处置不力,造成严重后果的,依据有关规定追究责任。

第五章 附　则

第二十九条　本办法自发布之日起施行。1998年印发的《国家体委处理人民群众来信来访工作细则》（体办字〔1998〕029号）同时废止。

环境信访办法

1. 2006年6月24日国家环境保护总局令第34号发布
2. 根据2021年12月13日生态环境部令第25号《关于修改部分部门规章的决定》修正

第一章 总　则

第一条　为了规范环境信访工作，维护环境信访秩序，保护信访人的合法环境权益，根据《信访条例》和环境保护有关法律、法规，制定本办法。

第二条　本办法所称环境信访是指公民、法人或者其他组织采用书信、电子邮件、传真、电话、走访等形式，向各级环境保护行政主管部门反映环境保护情况，提出建议、意见或者投诉请求，依法由环境保护行政主管部门处理的活动。

采用前款规定形式，反映环境保护情况，提出建议、意见或者投诉请求的公民、法人或者其他组织，称信访人。

第三条　各级环境保护行政主管部门应当畅通信访渠道，认真倾听人民群众的建议、意见和要求，为信访人采用本办法规定的形式反映情况，提出建议、意见或者投诉请求提供便利条件。

各级环境保护行政主管部门及其工作人员不得打击报复信访人。

第四条　环境信访工作应当遵循下列原则：

（一）属地管理、分级负责，谁主管、谁负责，依法、及时、就地解决问题与疏导教育相结合；

（二）科学、民主决策，依法履行职责，从源头预防环境信访案件的发生；

（三）建立统一领导、部门协调、统筹兼顾、标本兼治、各负其责、齐抓共管的环境信访工作机制；

（四）维护公众对环境保护工作的知情权、参与权和监督权，实行政务公开；

（五）深入调查研究，实事求是，妥善处理，解决问题。

第五条 环境信访工作实行行政首长负责制。各级环境保护行政主管部门负责人应当阅批重要来信、接待重要来访，定期听取环境信访工作汇报，研究解决环境信访工作中的问题，检查指导环境信访工作。

第六条 各级环境保护行政主管部门应当建立健全环境信访工作责任制，将环境信访工作绩效纳入工作人员年度考核体系。对环境信访工作中的失职、渎职行为，按照有关法律、法规和本办法，实行责任追究制度。

第七条 信访人检举、揭发污染环境、破坏生态的违法行为或者提出的建议、意见，对环境保护工作有重要推动作用的，环境保护行政主管部门应当给予表扬或者奖励。

对在环境信访工作中做出优异成绩的单位或个人，由同级或上级环境保护行政主管部门给予表彰或者奖励。

第二章 环境信访工作机构、工作人员及职责

第八条 按照有利工作、方便信访人的原则，县级以上环境保护行政主管部门应当确定负责环境信访工作的机构或者人员，具体负责环境信访工作。

各级环境保护行政主管部门应当加强环境信访工作机构的能力建设，配备与环境信访工作相适应的工作人员，保证工作经费和必要的工作设备及设施。

各级环境保护行政主管部门的环境信访工作机构代表本机关负责组织、协调、处理和督促检查环境信访工作及信访事项的办理，保障环境信访渠道的畅通。

第九条 各级环境保护行政主管部门应当选派责任心强，熟悉环境保护

业务,了解相关的法律、法规和政策,有群众工作经验的人员从事环境信访工作;重视环境信访干部的培养和使用。

第十条 环境信访工作机构履行下列职责:

(一)受理信访人提出的环境信访事项;

(二)向本级环境保护行政主管部门有关内设机构或单位、下级环境保护行政主管部门转送、交办环境信访事项;

(三)承办上级环境保护行政主管部门和本级人民政府交办处理的环境信访事项;

(四)协调、处理环境信访事项;

(五)督促检查环境信访事项的处理和落实情况,督促承办机构上报处理结果;

(六)研究、分析环境信访情况,开展调查研究,及时向环境保护行政主管部门提出改进工作的建议;

(七)总结交流环境信访工作经验,检查、指导下级环境保护行政主管部门的环境信访工作,组织环境信访工作人员培训;

(八)向本级和上一级环境保护行政主管部门提交年度工作报告,报告应当包括环境信访承办、转办、督办工作情况和受理环境信访事项的数据统计及分析等内容。

第三章 环境信访渠道

第十一条 各级环境保护行政主管部门应当向社会公布环境信访工作机构的通信地址、邮政编码、电子信箱、投诉电话,信访接待时间、地点、查询方式等。

各级环境保护行政主管部门应当在其信访接待场所或本机关网站公布与环境信访工作有关的法律、法规、规章,环境信访事项的处理程序,以及其他为信访人提供便利的相关事项。

第十二条 地方各级环境保护行政主管部门应当建立负责人信访接待日制度,由部门负责人协调处理信访事项,信访人可以在公布的接待日和接待地点,当面反映环境保护情况,提出意见、建议或者投诉。

各级环境保护行政主管部门负责人或者其指定的人员,必要时可以就信访人反映的突出问题到信访人居住地与信访人面谈或进行相关调查。

第十三条　国务院环境保护行政主管部门充分利用现有政务信息网络资源,推进全国环境信访信息系统建设。

地方各级环境保护行政主管部门应当建立本行政区域的环境信访信息系统,与环境举报热线、环境统计和本级人民政府信访信息系统互相联通,实现信息共享。

第十四条　环境信访工作机构应当及时、准确地将下列信息输入环境信访信息系统：

（一）信访人的姓名、地址和联系电话,环境信访事项的基本要求、事实和理由摘要；

（二）已受理环境信访事项的转办、交办、办理和督办情况；

（三）重大紧急环境信访事项的发生、处置情况。

信访人可以到受理其信访事项的环境信访工作机构指定的场所,查询其提出的环境信访事项的处理情况及结果。

第十五条　各级环境保护行政主管部门可以协调相关社会团体、法律援助机构、相关专业人员、社会志愿者等共同参与,综合运用咨询、教育、协商、调解、听证等方法,依法、及时、合理处理信访人反映的环境问题。

第四章　环境信访事项的提出

第十六条　信访人可以提出以下环境信访事项：

（一）检举、揭发违反环境保护法律、法规和侵害公民、法人或者其他组织合法环境权益的行为；

（二）对环境保护工作提出意见、建议和要求；

（三）对环境保护行政主管部门及其所属单位工作人员提出批评、建议和要求。

对依法应当通过诉讼、仲裁、行政复议等法定途径解决的投诉请求,信访人应当依照有关法律、行政法规规定的程序向有关机关提出。

第十七条　信访人的环境信访事项,应当依法向有权处理该事项的本级或者上一级环境保护行政主管部门提出。

第十八条　信访人一般应当采用书信、电子邮件、传真等书面形式提出环境信访事项；采用口头形式提出的，环境信访机构工作人员应当记录信访人的基本情况、请求、主要事实、理由、时间和联系方式。

第十九条　信访人采用走访形式提出环境信访事项的，应当到环境保护行政主管部门设立或者指定的接待场所提出。多人提出同一环境信访事项的，应当推选代表，代表人数不得超过5人。

第二十条　信访人在信访过程中应当遵守法律、法规，自觉履行下列义务：

（一）尊重社会公德，爱护接待场所的公共财物；

（二）申请处理环境信访事项，应当如实反映基本事实、具体要求和理由，提供本人真实姓名、证件及联系方式；

（三）对环境信访事项材料内容的真实性负责；

（四）服从环境保护行政主管部门做出的符合环境保护法律、法规的处理决定。

第二十一条　信访人在信访过程中不得损害国家、社会、集体的利益和其他公民的合法权利，自觉维护社会公共秩序和信访秩序，不得有下列行为：

（一）围堵、冲击环境保护行政机关，拦截公务车辆，堵塞机关公共通道；

（二）捏造、歪曲事实，诬告、陷害他人；

（三）侮辱、殴打、威胁环境信访接待人员；

（四）采取自残、发传单、打标语、喊口号、穿状衣等过激行为或者其他扰乱公共秩序、违反公共道德的行为；

（五）煽动、串联、胁迫、以财物诱使、幕后操纵他人信访或者以信访为名借机敛财；

（六）在环境信访接待场所滞留、滋事，或者将生活不能自理的人弃留在接待场所；

（七）携带危险物品、管制器具，妨害国家和公共安全的其他行为。

第五章　环境信访事项的受理

第二十二条　各级环境信访工作机构收到信访事项,应当予以登记,并区分情况,分别按下列方式处理:

（一）信访人提出属于本办法第十六条规定的环境信访事项的,应予以受理,并及时转送、交办本部门有关内设机构、单位或下一级环境保护行政主管部门处理,要求其在指定办理期限内反馈结果,提交办结报告,并回复信访人。对情况重大、紧急的,应当及时提出建议,报请本级环境保护行政主管部门负责人决定。

（二）对不属于环境保护行政主管部门处理的信访事项不予受理,但应当告知信访人依法向有关机关提出。

（三）对依法应当通过诉讼、仲裁、行政复议等法定途径解决的,应当告知信访人依照有关法律、行政法规规定程序向有关机关和单位提出。

（四）对信访人提出的环境信访事项已经受理并正在办理中的,信访人在规定的办理期限内再次提出同一环境信访事项的,不予受理。

对信访人提出的环境信访事项,环境信访机构能够当场决定受理的,应当场答复;不能当场答复是否受理的,应当自收到环境信访事项之日起15日内书面告知信访人。但是信访人的姓名(名称)、住址或联系方式不清而联系不上的除外。

各级环境保护行政主管部门工作人员收到的环境信访事项,交由环境信访工作机构按规定处理。

第二十三条　同级人民政府信访机构转送、交办的环境信访事项,接办的环境保护行政主管部门应当自收到转送、交办信访事项之日起15日内,决定是否受理并书面告知信访人。

第二十四条　环境信访事项涉及两个或两个以上环境保护行政主管部门时,最先收到环境信访事项的环境保护行政主管部门可进行调查,由环境信访事项涉及的环境保护行政主管部门协商受理,受理有争议的,由上级环境保护行政主管部门协调、决定受理部门。

对依法应当由其他环境保护行政主管部门处理的环境信访事项，环境信访工作人员应当告知信访人依照属地管理规定向有权处理的环境保护行政主管部门提出环境信访事项，并将环境信访事项转送有权处理的环境保护行政主管部门；上级环境保护行政主管部门认为有必要直接受理的环境信访事项，可以直接受理。

第二十五条　信访人提出可能造成社会影响的重大、紧急环境信访事项时，环境信访工作人员应当及时向本级环境保护行政主管部门负责人报告。本级环境保护行政主管部门应当在职权范围内依法采取措施，果断处理，防止不良影响的发生或扩大，并立即报告本级人民政府和上一级环境保护行政主管部门。

突发重大环境信访事项时，紧急情况下可直接报告生态环境部或国家信访局。

环境保护行政主管部门对重大、紧急环境信访事项不得隐瞒、谎报、缓报，或者授意他人隐瞒、谎报、缓报。

第二十六条　各级环境保护行政主管部门及其工作人员不得将信访人的检举、揭发材料及有关情况透露或者转给被检举、揭发的人员或者单位。

第六章　环境信访事项办理和督办

第二十七条　各级环境保护行政主管部门及其工作人员办理环境信访事项，应当恪尽职守，秉公办理，查清事实，分清责任，正确疏导，及时、恰当、妥善处理，不得推诿、敷衍、拖延。

第二十八条　有权做出处理决定的环境保护行政主管部门工作人员与环境信访事项或者信访人有直接利害关系的，应当回避。

第二十九条　各级环境保护行政主管部门或单位对办理的环境信访事项应当进行登记，并根据职责权限和信访事项的性质，按照下列程序办理：

（一）经调查核实，依据有关规定，分别做出以下决定：

1.属于环境信访受理范围、事实清楚、法律依据充分，做出予以支持的决定，并答复信访人；

2. 信访人的请求合理但缺乏法律依据的,应当对信访人说服教育,同时向有关部门提出完善制度的建议;

3. 信访人的请求不属于环境信访受理范围,不符合法律、法规及其他有关规定的,不予支持,并答复信访人。

(二)对重大、复杂、疑难的环境信访事项可以举行听证。听证应当公开举行,通过质询、辩论、评议、合议等方式,查明事实,分清责任。听证范围、主持人、参加人、程序等可以按照有关规定执行。

第三十条　环境信访事项应当自受理之日起60日内办结,情况复杂的,经本级环境保护行政主管部门负责人批准,可以适当延长办理期限,但延长期限不得超过30日,并应告知信访人延长理由;法律、行政法规另有规定的,从其规定。

对上级环境保护行政主管部门或者同级人民政府信访机构交办的环境信访事项,接办的环境保护行政主管部门必须按照交办的时限要求办结,并将办理结果报告交办部门和答复信访人;情况复杂的,经本级环境保护行政主管部门负责人批准,并向交办部门说明情况,可以适当延长办理期限,并告知信访人延期理由。

上级环境保护行政主管部门或者同级人民政府信访机构认为交办的环境信访事项处理不当的,可以要求原办理的环境保护行政主管部门重新办理。

第三十一条　信访人对环境保护行政主管部门做出的环境信访事项处理决定不服的,可以自收到书面答复之日起30日内请求原办理部门的同级人民政府或上一级环境保护行政主管部门复查。收到复查请求的环境保护行政主管部门自收到复查请求之日起30日内提出复查意见,并予以书面答复。

第三十二条　信访人对复查意见不服的,可以自收到书面答复之日起30日内请求复查部门的本级人民政府或上一级环境保护行政主管部门复核,收到复核请求的环境保护行政主管部门自收到复核请求之日起30日内提出复核意见。

第三十三条　上级环境保护行政主管部门对环境信访事项进行复查、复核时,应当听取作出决定的环境保护行政主管部门的意见,必要时可以要求信访人和原处理部门共同到场说明情况,需要向其他有关部门调查核实的,也可以向其他有关部门和人员进行核实。

上级环境保护行政主管部门对环境信访事项进行复查、复核时,发现下级环境保护行政主管部门对环境信访事项处理不当的,在复查、复核的同时,有权直接处理或者要求下级环境保护行政主管部门重新处理。

各级环境保护行政主管部门在复查、复核环境信访事项中,本级人民政府或上一级人民政府对信访事项的复查、复核有明确规定的,按其规定执行。

第三十四条 信访人对复核决定不服的,仍以同一事实和理由提出环境信访事项的,各级环境保护行政主管部门不再受理。

第三十五条 各级环境保护行政主管部门,发现有权做出处理决定的下级环境保护行政主管部门办理环境信访事项有下列情形之一的,应当及时督办,并提出改进建议:

(一)无正当理由未按规定的办理期限办结的;

(二)未按规定程序反馈办理结果的;

(三)办结后信访处理决定未得到落实的;

(四)未按规定程序办理的;

(五)办理时弄虚作假的;

(六)其他需要督办的事项。

第三十六条 各级环境信访工作机构对信访人反映集中、突出的政策性问题,应当及时向本级环境保护行政主管部门负责人报告,会同有关部门进行调查研究,提出完善政策、解决问题的建议。

对在环境信访工作中推诿、敷衍、拖延、弄虚作假,造成严重后果的工作人员,可以向有权做出处理决定的部门提出行政处分建议。

第七章 法律责任

第三十七条 因下列情形之一导致环境信访事项发生、造成严重后果的,对直接负责的主管人员和其他直接责任人员依照有关法律、行政

法规的规定给予行政处分;构成犯罪的,依法追究刑事责任:

(一)超越或者滥用职权,侵害信访人合法权益的;

(二)应当作为而不作为,侵害信访人合法权益的;

(三)适用法律、法规错误或者违反法定程序,侵害信访人合法权益的;

(四)拒不执行有权处理的行政机关做出的支持信访请求意见的。

第三十八条 各级环境信访工作机构对收到的环境信访事项应当登记、受理、转送、交办和告知信访人事项的而未按规定登记、受理、转送、交办和告知信访人事项的,或者应当履行督办职责而未履行的,由其所属的环境保护行政主管部门责令改正;造成严重后果的,对直接负责的主管人员和其他直接责任人员依法给予行政处分。

第三十九条 环境保护行政主管部门在办理环境信访事项过程中,有下列行为之一的,由其上级环境保护行政主管部门责令改正;造成严重后果的,对直接负责的主管人员和其他直接责任人员由有权处理的行政部门依法给予行政处分:

(一)推诿、敷衍、拖延环境信访事项办理或者未在法定期限内办结环境信访事项的;

(二)对事实清楚、符合法律、法规、规章或者其他有关规定的投诉请求未给予支持的。

第四十条 各级环境保护行政主管部门及其工作人员在处理环境信访事项过程中,作风粗暴、激化矛盾并造成严重后果的,依法给予行政处分。

违反本办法第二十六条规定,造成严重后果的,对直接负责的主管人员和其他直接责任人员依法给予行政处分;构成犯罪的,移交司法机关追究刑事责任。

违反本办法第三条第二款规定,打击报复信访人,尚不构成犯罪的,依法给予行政处分或纪律处分;构成犯罪的,移交司法机关追究刑事责任。

第四十一条 信访人捏造歪曲事实、诬告陷害他人的,依法承担相应的法律责任。

信访人违反本办法第二十一条规定的,有关机关及所属单位工作人员应当对信访人进行劝阻、批评或者教育。经劝阻、批评和教育无效的,交由公安机关依法进行处置。构成犯罪的,依法追究刑事责任。

第八章 附 则

第四十二条 本办法没有规定的事项,按《信访条例》的有关规定执行。

第四十三条 外国人、无国籍人、外国组织反映国内环境信访事项的处理,参照本办法执行。

第四十四条 环境信访文书的格式和内容见附件。

第四十五条 本办法自2006年7月1日起施行,1997年4月29日国家环保局发布的《环境信访办法》同时废止。

附件:(略)

建设部信访工作管理办法

1. 2005年11月10日建设部印发
2. 建办〔2005〕205号

第一章 总 则

第一条 为了加强建设部的信访工作,畅通信访渠道,保障群众合法权益,维护社会稳定,根据国务院《信访条例》的规定,制定本办法。

第二条 建设部信访室是建设部对外接待群众来信来访的机构,负责日常信访的接待、处理和管理工作。

本办法所称来信是指信访人通过书信、电子邮件、传真等书面形式提出的信访事项。

本办法所称来访是指信访人采用走访形式提出信访事项。

第三条 部信访室应当向社会公布其通信地址、电子信箱、投诉电话、信访接待时间和地点、查询信访事项处理进展及结果的方式等相关事项,并在建设部网站上公布与信访工作有关的法律、行政法规和部门规章,信访事项的处理程序,以及其他为信访人提供便利的相关事项。

第四条 按照"属地管理、分级负责,谁主管、谁负责,依法、及时、就地解决问题与疏导教育相结合"的信访处理原则,部信访室转有关省、自治区建设厅和直辖市建委及有关部门(以下简称省级建设部门)负责解决的信访问题,或者转部有关司局处理的信访问题,有关省级建设部门或者部有关司局应当认真负责,依法在规定的时限内办结。

第五条 各省级建设部门应当建立健全信访责任人和联络员制度,有一名分管领导做为信访责任人,并确定一名专(兼)职信访联络员,负责本省(自治区、直辖市)建设系统信访工作的协调并指导做好处理工作。

第六条 各级建设部门应当坚持科学、民主决策,依法履行职责,从源头上预防导致信访事项的矛盾和纠纷。

第七条 各级建设部门要建立健全矛盾纠纷排查调处工作机制,认真做好各种矛盾纠纷的排查和超前化解工作,把工作重点从事后处置转到事前预防上。要高度重视并热情耐心地做好群众初次来信来访的接待处理工作,把矛盾化解在萌芽状态,把问题解决在基层。

第二章 部信访室的基本任务和人员要求

第八条 部信访室的基本任务:

(一)受理群众反映与建设部职能有关的意见、建议和诉求的来信来访,对建设系统的信访工作进行综合协调和指导。

(二)负责及时向各省级建设部门和部有关司局交办、转办、督办来信来访事项,承担党中央、国务院领导同志,以及国家信访局和部领导(含"三总师",下同)交办信访案件的督办或查办。

(三)按月、季、年做好信访情况的统计分析报告工作,及时做好突发事件和集体上访的信息报送工作;紧急时可先口头报情况,事后补报文字材料;对重大事项应当追踪连续报送后续处理情况。

(四)从群众来信来访中,筛选出群众信访的热点、难点问题,搜集群众的意见、建议和要求,对来信来访中带普遍性、政策性、倾向性的问题及重大信访案件进行调查研究,商请部有关司局提出建议和处理意见,为领导决策服务。

(五)适时组织建设系统信访工作经验交流、业务培训和理论研讨,不断提高建设系统信访工作人员政策、业务水平和依法处理信访问题的能力。

(六)负责维护信访室及其候谈室的正常工作秩序。对在候谈室内纠缠、吵闹的人员应当及时劝阻。对躺卧、滞留候谈室,影响信访室正常办公秩序和候谈室公共卫生的人员进行必要的教育,维护正常的来访秩序。

第九条　部信访室工作人员必须做到:

(一)认真学习贯彻党和国家的路线、方针、政策和法律、法规,及建设系统的有关政策法规,坚持原则,依法、及时、合理处理信访人的投诉请求;

(二)热情接待来访群众,认真登记来信来访的诉求,倾听并分析所反映的问题,耐心解释政策,及时与地方有关部门取得联系,沟通情况;

(三)做好对来访群众的宣传教育工作,教育和引导群众学法、懂法、用法、守法,以理性合法的方式表达利益要求,依法维护自身合法权益,解决利益矛盾,自觉维护信访工作秩序。

第三章　处理信访事项的基本要求

第十条　部信访室应当保持与各省级建设部门信访联络员的联系畅通,一经发现进京集体上访、异常访及突发事件,及时协调地方有关部门与部有关司局派人到现场进行处理。

第十一条　部信访室对越级进京上访的人员,应当做好耐心细致的宣传和思想疏导工作,劝其依法向有权处理的机关或者上一级机关提出。如有必要,部信访室应当及时通知地方有关部门做好接待工作,防止矛盾扩大。

信访事项已经受理或者正在办理的,信访人在规定期限内向部信访室再提出同一信访事项的,部信访室不予受理。

第十二条 部信访室收到信访事项,应当予以登记。凡属反映部机关及其工作人员职务行为的意见和建议,或者不服部机关及其工作人员的职务行为,应当受理,并在15日内转送部有关司局处理,部有关司局不得推诿、敷衍、拖延;对于不属于部职权范围的信访事项,应当告知信访人向有权处理的机关提出。

对收到的信访事项,能够当场答复是否受理的,应当当场书面答复;不能当场答复的,应当自收到信访事项之日起15日内书面告知信访人;信访人的姓名(名称)、住址不清的除外。

第十三条 信访事项涉及地方建设部门或其工作人员行为的,应当告知信访人向有权处理的地方有关机关提出。情况重大、紧急的信访事项,由部信访室及时转送有权处理的有关市、县建设部门,并抄送该省级建设部门。

第十四条 地方建设部门或者部有关司局经过调查核实,应当依照有关政策、法规,分别作出以下处理,并书面答复信访人:

(一)请求事由事实清楚,符合法律、法规和政策规定的,予以支持,并督促有关机关或单位执行;

(二)请求事由合理但缺乏法律依据的,应当向信访人做好解释工作;

(三)请求事由缺乏事实根据或者不符合法律、法规和政策规定的,不予支持。

第十五条 信访事项应当自受理之日起60日内办结;情况复杂的,经本行政机关负责人批准,可以适当延长办理期限,但延长期限不得超过30日,并告知信访人延期理由。法律、行政法规另有规定的,从其规定。

第十六条 信访人对行政机关做出的信访事项处理意见不服的,可以自收到书面答复之日起30日内请求原办理行政机关的上一级行政机关复查。收到复查请求的行政机关应当自收到复查请求之日起30日内提出复查意见,并予以书面答复。

第十七条　信访人对复查意见不服的,可以自收到书面答复之日起30日内向复查机关的上一级行政机关请求复核。收到复核请求的行政机关应当自收到复核请求之日起30日内提出复核意见。

按照国务院法制办公室、国家信访局《对〈信访条例〉第三十四条、第三十五条中"上一级行政机关"的含义及〈信访条例〉适用问题的解释》的规定,本办法所指的原办理行政机关、复查机关是设区的市级以下建设部门的其上一级行政机关是指本级人民政府或者上一级建设部门;原办理行政机关复查机关是省级建设部门的,其上一级行政机关是指本级人民政府。

第十八条　信访人对复核意见不服,仍然以同一事实和理由提出投诉请求的,地方建设部门或者部信访室不再受理,但应当向信访人做好解释工作。

第十九条　信访人对各级人民代表大会及其常务委员会、人民法院、人民检察院职权范围内的信访事项,应当告知信访人分别向有关的人民代表大会及其常务委员会、人民法院、人民检察院提出。对已经或者依法应当通过诉讼、仲裁、行政复议等法定途径解决的,不予受理,但应当告知信访人依照有关法律、行政法规规定程序向有关机关提出。

第四章　来信处理程序

第二十条　部信访室指定专人办理人民群众给建设部或部领导的人民来信,以及国家信访局等有关单位转来的人民来信。

第二十一条　部信访室收到来信后,应当将来信和信封装订在一起并在来信第一页的右上角加盖当日建设部信访室收信印章,将来信人姓名、地址、反映的主要内容、办理情况等登录在《来信登记表》。

部有关司局收到群众来信的,也应当登记,及时转地方建设等有关部门处理,并书面告知信访人。有关司局应在每月2日前(节假日顺延至上班第2天)将上月群众来信登记表送部信访室。

第二十二条　下列内容的信件应报部领导或办公厅领导阅批:

(一)有关建设行业的管理、科技和改革等方面的重要意见和建议;

(二)带有普遍性、倾向性和苗头性的重大问题;

(三)建设系统的重要情况和动态;

(四)国内外知名人士的重要来信;

(五)反映对重大问题顶、拖不办、明显违反政策的来信;

(六)其他需经领导同志阅批的信件。

信件上报前,办信人可对信件的内容做适当的了解核实。上报的信件经领导批示后,由指定经办人按批示意见具体落实。在规定期限内无反馈结果的,由经办人负责催办。领导批示件要登记、复印保存。

第二十三条 下列内容的信件由部信访室用公函将信件转交有关省级建设部门或者部有关司局处理,并在规定时限内反馈办理结果:

(一)检举、控告严重违法乱纪、扰乱秩序或者以权谋私的问题;

(二)可能发生意外,给国家、单位和个人的利益造成重大损失的问题;

(三)其他应当由有关省级建设部门或者部有关司局进行调查处理的重要的情况、问题。

交办的函件由办信人拟稿,函稿应明确办理和反馈的期限。如需以部、办公厅名义发函交办的,应当按照《建设部机关公文处理办法》的有关规定办理。交办后,如果在规定期限内未反馈结果,由原办信人催办。

第二十四条 经办人对反馈的结果应认真审查,可以结案的,送部信访室负责人审定,其中重要问题,报办公厅领导审定。对处理明显不当或者不能结案的,应当商请有关单位或者有关部门做进一步处理。

来信人对上报处理结果表示不同意见的,应当认真研究,慎重做结案处理。

对已结案信件,经办人应当将该案办理过程中形成的有关材料整理保存。

第二十五条 一般信件由部信访室用固定格式的转办单,转交给有关省级建设部门或者部有关司局酌情处理,不需反馈处理结果。

对无查办和无参考价值,以及不需要再处理的重复信件,由部信访室做暂存处理。暂存信件由办信人登记、存放,定期整理销毁。

第五章 来访处理程序

第二十六条 来访人应当到部信访室提出来访事项。来访人应当遵守法律、法规,不得损害国家、社会、集体的利益和其他公民的合法权利,自觉维护社会公共秩序和信访秩序,不得有下列行为:

(一)在建设部机关大楼周围非法聚集,围堵、冲击建设部机关,拦截公务车辆,或者堵塞、阻断交通;

(二)携带危险物品、管制器具;

(三)侮辱、殴打、威胁国家机关工作人员,或者非法限制他人人身自由;

(四)在部信访室滞留、滋事,或者将生活不能自理的人弃留在部信访室;

(五)煽动、串联、胁迫、以财物诱使、幕后操纵他人信访或者以信访为名借机敛财;

(六)扰乱公共秩序、妨害国家和公共安全的其他行为。

第二十七条 来访人应当按照部信访室窗口接待人员的要求,填写《来访人员登记表》。集体来访的应当按来访人数逐一填写。

窗口接待人员应当仔细阅览来访人员填写的《来访人员登记表》,核实有关证件,确认是否接谈。确认接谈的,窗口接待人员应告来访人员在指定候谈室等候接谈。

第二十八条 接待人员要坚持文明接待,认真耐心地倾听来访人员的叙述,阅看来访人员携带的材料,做好接谈记录,认真负责地向群众做好政策解释和思想疏导工作。

来访人反映的问题专业性、政策性较强的,由部信访室通知部有关司局。有关司局应当及时安排专业人员到部信访接待室接待来访群众。

第二十九条 依法应当由部负责处理的信访事项,应当按照本办法第十二条的要求办理,并告知来访人员返回原地听候处理,不要在京等候结果。

信访事项涉及地方建设部门或者其工作人员行为的,应当按照本办法第十三条的要求办理。

第三十条 凡有下列情况之一的,可以立案交办或者请地方有关建设部门派人来京协调处理:

(一)问题比较复杂的疑难特殊案件和人数众多的集体来访,经动员不返回或者情况不清,而又需要及时处理的;

(二)多次来访、多次交办而无处理结果的;

(三)来访人有异常表现或者意外情况,需要与地方有关建设部门当面研究的;

(四)地方有关建设部门的处理有明显失误,且处理难度较大的;

(五)其他需要请地方有关建设部门来京协调处理的情况。

第三十一条 对立案交办的信访事项,有关省级建设部门应当在规定的期限内反馈处理结果。

第三十二条 要做好集体来访的接待工作。

本制度所称集体来访,是指同一地区、反映同一问题的群众代表5人的来访。超过5人的,按照本办法第三十五条的规定处理。

接待集体来访时,应当有2名接待人员接待。

接待处理集体来访时,要注意加强与有关省级建设部门和市县的联系、沟通,避免矛盾激化,事态扩大。如需要请地方有关建设部门来京处理时,应当通过省级建设部门的信访联络员协调地方派人来京。集体来访反映的问题涉及部多个司局业务的,部信访室应当及时向办公厅领导报告,由办公厅领导协调部有关司局共同处理。

第六章 信访突发事件处理程序

第三十三条 部成立处置信访突发事件领导小组。部处置信访突发事件领导小组由分管副部长任组长,办公厅主任、分管副主任和有关单位负责人为成员。领导小组下设办公室,负责处置信访突发事件的协调工作,办公厅分管副主任兼办公室主任。

第三十四条 部信访室接待人员发现来访人在信访室及其候谈室患有危、急疾病,以及受到意外伤害或者服药自杀的,应当采取紧急措施,及时与部机关门诊部和北京市急救中心联系急救处理,并及时向办公厅领导报告。

接待人员发现来访人患有按规定应当上报的传染病时,应当及时与部机关门诊部和北京市海淀区卫生防疫部门联系处理,并配合做好传染病的有关防治工作。

第三十五条　对来访人中的下列行为之一的,接待人员可视情节轻重进行劝阻、批评、教育,请公安机关给予警告、训诫、制止,或移交公安机关处理:

(一)不按规定到指定场所上访,干扰社会秩序和机关工作秩序的;

(二)同一地区、反映同一问题的来访人数超过5人的;

(三)反映的问题已按国家有关政策、法规作了处理,仍提出无理要求,经耐心说服教育无效,长期在部信访室纠缠取闹的;

(四)反映的问题按有关政策、法规不应解决,但仍坚持无理要求,长期在部信访室纠缠取闹,妨碍正常工作秩序的;

(五)在来访人中串联闹事、拦截、纠缠领导的;

(六)扬言爆炸、杀人、自杀,企图制造事端,铤而走险的;

(七)携带危险品、爆炸品以及各种管制器械到接待场所或者机关办公区的;

(八)对接待人员进行纠缠、侮辱、殴打、威胁的;

(九)破坏接待室办公设施以及有其他违法乱纪行为的;

(十)其他严重影响办公秩序行为的。

第三十六条　接待人员遇有下列特殊情况时,应立即报告有关部门:

(一)来访人扬言要到中南海、天安门或者中央领导同志住处上访、制造事端的,应当及时向办公厅领导汇报,并及时向国家信访局、北京市公安局治安总队报告;

(二)发现被公安机关通缉的人犯来访时,应当立即向甘家口派出所报告;

(三)发现信访室或者附近有人员死亡时,应当立即向办公厅领导报告,并请公安机关勘验现场和尸体,验明死者身份。如属来访人的,应立即通知地方有关建设部门商讨处理办法;现场无保护必要的,应协助有关部门立即将其送医院存放,等待处理。如属非来访人的,由公安机关处理。

第三十七条 对规模较大、情绪激烈,或者围堵部机关办公大楼的集体来访事件,除按本办法第三十二条的要求做好接待工作外,部信访室应立即报告办公厅领导,由厅领导请部有关司局立即派人和部信访室接待人员共同听取上访人员反映的问题,耐心细致地做好政策解释工作。同时,要求有关省级建设部门、市驻京办事处派得力人员尽快到场,解答群众反映的问题,积极疏导上访人员尽早返回本地妥善处理。说服教育无效、集体来访人员继续围堵部机关办公大楼的,要提请公安机关处理。

部机关有关司局、部机关服务中心等有关单位,要按照部印发的《建设部处置群体性上访事件工作预案》(建办〔2004〕33号)的要求,负责做好相应的工作。

第七章 附 则

第三十八条 本办法由建设部负责解释。

第三十九条 本办法自印发之日起执行。2005年4月28日建设部印发的《建设部信访工作管理办法》(建办〔2005〕59号)同时废止。

公安机关信访工作规定

1. 2023年5月19日公安部印发
2. 公通字〔2023〕9号

第一章 总 则

第一条 为了坚持和加强党对公安信访工作的全面领导,做好新时代公安信访工作,密切党群关系、警民关系,根据《信访工作条例》和有关法律法规，结合公安工作实际，制定本规定。

第二条　公安信访工作是公安机关群众工作的重要组成部分，是公安机关了解社情民意、听取意见建议、检验执法质效、维护群众权益的一项重要工作，是公安机关接受群众监督、提升执法水平、改进工作作风、加强队伍建设的重要途径。

第三条　公安信访工作坚持以习近平新时代中国特色社会主义思想为指导，贯彻落实习近平法治思想、习近平总书记关于加强和改进人民信访工作的重要思想、关于新时代公安工作的重要论述，践行对党忠诚、服务人民、执法公正、纪律严明总要求，切实担负起为民解难、为党分忧的政治责任，服务党和国家大局，促进社会和谐稳定。

第四条　公安信访工作应当坚持党的全面领导、坚持以人民为中心、坚持依法按政策解决问题、坚持源头治理化解矛盾，按照"属地管理、分级负责""谁主管、谁负责"原则，落实信访工作责任。

第五条　公安机关应当坚持改革创新，不断完善信访工作制度体系，畅通信访渠道，优化业务流程，规范信访秩序，依法分类处理信访诉求，提升信访工作质量、效率和公信力。

第六条　公安机关及其工作人员处理信访事项，应当恪尽职守、秉公办事，查明事实、分清责任，加强教育疏导，及时妥善处理，不得推诿、敷衍、拖延。

公安机关应当将涉法涉诉信访事项与普通信访事项相分离，适用不同程序处理。

公安机关工作人员与信访事项或者信访人有直接利害关系的，应当回避。

第七条　公安机关应当科学、民主决策，依法履行职责，严格规范公正文明执法，从源头上预防和减少信访事项的发生。

第二章　信访工作体制和机制

第八条　公安机关应当构建党委领导、信访工作领导小组统筹协调、信访部门推动落实、相关部门各负其责、各方齐抓共管的信访工作格局。

第九条　公安信访工作应当坚持党的领导：

（一）贯彻落实党中央关于信访工作的方针政策和决策部署，执行上级党组织关于信访工作的部署要求；

（二）强化政治引领，把握信访工作的政治方向和政治原则，严明政治纪律和政治规矩；

（三）公安机关党委定期听取汇报，研究解决重要信访问题。

第十条　公安机关应当成立由主要领导任组长，有关领导任副组长，相关部门主要领导为成员的信访工作领导小组。信访工作领导小组履行下列职责：

（一）分析信访工作形势，为党委决策提供参考；

（二）督促落实信访工作的方针政策和决策部署；

（三）统筹协调、组织推进信访工作，督导落实信访工作责任；

（四）协调处理影响较大或者办理部门存在争议的信访事项；

（五）承担本级公安机关党委交办的其他事项。

信访工作领导小组应当每年向本级公安机关党委报告工作情况，定期召开会议听取各成员单位信访工作报告。

第十一条　县级以上公安机关应当建立信访工作机构，设立专门接待场所。

信访问题突出的部门应当结合实际，确定承担信访工作的机构及人员。

第十二条　信访部门是开展信访工作的专门机构，履行下列职责：

（一）接收、登记信访事项；

（二）受理、办理、转送、交办信访事项；

（三）协调、督促、检查重要信访事项的处理、落实；

（四）综合反映信访信息，分析研判信访情况；

（五）指导相关部门和下级公安机关的信访工作；

（六）提出改进工作、完善政策和追究责任的建议；

（七）承担本级公安信访工作领导小组办公室职责；

（八）承担本级公安机关党委和上级机关交办的其他信访事项。

第十三条　公安机关相关部门应当按照分工，履行下列职责：

（一）承办属于职责范围内的信访事项；

（二）向信访部门回复转送信访事项的处理结果；

（三）分析本部门信访问题成因，针对性改进工作；

（四）承担本级公安信访工作领导小组交办的其他事项。

第十四条　公安机关应当坚持社会矛盾纠纷多元预防调处化解机制，拓宽社会力量参与信访工作的制度化渠道，综合运用法律、政策、经济、行政等手段和教育、协商、疏导等办法，多措并举化解矛盾纠纷。

公安机关应当依法按政策及时解决群众合理合法诉求，耐心细致进行教育解释，对符合条件的帮助予以司法救助。

第十五条　公安机关领导干部应当阅办群众来信和网上信访，定期接待群众来访和约访下访，调研督导信访工作，包案化解疑难、复杂和群众反映强烈的信访问题。

公安机关应当落实属地责任，认真接待处理群众来访，把问题解决在当地，引导信访人就地反映问题。建立完善联合接访工作机制，根据工作需要组织有关部门联合接待，一站式解决信访问题。

第十六条　公安机关应当建立重大信访信息报告和处理制度。对可能造成社会影响的重大、紧急信访事项和信访信息，应当及时报告本级党委政府和上一级公安机关，通报本级信访工作联席会议办公室，并在职责范围内依法及时采取措施，防止不良影响的产生、扩大。

第十七条　公安机关应当加强信访工作信息化、智能化建设，在依规依法、安全可靠的前提下，稳妥推进信访信息系统与本级党委政府信访部门、公安机关部门间互联互通、信息共享。

信访部门应当将信访事项的接收、处理等信息录入信访信息系统，使网上信访、来信、来访、来电的信息在网上流转，方便信访人查询处理情况、评价信访事项办理结果。

第十八条　公安机关应当加强信访队伍建设，选优配强领导班子，配备与形势任务相适应的工作力量，建立健全信访督察专员制度。建立完善优秀年轻干部、新提拔干部到信访岗位锻炼机制，深化信访工作人才库建设。应当关爱信访干部，落实轮岗交流，重视优秀干部使用，加强典型培养选树,打造高素质专业化信访干部队伍。

公安机关应当将信访工作列为各类教育培训公共课程和公安院校必修课程。

第十九条　公安机关应当为信访工作提供必要的支持和保障,所需经费列入本级预算。

第三章　信访事项的分类处理

第二十条　公安机关办理涉及公安机关及其工作人员履行职责、队伍管理问题的信访事项。

第二十一条　根据信访事项的性质、内容和主要诉求,信访事项分为申诉求决类、建议意见类、检举控告类等事项。

信访事项既有申诉求决诉求又有检举控告诉求,检举控告有实质内容的,分别处理;检举控告无实质内容的,按申诉求决类事项处理。

第二十二条　对申诉求决类信访事项,根据诉求内容及处理的程序,分为下列事项:

(一)通过法律程序处理的事项;

(二)通过复核、申诉等程序解决的人事争议事项;

(三)通过党员申诉、申请复审等程序解决的事项;

(四)不属于以上情形的事项。

第二十三条　符合下列诉求的信访事项属于通过法律程序处理的事项:

(一)申请查处违法犯罪行为、保护人身权或者财产权等合法权益的;

(二)可以通过行政裁决、行政确认、行政许可、行政处罚、政府信息公开等行政程序解决的;

(三)对公安机关作出的行政行为不服的;

(四)对公安机关依据刑事诉讼法授权的行为不服的;

(五)认为公安机关及其工作人员行使职权侵犯合法权益,造成损害,要求取得国家赔偿的;

(六)对公安机关出具或者委托其他机构出具的认定、鉴定意见不服,要求复核或者重新认定、鉴定的;

(七)公安机关通过法律程序处理的其他事项。

第二十四条 建议意见类信访事项由所提建议意见指向公安机关涉及职责的相关部门办理。

第二十五条 检举控告类信访事项由对被检举控告人有管理权限的公安机关纪律检查、组织人事等部门办理。

第二十六条 本规定第二十二条第一项至第三项信访事项,依照党内法规和法律法规由有权处理的公安机关相关部门办理;本规定第二十二条第四项信访事项,由诉求内容指向公安机关的信访部门办理。

第二十七条 信访事项涉及两个以上公安机关的,由相关公安机关协商;协商不成的,由共同的上一级公安机关指定的公安机关办理。

必要时,上级公安机关可以直接办理由下级公安机关办理的信访事项。

办理信访事项的公安机关分立、合并、撤销的,由继续行使其职权的公安机关办理;没有继续行使其职权的公安机关,由原公安机关的上一级公安机关或者其指定的公安机关办理。

第二十八条 信访事项涉及公安机关两个以上部门,或者相关部门对承办信访事项有异议的,由信访部门与相关部门协商;协商不成的,由信访部门提出意见后提请本级信访工作领导小组决定。

信访事项涉及的部门分立、合并、撤销的,由继续行使其职权的部门承办;继续行使其职权的部门不明确的,由信访部门提出意见后提请本级信访工作领导小组决定。

第四章 信访事项的提出和接收

第二十九条 公安机关应当向社会公布网络信访渠道、通信地址、投诉电话、信访接待的时间和地点、查询信访事项处理进展及结果的方式等相关事项。在信访接待场所或者互联网门户网站公布与信访工作有关的党内法规和法律法规、规范性文件,信访事项的处理程序,以及为信访人提供便利的其他事项。

第三十条 信访人一般应当采用书面形式并通过本规定第二十九条规定的信访渠道提出信访事项,载明其姓名(名称)、住址、联系方式和请求、事实、理由。对采用口头形式提出的信访事项,接待部门应当如实记录。

第三十一条 信访人采用走访形式提出信访事项的,应当到有权处理的公安机关或者上一级公安机关设立或者指定的接待场所提出。

多人采用走访形式提出共同的信访事项的,应当推选代表,代表人数不得超过5人。

第三十二条 信访人在信访过程中应当遵守法律、法规,不得损害国家、社会、集体的利益和其他公民的合法权利,自觉维护社会公共秩序和信访秩序,不得有下列行为:

(一)在机关、单位办公场所周围、公共场所非法聚集、围堵、冲击机关、单位,拦截公务车辆,或者堵塞、阻断交通;

(二)携带危险物品、管制器具;

(三)侮辱、殴打、威胁机关、单位工作人员,非法限制他人人身自由,或者毁坏财物;

(四)在信访接待场所滞留、滋事,或者将生活不能自理的人弃留在信访接待场所;

(五)煽动、串联、胁迫、以财物诱使、幕后操纵他人信访,或者以信访为名借机敛财;

(六)其他扰乱公共秩序、妨害国家和公共安全的行为。

第三十三条 对信访人直接提出的信访事项,公安机关应当接收,登记录入信访信息系统,按照下列方式处理:

(一)属于本机关职权范围且属于本规定第三十五条情形的,由信访部门转送有权处理的部门,并告知信访人接收情况以及处理途径和程序;属于本机关职权范围且属于本规定第二十二条第四项情形的,予以受理并告知信访人;

(二)属于下级公安机关职权范围的,自收到信访事项之日起15日内转送有权处理机关,转送信访事项中的重要情况需要反馈处理结果的予以交办,要求在指定期限内反馈结果,并告知信访人转送、交办去向;

（三）不属于本机关及下级公安机关职权范围的，告知信访人向有权处理的机关、单位提出。

前款规定的告知信访人，能够当场告知的，应当当场书面告知；不能当场告知的，应当自收到信访事项之日起15日内书面告知信访人，但信访人的姓名（名称）、住址不清的除外。

第三十四条 对党委政府信访部门和上级公安机关转送、交办的信访事项，按照下列方式处理：

（一）属于本机关职权范围的，按照本规定第三十三条第一款第一项、第二款规定处理；

（二）属于下级公安机关职权范围的，及时转送、交办有权处理机关；

（三）不属于本机关及下级公安机关职权范围的，自收到信访事项之日起5个工作日内提出异议并说明理由，经转送、交办的党委政府部门或者上级机关同意后退回；未能退回的，自收到信访事项之日起15日内书面告知信访人向有权处理的机关、单位提出。

对交办的信访事项，有权处理的公安机关应当在指定期限内办结，并向交办机关提交报告。

第五章 专门程序类事项的办理

第三十五条 专门程序类事项包括下列信访事项：

（一）建议意见类事项；

（二）检举控告类事项；

（三）本规定第二十二条第一项至第三项事项。

第三十六条 公安机关应当建立人民建议征集制度，主动听取群众建议意见并认真研究论证。对维护国家安全和社会稳定，或者加强改进公安工作和队伍建设有现实可行性的，应当采纳或者部分采纳，并予以回复。符合有关奖励规定的给予奖励。

第三十七条 对检举控告类信访事项，公安机关应当依规依纪依法办理和反馈。重大情况向公安机关主要领导报告。

不得将信访人的检举、揭发材料以及有关情况透露或者转给被检举、揭发的人员或者单位。

第三十八条 对本规定第二十二条第一项至第三项信访事项，公安机关应当导入党内法规和法律法规规定的程序办理，并依照规定将办理结果告知信访人。承办的部门在办结后5个工作日内将处理情况及结果书面反馈信访部门。

需要依申请启动的，公安机关应当告知信访人需要提供的相关材料；诉求缺乏形式要件的，可以根据情况要求信访人补充。

对本规定第二十三条第一项信访事项，法律法规没有履职期限规定的，应当自收到信访事项之日起两个月内履行或者答复。

第三十九条 对本级或者下级公安机关正在办理的信访事项，信访人以同一事实和理由提出信访诉求的，公安机关应当告知信访人办理情况。

第四十条 信访事项已经按照本规定第三十八条规定作出处理，信访人仍以同一事实和理由提出信访诉求的，公安机关不再重复处理；信访人提出新的事实和理由的，告知信访人按照相应的途径和程序提出。

第四十一条 对本规定第二十二条第一项信访事项，已经办结且符合法律规定要求，信访人仍反复提出相同信访诉求的，可以作出信访事项终结认定。信访事项终结的，认定机关应当书面告知信访人。

省级及以下公安机关办理信访事项的终结由省级公安机关认定。公安部办理信访事项的终结由公安部认定。

信访事项终结后，信访人仍以同一事实和理由提出信访诉求的，上级公安机关不再转送、交办。

第六章　信访程序类事项的办理

第一节　办理要求

第四十二条 对本规定第二十二条第四项信访事项，公安机关应当按照信访程序办理。

信访程序分为简易程序和普通程序。

第四十三条 下列初次信访事项可以适用简易程序：

（一）事实清楚、责任明确、争议不大、易于解决的；

(二)对提出的诉求可以即时反馈的;
　　(三)涉及群众日常生产生活、时效性强,应当即时处理的;
　　(四)有关机关已有明确承诺或者结论的;
　　(五)其他可以适用简易程序办理的。

第四十四条　下列信访事项不适用简易程序:
　　(一)党委政府信访部门和上级公安机关交办的;
　　(二)可能对信访人诉求不支持的;
　　(三)涉及多个责任主体或者集体联名投诉的重大、复杂、疑难等不宜适用简易程序办理的。

第四十五条　适用简易程序的,公安机关应当自收到信访事项之日起3个工作日内受理,并自受理之日起10个工作日内作出处理意见。
　　告知信访人受理和处理意见,除信访人要求出具纸质文书的,可以通过信息网络、手机短信等快捷方式告知;告知受理的,还可以采用当面口头方式。

第四十六条　适用简易程序办理过程中,信访部门发现不宜适用简易程序办理或者适用简易程序办理信访诉求未得到妥善解决的,应当经公安机关负责人批准后适用普通程序继续办理。
　　转为适用普通程序继续办理的信访事项,办理时限从适用简易程序受理之日起计算。

第四十七条　适用普通程序的,信访部门可以要求相关部门提出处理意见,或者当面听取信访人陈述事实和理由,向信访人、有关组织和人员调查,要求说明情况。对重大、复杂、疑难的信访事项,可以举行听证。

第四十八条　适用普通程序的,公安机关应当自受理之日起60日内办结;情况复杂的,经本机关负责人批准,可以延长办理期限,延长期限不得超过30日,并书面告知信访人延期理由。

第四十九条　在不违反法律法规强制性规定的情况下,公安机关可以在裁量权范围内,经争议双方当事人同意进行调解;可以引导争议双方当事人自愿和解。经调解、和解达成一致意见的,应当制作调解协议书或者和解协议书。

第五十条 公安机关应当按照下列规定作出处理,出具信访处理意见书并送达信访人:

(一)请求事实清楚,符合法律、法规、规章或者其他有关规定的,予以支持;

(二)请求事由合理但缺乏法律、法规、规章或者其他有关依据的,作出解释说明;

(三)请求缺乏事实根据,或者不符合法律、法规、规章或者其他有关规定的,不予支持。

信访处理意见书应当载明信访人投诉请求、事实和理由、处理意见及其法律法规依据。

支持信访请求的,信访部门应当督促相关部门执行;不予支持的,应当做好信访人的疏导教育工作。

第五十一条 对本级或者下级公安机关已经受理或者正在办理的信访事项,信访人在规定期限内以同一事实和理由再次提出信访诉求的,公安机关不重复受理并告知信访人。

第二节 复查和复核

第五十二条 信访人对公安机关的信访处理意见不服的,可以自收到信访处理意见书之日起30日内向处理机关的本级人民政府或者上一级公安机关提出复查请求。

第五十三条 信访人对公安机关的复查意见不服的,可以自收到信访复查意见书之日起30日内向复查机关的本级人民政府或者上一级公安机关提出复核请求。

第五十四条 信访人对省级公安机关的信访处理意见、复查意见不服的,向省级人民政府提出复查、复核请求。

第五十五条 复查、复核机关应当自收到请求之日起30日内办结。

对重大、复杂、疑难的信访事项,复核机关可以举行听证。复核机关决定听证的,应当自收到复核请求之日起30日内举行。听证所需时间不计算在复核期限内。

第五十六条 复查、复核机关应当按照下列规定作出处理,出具信访复查、复核意见书并送达信访人：

（一）信访处理意见、复查意见符合法律、法规、规章或者其他有关规定的，予以维持；

（二）信访处理意见、复查意见不符合法律、法规、规章或者其他有关规定的，予以撤销并责令30日内重新作出处理或者依职权直接变更。

对前款第二项撤销并责令重新作出处理的，原处理机关不得以同一事实和理由作出与原意见相同或者基本相同的处理意见或者复查意见。

第五十七条　复查、复核机关发现信访事项办理应当适用本规定第三十八条而未适用的，撤销信访处理意见、复查意见，责令重新处理；或者变更原处理意见、复查意见。

第五十八条　信访人对信访复核意见不服，仍然以同一事实和理由提出信访诉求的，公安机关不再受理并书面告知信访人。

第七章　监督与追责

第五十九条　公安机关应当对群众反映强烈或者重大、复杂、疑难的信访事项，以及复查、复核撤销、变更原处理意见、复查意见的信访事项组织评查。

信访事项评查工作由信访工作领导小组指定的部门组织开展，相关部门参与。上级公安机关可以通过异地指定、交叉互评、提级评查等方式开展评查。

信访事项评查应当重点从事实认定、证据收集、办理程序、法律适用、文书制作使用、办案效果等方面进行审查、评定，并出具评查报告。

第六十条　信访部门发现相关部门或者下级公安机关处理信访事项有下列情形之一的，应当进行督办：

（一）应当受理而不予受理的；

（二）未按照规定的程序、期限办理并反馈结果的；

（三）不执行信访处理意见或者复查、复核意见的；

（四）其他需要督办的情形。

信访督办可通过网上督办、发函督办、现场督办等形式实施,被督办的部门或者下级公安机关应当在 30 日内书面反馈办理结果。

第六十一条 公安机关应当将信访工作纳入巡视巡察、执法监督、警务督察范围,对本级及下级公安机关信访工作开展专项督察。

第六十二条 公安机关应当每年对下一级公安机关信访工作情况进行考核。考核结果在适当范围内通报,并作为对领导班子和有关领导干部综合考核评价的重要参考。

对信访工作成绩突出的单位或者个人,按照规定给予表彰奖励;信访工作履职不力、存在严重问题的,视情节轻重,由公安信访工作领导小组进行约谈、通报、挂牌督办,责令限期整改。

第六十三条 信访部门应当按照下列规定,履行三项建议职责:

(一)发现有本规定第六十条第一款情形的,及时向有关公安机关或者部门提出改进工作的建议;

(二)对工作中发现的政策性问题,及时向本级公安机关党委报告并提出完善政策的建议;

(三)违反本规定造成严重后果的,向有关公安机关或者部门提出对直接负责的主管人员和其他直接责任人员追究责任的建议。

对信访部门提出的三项建议,有关公安机关或者部门应当认真落实,并书面反馈情况。落实不力导致问题得不到解决的,责令改正;造成严重后果的,对直接负责的主管人员和其他直接责任人员依规依纪依法处理。

第六十四条 因下列情形之一导致信访事项发生,造成严重后果的,对直接负责的主管人员和其他直接责任人员依规依纪依法处理;构成犯罪的,依法追究刑事责任:

(一)超越或者滥用职权,侵害公民、法人或者其他组织合法权益;

(二)应当作为而不作为,损害公民、法人或者其他组织合法权益;

(三)适用法律法规错误或者违反法定程序,侵害公民、法人或者其他组织合法权益；

（四）拒不执行有权处理机关作出的支持信访请求意见。

第六十五条　信访事项处理有下列情形之一的，责令改正；造成严重后果的，对直接负责的主管人员和其他直接责任人员依规依纪依法处理：

（一）未按照规定登记、受理、转送、交办信访事项；

（二）未按照规定告知信访人；

（三）推诿、敷衍、拖延办理信访事项；

（四）作出不符合事实或者违反法律、法规、规章或者其他有关规定的错误结论；

（五）不履行或者不正确履行信访事项处理职责的其他情形。

第六十六条　有下列情形之一的，对直接负责的主管人员和其他直接责任人员依规依纪依法处理；构成犯罪的，依法追究刑事责任：

（一）对待信访人态度恶劣、作风粗暴，损害党群警民关系；

（二）在处理信访事项过程中吃拿卡要、谋取私利；

（三）对规模性集体访、负面舆情等处置不力，导致事态扩大；

（四）对可能造成社会影响的重大、紧急信访事项和信访信息隐瞒、谎报、缓报，或者未依法及时采取必要措施；

（五）将信访人的检举、揭发材料或者有关情况透露、转给被检举、揭发的人员或者单位；

（六）打击报复信访人；

（七）其他违规违纪违法的情形。

第六十七条　信访人违反本规定第三十一条、第三十二条规定的，信访部门应当对其进行劝阻、批评或者教育；信访人违反本规定第三十二条规定，构成违反治安管理行为的，或者违反集会游行示威相关法律法规的，公安机关依法采取必要的现场处置措施、给予治安管理处罚；构成犯罪的，依法追究刑事责任。

信访人捏造歪曲事实、诬告陷害他人，构成违反治安管理行为的，公安机关依法给予治安管理处罚；构成犯罪的，依法追究刑事责任。

第八章 附　　则

第六十八条　本规定所称相关部门是指公安机关信访部门以外的内设机构和派出机构。

第六十九条　公安机关所属单位的信访工作，适用本规定。

第七十条　本规定自2023年7月1日起实施。

司法行政机关信访工作办法

1．2018年2月9日司法部令第139号公布

2．自2018年4月1日起施行

第一章 总　　则

第一条　为规范司法行政机关信访工作，依法保障信访人的合法权益，维护信访工作秩序，根据《信访条例》和国家有关规定，结合司法行政工作实际，制定本办法。

第二条　本办法所称信访，是指公民、法人和其他非法人组织采取书信、电子邮件、传真、电话、走访等形式，向司法行政机关反映情况，提出建议、意见或者投诉请求，依法由司法行政机关处理的活动。

　　本办法所称信访人，是指采用前款规定的形式，向司法行政机关反映情况，提出建议、意见或者投诉请求的公民、法人和其他非法人组织。

第三条　司法行政机关应当成立司法行政机关信访工作领导小组，建立统一领导、分工协作、各负其责、齐抓共管的信访工作格局，及时有效化解矛盾纠纷。

第四条　司法行政机关信访工作应当遵循下列原则：

　　（一）公开便民、公平合理；

　　（二）属地管理、分级负责，谁主管、谁负责；

　　（三）实行诉讼、仲裁、行政复议、国家赔偿、法律服务执业投诉与信访相分离；

（四）依法、及时、就地解决问题与疏导教育相结合。

第五条 司法行政机关应当建立健全联系群众制度，负责人应当通过阅批重要来信、接待重要来访、定期听取信访工作汇报等方式，听取群众意愿，了解社情民意，研究解决信访工作中的突出问题。

第六条 司法行政机关应当科学、民主决策，依法履行职责，建立健全矛盾纠纷预防和化解机制，开展重大决策社会稳定风险评估，从源头预防导致信访事项的矛盾和纠纷。

第七条 司法行政机关应当建立信访事项办理与人民调解、行政调解、法律援助的衔接机制，协调有关部门，组织人民调解组织、法律援助机构或者相关专家学者、社会志愿者等共同参与，为符合条件的信访人提供法律援助，依法调解、化解信访事项。

第八条 司法行政机关应当建立律师参与信访工作机制，通过政府购买服务、公益加补助等方式，组织律师参与接待群众来访，办理复杂疑难信访事项。

第九条 司法行政机关应当建立信访工作责任制，将信访工作绩效纳入公务员考核体系，对信访工作中的失职、渎职行为，依法追究相关人员的责任，对做出优异成绩的单位或者个人给予奖励。

第二章 信访工作机构和人员

第十条 司法行政机关应当按照有利工作、方便信访人的原则，确定负责信访工作的机构，配备与信访工作需要相适应的信访工作人员。

第十一条 司法行政机关应当确定政治坚定、业务精通、作风优良，具有相应法律知识、政策水平和群众工作经验的人员从事信访工作。

　　司法行政机关应当建立健全信访工作人员培训、交流机制，提高信访工作人员的工作能力和水平。

第十二条 司法行政机关信访工作机构应当配备必要的安全防护设施、装备，提高信访工作人员的安全防护意识，建立健全突发事件应对处置机制。

第十三条 司法行政机关信访工作机构应当履行下列职责：

（一）登记信访事项，受理属于本机关职责范围的信访事项；

（二）向本机关有关内设机构或者所属单位、下级司法行政机关转办、交办信访事项；

（三）承办上级机关和本级人民政府转办、交办的信访事项；

（四）向信访人宣传有关法律、法规、规章和政策，解答信访咨询；

（五）协调、督促检查信访事项的办理；

（六）研究、分析信访工作情况，定期编写信访工作信息，提出完善制度或者改进工作的建议，向本机关报告；

（七）总结交流信访工作经验，指导下级司法行政机关信访工作机构工作；

（八）向本机关和上一级司法行政机关定期报送信访情况分析统计报告。

第三章 信访渠道

第十四条 司法行政机关应当在信访接待场所、门户网站或者通过其他方式向社会公开信访工作机构的网络信访工作平台、通信地址、电子邮箱、咨询投诉电话、信访接待的时间和地点，本机关信访事项受理范围和办理程序，以及查询信访事项办理进展和结果的方式等相关事项。

第十五条 司法行政机关应当建立负责人信访接待、处理信访事项制度，由司法行政机关负责人直接协调办理信访事项。

司法行政机关负责人或者其指定的人员，可以就信访人反映突出的问题到信访人居住地与信访人面谈沟通。

第十六条 司法行政机关应当充分利用政务信息网络资源，建立网络信访工作平台，运用信访信息系统，为信访人通过网络提出信访事项、查询信访事项办理情况提供便利，提高信访工作信息化水平。

第四章 信访事项的提出和受理

第十七条 信访人向司法行政机关提出信访事项，一般应当采用书信、电子邮件、传真等书面形式。信访人提出投诉请求的，还应当载明信访人的姓名(名称)、性别、身份证号码、联系方式、住址和请求、事实、理由。

对采用口头形式提出的投诉请求,司法行政机关应当记录信访人的姓名(名称)、性别、身份证号码、联系方式、住址和请求、事实、理由。

第十八条　信访人采用走访形式提出信访事项的,应当持本人有效身份证件到司法行政机关设立或者指定的接待场所提出。

多人采用走访形式提出共同的信访事项的,应当推选代表,代表人数不得超过5人。

第十九条　司法行政机关信访工作机构收到信访事项后,应当进行登记。登记内容包括:登记号、登记人、信访人姓名(名称)、性别、身份证号码、住址、收到信访事项的日期、信访事项摘要、联系方式等。

司法行政机关其他内设机构收到信访人提出的信访事项,应当及时转交本机关信访工作机构。

司法行政机关信访工作人员应当告知信访人提出信访事项需要采取的形式以及多人走访的相关要求等重点事项,做好耐心细致的沟通解释工作。

第二十条　司法行政机关信访工作的受理范围根据本机关的职责范围确定。

司法行政机关信访工作机构收到信访事项,在15日内按照下列方式处理:

(一)属于本级司法行政机关工作职责范围的信访事项,应当直接受理,并根据所反映问题的性质、内容确定办理机构。对于反映司法行政机关及其工作人员违法违纪行为的信访事项,转交有关纪检监察机关或者部门;

(二)信访事项涉及下级司法行政机关的,应当转送下级司法行政机关办理。对其中的重要信访事项,可以向下级司法行政机关进行交办,要求其在规定的期限内反馈结果,并提交办结报告;

(三)属于本级司法行政机关所属单位办理的信访事项,应当转送相关单位办理或者向相关单位进行交办;

（四）已经或者依法应当通过诉讼、仲裁、行政复议、国家赔偿、法律服务执业投诉等法定途径解决的信访事项，应当告知信访人按照有关规定向有关机关、单位提出；

（五）依法不属于司法行政机关职责范围的事项，应当告知信访人向有权处理的机关提出。

第二十一条　司法行政机关信访工作机构能够当场受理信访事项的，应当当场受理并出具受理通知；不能当场受理的，应当自收到信访事项之日起15日内决定是否受理，并书面告知信访人，但重复信访、信访人的姓名（名称）、住址和联系方式不清楚的除外。

第五章　信访事项的办理和督办

第二十二条　司法行政机关及其工作人员办理信访事项，应当恪尽职守、秉公办事，查明事实，分清责任，宣传法治、教育疏导，及时妥善办理，不得推诿、敷衍、拖延；不得将信访人的检举、揭发材料以及有关情况透露或者转给被检举、揭发的人员或者单位。

第二十三条　司法行政机关应当认真研究信访人提出的建议和意见，对于有利于改进工作的，应当积极采纳。

第二十四条　司法行政机关办理信访事项，应当听取信访人陈述事实和理由；可以要求信访人、有关组织和人员说明情况，提供有关证明材料；需要进一步核实有关情况的，可以依法向其他组织和人员调查。

参与信访工作的律师，可以依法对与信访事项有关的情况进行调查核实。

对重大、复杂、疑难信访事项，司法行政机关信访工作机构可以按照有关规定，举行听证。

第二十五条　司法行政机关对经调查核实的信访事项，应当依法分别作出以下处理，并书面答复信访人：

（一）请求事实清楚，符合或者部分符合法律、法规、规章及其他有关规定的，予以支持或者部分支持；

（二）请求合理但缺乏法律、法规、规章及其他有关规定依据的，向信访人做好解释工作；

(三)请求缺乏事实根据或者不符合法律、法规、规章及其他有关规定的,不予支持。

司法行政机关作出支持信访请求意见的,应当督促有关机关或者单位执行。

书面答复应当载明具体请求、事实认定情况、处理意见和依据以及不服处理意见的救济途径和期限。同时,一般应当采用电话沟通的方式作出必要的解释和说明。

第二十六条 司法行政机关办理信访事项应当自受理之日起60日内办结;情况复杂的,经本机关负责人批准,可以适当延长办理期限,但延长期限最多不超过30日,并告知信访人延期理由。

第二十七条 信访人对司法行政机关作出的信访事项处理意见不服的,可以自收到书面答复之日起30日内请求原办理司法行政机关的本级人民政府或者其上一级司法行政机关复查。

负责复查的司法行政机关应当自收到复查请求之日起30日内复查完毕,提出复查意见,书面答复信访人。

信访人对省级司法行政机关处理意见不服的,应当向省级人民政府提出复查请求。

第二十八条 信访人对司法行政机关复查意见不服的,可以自收到书面答复之日起30日内向作出复查意见的司法行政机关的本级人民政府或者其上一级司法行政机关请求复核。

负责复核的司法行政机关应当自收到复核请求之日起30日内复核完毕,提出复核意见,书面答复信访人。

信访人对省级司法行政机关复查意见不服的,应当向省级人民政府提出复核请求。

第二十九条 信访事项的处理意见、复查意见作出后,信访人在规定期限内未提出复查、复核申请的,或者信访人对复核意见不服,仍以同一事实和理由提出投诉请求的,司法行政机关不再受理,并告知信访人。信访人就同一信访事项提出新的事实和理由的,司法行政机关应当受理。

第三十条　原处理意见、复查意见认定事实清楚、证据确凿、适用依据正确、程序合法、结论适当的，负责复查、复核的司法行政机关应当予以维持，并书面答复信访人。

原处理意见、复查意见有下列情形之一的，负责复查、复核的司法行政机关应当予以撤销或者变更：

（一）主要事实不清、证据不足的；

（二）适用依据错误的；

（三）违反法定程序的；

（四）超越或者滥用职权的；

（五）结论明显不当的。

予以撤销的，应当责令原作出处理意见、负责复查的司法行政机关在指定期限内重新作出处理意见、复查意见。

第三十一条　对信访人不服司法行政机关作出的已经生效的结论，其救济权利已经充分行使、放弃行使或者已经丧失，反映的问题已经依法公正办理，信访人仍以同一事实和理由反复到司法行政机关信访的信访事项，司法行政机关可以按照有关规定予以审查终结，并告知信访人。

第三十二条　司法行政机关信访事项终结主要包括以下情形：

（一）信访人不服司法行政机关信访处理决定，其反映的问题已经按信访程序逐级办理、复查、复核完毕并答复，或者其拒不逐级提出信访复查、复核请求，且已超过规定时限的；

（二）信访人反映的问题已经依法按照程序办理，信访人同意接受处理意见后又反悔，且提不出新的事实和理由的；

（三）信访事项在办理过程中存在实体或者程序上的瑕疵，依法已经得到纠正，信访人的合法权益已经得到维护的。

对已经终结的信访事项，司法行政机关不再受理、转办、交办、统计、通报，但应当做好解释、疏导工作。

第三十三条　司法行政机关对简单明了的初次信访事项，可以简化程序，缩短时限，方便快捷地受理、办理，及时就地解决信访问题。

初次信访事项有下列情形之一的,可以适用简易办理程序:

(一)事实清楚、责任明确、争议不大、易于解决的;

(二)提出咨询或者意见建议,可以即时反馈的;

(三)涉及群众日常生产生活、时效性强,应当即时办理的;

(四)司法行政机关已有明确承诺或者结论,能够即时履行的;

(五)其他可以适用简易办理程序的。

第三十四条　适用简易办理程序的信访事项,可以即时受理并办结的,应当即时受理并办结;不能即时受理的,应当自收到之日起3个工作日内决定是否受理,并告知信访人;决定受理的,应当自受理之日起10日内办结。

适用简易办理程序的信访事项,除信访人要求出具纸质告知书和意见书的以外,可以通过网络系统、手机短信等方式告知和答复信访人。

司法行政机关信访工作机构在办理过程中,发现不宜适用简易办理程序的,应当经本机关负责人批准,按照普通信访程序办理,并告知信访人;办理期限自信访事项受理之日起计算。

第三十五条　本机关有关内设机构、所属单位和下级司法行政机关有下列情形之一的,司法行政机关信访工作机构应当及时督办,并提出改进建议:

(一)应当受理而未受理信访事项的;

(二)未按照规定程序办理信访事项的;

(三)未按照规定报告交办信访事项办理结果的;

(四)办理信访事项推诿、敷衍、拖延、造假的;

(五)不执行信访事项处理意见的;

(六)其他需要督办的情形。

收到改进建议的单位应当在30日内书面反馈情况;未采纳改进建议的,应当说明理由。

第六章　法　律　责　任

第三十六条　因下列情形之一导致信访事项发生,造成严重后果的,对

直接负责的主管人员和其他直接责任人员,依法给予行政处分;构成犯罪的,依法追究刑事责任:

(一)超越或者滥用职权,侵害信访人合法权益的;

(二)司法行政机关应当作为而不作为,侵害信访人合法权益的;

(三)适用法律、法规错误或者违反法定程序,侵害信访人合法权益的;

(四)拒不执行有权处理的行政机关作出的支持信访请求意见的。

第三十七条 司法行政机关在受理、办理信访事项过程中,有下列情形之一的,由其上级司法行政机关责令改正;造成严重后果的,对直接负责的主管人员和其他直接责任人员,依法给予行政处分:

(一)对收到的信访事项未按规定登记的;

(二)对属于其法定职权范围的信访事项不予受理的;

(三)未在规定期限内书面告知信访人是否受理信访事项的;

(四)推诿、敷衍、拖延信访事项办理或者未在规定期限内办结信访事项的;

(五)对事实清楚,符合法律、法规、规章或者其他有关规定的投诉请求未予支持的。

第三十八条 司法行政机关工作人员在办理信访事项过程中,有下列情形之一的,依法给予行政处分;构成犯罪的,依法追究刑事责任:

(一)将信访人的检举、揭发材料或者有关情况透露、转给被检举、揭发的人员或者单位的;

(二)对可能造成社会影响的重大、紧急信访事项和信访信息,隐瞒、谎报、缓报,或者授意他人隐瞒、谎报、缓报,造成严重后果的;

(三)作风粗暴,激化矛盾并造成严重后果的;

(四)打击报复信访人的。

第三十九条 信访人不遵守信访秩序,在信访过程中采取过激行为的,司法行政机关应当进行劝阻、批评或者教育;经劝阻、批评或者教育无效的,应当告知公安机关依法处置;构成犯罪的,依法追究刑事责任。

第七章 附　　则

第四十条　对外国人、无国籍人、外国组织向司法行政机关提出的信访事项的办理,参照本办法执行。

第四十一条　本办法由司法部负责解释。

第四十二条　本办法自 2018 年 4 月 1 日起施行。1991 年 1 月 24 日司法部公布的《司法行政机关信访工作办法(试行)》(司法部令第 14 号)同时废止。

全国税务机关信访工作规则

1. 2005 年 3 月 24 日国家税务总局印发
2. 国税发〔2005〕63 号

第一章 总　　则

第一条　为了保持各级税务机关同人民群众的密切联系,保护信访人的合法权益,维护信访秩序,促进各级税务机关的工作,根据《信访条例》(国务院令第 431 号)和有关法律、法规,结合税务机关的实际,制定本规则。

第二条　本规则所称信访,是指公民、法人或者其他组织采用书信、电子邮件、传真、电话、走访等形式,向各级税务机关反映情况,提出建议、意见或者投诉请求,依法由各级税务机关处理的活动。

　　采用前款规定的形式,反映情况,提出建议、意见或者投诉请求的公民、法人或者其他组织,称信访人。

第三条　各级税务机关应当做好信访工作,认真处理来信、接待来访,倾听人民群众的意见、建议和要求,接受人民群众的监督,努力为人民群众服务。

　　各级税务机关应当畅通信访渠道,为信访人采用本规则规定的形式反映情况,提出建议、意见或者投诉请求提供便利条件。

任何组织和个人不得打击报复信访人。

第四条 信访工作应当在各级税务机关领导下,坚持属地管理、分级负责,谁主管、谁负责,依法、及时、就地解决问题与疏导教育相结合的原则。

第五条 各级税务机关应当科学、民主决策,依法履行职责,从源头上预防导致信访事项的矛盾和纠纷。

县局以上税务机关应当建立统一领导、部门协调、统筹兼顾、标本兼治,各负其责、齐抓共管的信访工作格局,通过联席会议,建立排查调处机制,建立信访督查工作制度等方式,及时化解矛盾和纠纷。

各级税务机关的负责人应当阅批重要来信、接待重要来访、听取信访工作汇报,研究解决信访工作中的突出问题。

第六条 县局以上税务机关应当按照有利工作、方便信访人的原则,确定信访工作专、兼职机构(以下简称信访工作机构)或者人员,具体负责信访工作,其主要职责是:

(一)受理、交办、转送信访人提出的信访事项;

(二)承办上级和本级税务机关和人民政府交由处理的信访事项;

(三)协调处理重要信访事项;

(四)督查检查信访事项的处理;

(五)研究、分析信访情况,开展调查研究,及时向本级领导提出完善政策和改进工作的建议;

(六)对本级和下级的信访工作进行指导。

第七条 各级税务机关应当建立健全信访工作责任制,对信访工作中的失职、渎职行为,严格依照有关法律、行政法规和本规则的规定,追究有关责任人员的责任,并在一定范围内予以通报。

各级税务机关应当将信访工作绩效纳入公务员考核体系。

第八条 信访人反映的情况,提出的建议、意见,对国民经济和社会发展或者对改进税务机关工作以及保护社会公共利益有贡献的,由单位给予奖励。

对在信访工作中做出优异成绩的单位或者个人,由有关行政机关给予奖励。

第二章 信访渠道

第九条 县局以上税务机关应当向社会公布负责信访工作机构的通讯地址、电子信箱、投诉电话、信访接待的时间和地点、查询信访事项处理进展及结果的方式等相关事项。

信访工作机构应当在其信访接待场所或者网站公布与信访工作有关的法律、法规、规章、信访事项的处理程序,以及其他为信访人提供便利的相关事项。

第十条 地、县税务机关应当建立负责人信访接待日制度,由本机关负责人协调处理信访事项。

地、县税务机关负责人或者其指定的人员可以就信访人反映突出的问题到信访人居住地与信访人面谈沟通。

第十一条 充分利用现有税务信息网络资源,逐步建立全国税务机关信访信息系统,为信访人在当地提出信访事项,查询信访事项办理情况提供便利。

县局以上税务机关应当充分利用现有政务信息网络资源,建立或者确定本行政区域的信访信息系统,并与相关地区人民政府和上下级税务机关的信访信息系统实现互联互通。

第十二条 县局以上税务机关的信访工作机构应当及时将信访人的投诉请求输入信访信息系统,信访人可以持行政机关出具的投诉请求受理凭证到当地税务机关或人民政府查询其所提出的投诉请求的办理情况。

第十三条 县局以上税务机关信访工作机构应当组织相关社会团体、法律援助机构、相关专业人员、社会志愿者等共同参与,运用咨询、教育、协商、调解、听证等方法,依法、及时、合理处理信访人的投诉请求。

第三章 信访事项的提出

第十四条 信访人对税务行政机关及其工作人员的职务行为反映情况,

提出建议、意见,或者不服其职务行为,可以向有关行政机关提出信访事项。

对依法应当通过诉讼、仲裁、行政复议等法定途径解决的投诉请求,信访人应当依照有关法律、行政法规规定的程序向有关机关提出。

第十五条 信访人对各级人民代表大会以及县级以上各级人民代表大会常务委员会、人民法院、人民检察院职权范围的信访事项,应当分别向上述有关机关提出,并遵守各项相关规定。

第十六条 信访人采用走访形式提出信访事项,应当向依法有权处理的本级或者上一级机关提出;信访事项已经受理或者正在办理的,信访人在规定期限内向受理、办理机关的上级税务机关再提出同一信访事项的,该上级税务机关不予受理。

第十七条 信访人提出信访事项,一般应当采用书信、电子邮件、传真等书面形式;信访人提出投诉请求的,还应当载明信访人的姓名(名称)、住址和请求、事实、理由。

对采用口头形式提出的投诉请求,应当记录信访人的姓名(名称)、住址和请求、事实、理由。

第十八条 信访人采用走访形式提出信访事项的,应当到税务机关设立或者指定的接待场所提出。

多人采用走访形式提出共同的信访事项的,应当推选代表,代表人数不得超过5人。

第十九条 信访人提出信访事项,应当客观真实,对其所提供材料内容的真实性负责,不得捏造、歪曲事实,不得诬告、陷害他人。

第二十条 信访人在信访过程中应当遵守法律法规,不得损害国家、社会、集体的利益和其他公民的合法权利,自觉维护社会公共秩序和信访秩序,不得有下列行为:

(一)在国家机关办公场所周围、公共场所非法聚集、围堵、冲击国家机关,拦截公务车辆,或者堵塞、阻断交通的;

(二)携带危险物品、管制器具的;

(三)侮辱、殴打、威胁国家机关工作人员,或者非法限制他人人身自由的；

（四）在信访接待场所滞留、滋事、或者将生活不能自理的人弃留在信访接待场所的；

（五）煽动、串联、胁迫、以财物诱使、幕后操纵他人信访或者以信访为名借机敛财的；

（六）扰乱公共秩序、妨害国家和公共安全的其他行为。

第四章 信访事项的受理

第二十一条 信访工作机构收到信访事项，应当予以登记，并区分情况，在15日内分别按下列方式处理：

（一）对本规则第十五条规定的信访事项，应当告知信访人分别向相关机关提出。对已经或者依法应当通过诉讼、仲裁、行政复议等法定途径解决的，不予受理，但应当告知信访人依照有关法律、行政法规规定程序向有关机关提出。

（二）对依照法定职责属于本级税务机关处理决定的信访事项，应当转送有权处理的工作部门处理；情况重大、紧急的，应当及时提出建议，报请本机关负责人决定。

（三）信访事项涉及地方人民政府或下级税务机关或者其工作人员的，按照"属地管理、分级负责，谁主管、谁负责"的原则，直接转送有权处理的机关处理。

上级税务机关信访工作机构要定期向下级税务机关的信访工作机构通报转送情况，下级税务机关的信访工作机构要定期向上一级信访工作机构报告转送信访事项的办理情况。

（四）对转送信访事项中的重要情况需要反馈办理结果的，可以直接交由有权处理的税务机关办理，要求其在办理期限内反馈结果，提交办结报告。

按照前款第（二）项至第（四）项规定，有关税务机关应当自收到转送、交办的信访事项之日起15日内决定是否受理并书面告知信访人，并按要求通报信访工作机构。

第二十二条 信访人按照本规则规定直接向各级税务机关提出的信访

事项,转送对符合本规则规定并属于本税务机关法定职权范围的信访事项,应当受理,不得推诿、敷衍、拖延;对不属于本税务机关职权范围的信访事项,应当告知信访人向有权的机关提出。

  各级税务机关收到信访事项后,能够当场答复是否受理的,应当当场书面答复;不能当场答复的,应当自收到信访事项之日起15日内书面告知信访人。但是,信访人的姓名(名称)地址不清的除外。各级税务机关应当按有关规定及时向有关地区和部门通报信访事项的受理情况。

第二十三条　各级税务机关及其工作人员不得将信访人的检举、揭发材料及有关情况透露或者转给被检举、揭发的人员或者单位。

第二十四条　涉及两个或者两个以上税务机关的信访事项,由所涉及的税务机关协商受理;受理有争议的,由其上一级税务机关决定受理机关。

第二十五条　应当对信访事项作出处理的税务机关分立、合并、撤销的,由继续行使其职权的税务机关受理;职责不清的,由上一级税务机关受理。

第二十六条　公民、法人或者其他组织发现可能造成社会影响的重大、紧急信访事项和信访信息时,可以就近向税务机关或其他有关行政机关报告。各级税务机关接到报告后,应立即报告当地政府和上一级税务机关,必要时,通报有关主管部门。

  各级税务机关对重大、紧急信访事项和信访信息不得隐瞒、谎报、缓报,或者授意他人隐瞒、谎报、缓报。

第二十七条　对于可能造成社会影响的重大、紧急信访事项和信访信息,有关税务机关应当在职责范围内依法及时采取措施,防止不良影响的产生、扩大。

第二十八条　对10人以上到总局的"群体访",各省级税务机关要立即派负责同志到京协助做好劝返工作。

第五章　信访事项的办理和督办

第二十九条　各级税务机关及其工作人员办理信访事项,应当恪尽职守、秉公办事,查明事实、分清责任,宣传法制、教育疏导,及时妥善处理,不得推诿、敷衍、拖延。

第三十条　信访人反映的情况,提出的建议、意见,有利于各级税务机关改进工作、促进国民经济和社会发展的,税务机关应当认真研究论证并积极采纳。

第三十一条　税务机关工作人员与信访事项或者信访人有直接利害关系的,应当回避。

第三十二条　对信访事项有权处理的税务机关办理信访事项,应当听取信访人陈述事实和理由;必要时可以要求信访人、有关组织和人员说明情况;需要进一步核实有关情况的、可以向其他组织和人员调查。

对重大、复杂、疑难的信访事项,可以举行听证。听证应当公开举行,通过质询、辩论、评议、合议等方式,查明、事实、分清责任。听证范围、主持人、参加人、程序等按有关规定办理。

第三十三条　对信访事项有权处理的税务机关经调查核实,应当依照有关法律、法规、规章及其他有关规定,分别作出以下处理,并书面答复信访人:

（一）请求事实清楚,符合法律、法规、规章或者其他有关规定的,予以支持;

（二）请求事由合理但缺乏法律依据的,应当对信访人做好解释工作;

（三）请求缺乏事实根据或者不符合法律、法规、规章或者其他有关规定的,不予支持。

有权处理的税务机关依照前款第（一）项规定作出支持信访请求意见的,应当督促有关机关或者单位执行。

第三十四条　信访事项应当自受理之日起60日内办结;情况复杂的,经本税务机关负责人批准可以适当延长办理期限,但延长期限不得超过30日,并告知信访人延期理由。法律、行政法规另有规定的,从其规定。

第三十五条　信访人对税务机关作出的信访事项处理意见不服的,可以自收到书面答复之日起30日内请求原办理税务机关的上一级税务机关复查。收到复查请求的税务机关应当自收到复查请求之日起30日内提出复查意见,并予以书面答复。

第三十六条　信访人对复查意见不服的,可以自收到书面答复之日起30日内向复查机关的上一级税务机关请求复核。收到复核请求的税务机关应当自收到复核请求之日起30日内提出复核意见。

复核机关可以按照本规则第三十二条第二款的规定举行听证,经过听证的复核意见可以依法向社会公示。听证所需时间不计算在前款规定的期限内。

信访人对复核意见不服,仍然以同一事实和理由提出投诉请求的,各级税务机关信访工作机构不再受理。

第三十七条　各级税务机关信访工作机构发现有下列情形之一的,应当及时向有关部门督办,并提出改进建议:

（一）无正当理由未按规定的办理期限办结信访事项的;
（二）未按规定反馈信访事项办理结果的;
（三）未按规定程序办理信访事项的;
（四）办理信访事项推诿、敷衍、拖延的;
（五）不执行信访处理意见的;
（六）其他需要督办的情形。

收到改进建议的税务机关应当在30日内书面反馈情况;未采纳改进建议的,应当说明理由。

第三十八条　信访工作机构对于信访人反映的有关政策性问题,应当及时向本级税务机关负责人报告,并提出完善政策、解决问题的建议。

第三十九条　税务机关信访工作机构对在信访工作中推诿、敷衍、拖延、弄虚作假造成严重后果的工作人员,可以向有关部门提出给予行政处分的建议。

第四十条　税务机关信访工作机构应当就以下事项向本级和上一级税务机关定期提交信访情况分析报告:

（一）受理信访事项的数据统计,信访事项涉及领域以及被投诉

较多的机关;

(二)转送、督办情况以及各部门采纳改进建议的情况;

(三)提出的政策性建议及其被采纳情况。

第四十一条 建立上级税务机关对下级税务机关信访办理情况通报制度,要定期将来信来访情况及信访事项的办理情况进行通报,促进信访办理质量效率的提高。

第六章　法　律　责　任

第四十二条 因下列情形之一导致信访事项发生,造成严重后果的,对直接负责的主管人员和其他直接责任人员,依照有关法律、行政法规的规定给予行政处分;构成犯罪的,依法追究刑事责任:

(一)超越或者滥用职权,侵害信访人合法权益的;

(二)税务机关应当作为而不作为,侵害信访人合法权益的;

(三)适用法律、法规错误或者违反法定程序,侵害信访人合法权益的;

(四)拒不执行有权处理的行政机关作出的支持信访请求意见的。

第四十三条 税务机关信访工作机构对收到的信访事项应当登记、转送、交办而未按规定登记、转送、交办,或者应当履行督办职责而未履行的,由其上级税务机关责令改正;造成严重后果的,对直接负责的主管人员和其他直接责任人员依法给予行政处分。

第四十四条 负有受理信访事项职责的税务机关在受理信访事项过程中违反本规则的规定,有下列情形之一的,由其上级税务机关责令改正;造成严重后果的,对直接负责的主管人员和其他直接责任人员依法给予行政处分:

(一)对收到的信访事项不按规定登记的;

(二)对属于其法定职权范围的信访事项不予受理的;

(三)未在规定期限内书面告知信访人是否受理信访事项的。

第四十五条 对信访事项有权处理的税务机关在办理信访事项过程中,有下列行为之一的,由其上级税务机关责令改正;造成严重后果的,对直接负责的主管人员和其他直接责任人员依法给予行政处分：

（一）推诿、敷衍、拖延信访事项办理或者未在法定期限内办结信访事项的；

（二）对事实清楚，符合法律、法规、规章或者其他有关规定的投诉请求未予支持的。

第四十六条 税务机关工作人员违反本规则规定，将信访人的检举、揭发材料或者有关情况透露、转给被检举、揭发的人员或者单位的，依法给予行政处分。

税务机关工作人员在处理信访事项过程中，作风粗暴、激化矛盾并造成严重后果的，依法给予行政处分。

第四十七条 税务机关及其工作人员违反本规则第二十六条规定，对可能造成社会影响的重大、紧急信访事项和信访信息，隐瞒、谎报、缓报或者授意他人隐瞒、谎报、缓报，造成严重后果的，对直接负责的主管人员和其他直接责任人员依法给予行政处分；构成犯罪的，依法移交司法机关处理。

第四十八条 打击报复信访人，构成犯罪的，依法追究刑事责任；尚不构成犯罪的，依法给予行政处分或者纪律处分。

第四十九条 违反本规则第十八条、第二十条规定的，税务机关工作人员应当对信访人进行劝阻、批评或者教育。

经劝阻、批评和教育无效的，由公安机关予以警告、训诫或者制止；违反集会游行示威的法律、行政法规，或者构成违反治安管理行为的，提请公安机关依法采取必要的现场处置措施，给予治安管理处罚；构成犯罪的，依法移交司法机关处理。

第五十条 信访人捏造歪曲事实、诬告陷害他人，构成犯罪的，依法追究刑事责任；尚不构成犯罪的，由公安机关依法给予治安管理处罚。

第七章 附　　则

第五十一条 本规则未尽事宜按国家有关法律、法规规定执行。

第五十二条 对外国人、无国籍人、外国组织信访事项的处理，参照本规则执行。

第五十三条 本规则自2005年5月1日起施行,之前发布的《全国税务机关信访工作规则》同时废止。

中国银保监会信访工作办法

1. 2020年1月14日中国银行保险监督管理委员会令2020年第2号公布
2. 自2020年3月1日起施行

第一章 总 则

第一条 为规范中国银行保险监督管理委员会及其派出机构(以下简称"银行保险监督管理机构")信访工作,保障信访人合法权益,维护信访秩序,依据《中华人民共和国银行业监督管理法》《中华人民共和国保险法》《信访条例》《信访工作责任制实施办法》等规定,制定本办法。

第二条 本办法所称信访,是指公民、法人或其他组织采用书信、传真、电话、走访等形式,向银行保险监督管理机构反映情况,提出建议、意见或者请求,依法应当由银行保险监督管理机构处理的活动。

本办法所称信访人,指采用前款规定的形式反映情况,提出建议、意见或者请求的公民、法人或者其他组织。

第三条 银行保险监督管理机构应当做好信访工作,认真处理来信、接待来访,倾听人民群众的意见、建议和要求,接受人民群众的监督,努力为人民服务。

第四条 银行保险监督管理机构应当遵循"属地管理、分级负责,谁主管、谁负责,依法、及时、就地解决问题与疏导教育相结合"的工作原则,处理职责范围内的信访事项。

第五条 银行保险监督管理机构应当建立统一领导、分工协调,统筹兼顾、标本兼治,各负其责、齐抓共管的信访工作格局,建立健全信访工作联席会议、信访矛盾纠纷排查调处、信访调查处理、信访应急处置等机制。

第六条 银行保险监督管理机构应当落实信访工作责任制。各级机构及其部门的主要负责人对本单位、本部门信访工作负总责,其他负责人根据工作分工,对职责范围内的信访工作负主要领导责任。

各级领导干部应当阅批群众来信,定期接待群众来访,协调处理复杂疑难信访问题。

第七条 银行保险监督管理机构应当建立健全信访工作考核评价机制,每年对本系统信访工作情况进行考核。考核结果作为对领导班子和领导干部综合考核以及其他有关干部考核、奖评的重要参考。对在信访工作中作出优异成绩的单位或个人,应予以表彰奖励。

第八条 银行保险监督管理机构应当明确信访工作部门和信访承办部门。信访工作部门负责对本单位、本系统信访工作进行管理,具体负责分办本单位信访事项,督查指导本单位信访事项办理,协调本单位重大信访问题处理,督促指导下级机构信访工作,联系同级党委政府信访工作机构。信访承办部门负责职责范围内信访事项的受理、调查、核实、答复意见拟制,配合信访工作部门接谈等。

第九条 银行保险监督管理机构应当从人力物力财力上保证信访工作顺利开展。为信访工作部门配备充足、合格的工作人员,加强对信访干部的培训。设立专门的信访接待场所,配备录音录像等设备设施。加强信访信息系统建设,增强运用效果。

第十条 银行保险监督管理机构应当建立信访工作报告制度和通报制度,加强信访信息工作。

第十一条 银行保险监督管理机构对于可能或者已经造成社会影响的重大、紧急信访事项和信访信息,应当在职责范围内依法及时采取措施,并及时报告情况。

第十二条 银行保险监督管理机构及其工作人员在信访工作中依法保护国家秘密、工作秘密、商业秘密和个人隐私。

第十三条 银行保险监督管理机构处理信访事项的工作人员与信访事项或者信访人有直接利害关系的,应当回避。

第十四条　银行保险监督管理机构应当对信访工作重要资料,按档案管理规定予以立卷保存。

第二章　信访事项的提出

第十五条　银行保险监督管理机构应当通过网站等方式向社会公布信访工作部门的通信地址、信访电话、来访接待时间和地点等信息。

　　银行保险监督管理机构应当在信访接待场所或网站公布与本单位信访工作相关的主要法律法规、工作制度及处理程序,以及其他为信访人依照法定途径反映诉求提供便利的事项。

第十六条　信访人对银行保险监督管理机构及其工作人员的职务行为反映情况、提出建议、意见,或者不服银行保险监督管理机构及其工作人员的职务行为,可以依照本办法向银行保险监督管理机构提出信访事项。

　　信访人提出信访事项,一般应当采用书面形式,应载明信访人的姓名(名称)、住址、联系方式,并提供有效的身份信息。信访人提出诉求的,还应当写明被反映单位名称或者人员姓名、诉求事项、主要事实及理由,并附上相关证明材料。

　　信访人采用传真或书信形式提出信访事项的,应当向被反映单位或人员所在地的本级银行保险监督管理机构提出。

　　信访人采用走访形式提出信访事项的,应当按照逐级走访的规定,到依法有权处理的本级或上一级银行保险监督管理机构设立或者指定的信访接待场所提出。多人采用走访形式提出共同信访事项的,应当推选代表,代表人数不得超过5人。

　　信访人采用口头形式提出信访事项的,银行保险监督管理机构信访工作人员应当引导其补充书面材料,或者记录信访人的姓名(名称)、住址、联系方式和诉求、事实及理由,信访人对记录的内容以签字、盖章等适当方式进行确认后提交,信访人拒绝确认的视同放弃信访。

　　信访人采用电话形式提出信访事项的,银行保险监督管理机构信访工作人员应当引导其补充书面材料,或者告知信访工作部门通讯地址、信访接待场所。

第十七条 信访人提出信访事项,应当客观真实,对其所提供材料内容的真实性负责,不得捏造歪曲事实,不得诬告陷害他人。

信访人捏造歪曲事实,诬告陷害他人,构成犯罪的,依法追究刑事责任;尚不构成犯罪的,由公安机关依法给予治安管理处罚。

银行保险监督管理机构在信访事项办理中发现信访人提出的信访事项及材料内容不符合上述规定的,可以终止信访程序。

第十八条 信访人在信访过程中应当遵守法律、法规,不得损害国家、社会、集体和他人的合法权益,自觉维护社会公共秩序和信访秩序。

信访人在银行保险监督管理机构办公场所周围非法聚集,或在信访接待场所滞留、滋事、扰乱、妨碍社会公共秩序或信访秩序的,银行保险监督管理机构应对信访人进行劝阻、批评或教育;信访人违反治安管理法律法规的,银行保险监督管理机构报请公安机关依法处理。

第三章 信访事项的受理

第十九条 银行保险监督管理机构应当依照规定,制定分类清单和处理程序,依法分类处理信访诉求。

银行保险监督管理机构按照职责范围,分级、按权限受理信访事项。信访事项涉及银行保险监督管理机构和其他有权机关的,可按照职责部分受理。信访事项涉及两个或者两个以上银行保险监督管理机构职责范围的,由所涉及的机构协商受理;受理有争议的,由共同的上级机构指定其中的一个机构受理,其他相关机构配合。

第二十条 银行保险监督管理机构对下列属于职责范围的信访事项应当予以受理,并在收到完备材料之日起15日内向信访人出具受理告知书。

(一)对银行保险监督管理机构制定和实施的银行保险监督管理规章、制度和办法等提出建议、意见和批评的;

(二)对银行保险监督管理机构及其工作人员的职务行为提出建议、意见和批评或者不服银行保险监督管理机构及其工作人员的职务行为的;

（三）其他应当受理的信访事项。

第二十一条　银行保险监督管理机构对下列信访事项不予受理或不再受理，并在收到完备材料之日起15日内告知信访人。

（一）不属于银行保险监督管理机构信访职责范围的；

（二）已经或依法应当通过诉讼、仲裁、行政复议等法定途径解决的；

（三）已经受理或正在办理的，在规定期限内向受理或办理上级机关再提出同一事项或复查、复核申请的；

（四）收到书面答复后，未在规定时限内提出复查、复核申请，仍就同一事项重复信访的；

（五）已经完成复核并答复或已经中国银行保险监督管理委员会答复，仍就同一事项重复信访的；

（六）反映的信访事项已由银行保险监督管理机构通过信访以外的途径发现并依法依规处理的；

（七）撤回信访事项后仍就同一事项再次信访的；

（八）其他依法依规不予受理或不再受理的信访事项。

银行保险监督管理机构在受理信访事项后发现存在本条所列情形的，可作出撤销受理的决定，并告知材料提交人。

第二十二条　银行保险监督管理机构对下列不属于信访事项的请求，应依照有关规定程序处理并告知材料提交人。

（一）举报银行保险机构或其工作人员违反相关银行保险监管法律、行政法规、部门规章和其他规范性文件；举报公民、法人或者其他组织涉嫌非法设立银行保险机构或从事银行保险业务，要求监管部门查处的，依照有关银行保险违法行为举报处理规定程序处理。

（二）投诉与银行保险机构或其从业人员因购买银行、保险产品或接受银行、保险相关服务，产生纠纷并向银行保险机构主张其民事权益的，应当转本级消费者权益保护部门，依照有关银行保险消费投诉处理管理规定程序处理。

（三）检举、揭发、控告银行保险监督管理机构或其工作人员涉嫌违纪违法行为的,应当转本级纪检监察机构,依照有关纪检监察规定程序处理。

(四)银行保险监督管理机构工作人员对涉及本人的人事处理、行政处分不服的,应当转本级组织人事部门,依照有关规定程序处理;对党纪政务处分不服,应当转本级纪检监察机构,依照有关规定程序处理。

本条所称银行保险机构指依照《中华人民共和国银行业监督管理法》和《中华人民共和国保险法》,由银行保险监督管理机构负责监管的各类主体。

银行保险监督管理机构在受理信访事项后发现存在本条所列情形的,可作出撤销受理的决定,依照有关规定程序依法分类处理,并告知材料提交人。

第二十三条 银行保险监督管理机构对于收到不属于本机构职责范围处理事项材料的,不作为信访事项予以受理,引导材料提交人向有权机关反映。

第二十四条 银行保险监督管理机构对不属于本机构职责范围,但属于其他银行保险监督管理机构职责范围的信访事项,应当在收到材料之日起15日内转交其他有职责的银行保险监督管理机构;有职责的银行保险监督管理机构应当自收到完备材料之日起15日内告知信访人相关受理情况。

第二十五条 对于因信访人提交材料反映信访事项不清而不能办理的,银行保险监督管理机构可以在接到信访事项之日起15日内告知信访人补充相关材料;有关信访受理、答复等期限自收到完备材料之日起重新计算;信访人拒绝补充材料或不能补充的,视同放弃信访。

信访人在处理期限内针对已经受理的信访事项提出新的事实、证明材料和理由需要查证的,可以合并处理,信访期限自银行保险监督管理机构收到新材料之日起重新计算。

第二十六条 银行保险监督管理机构对属于职责范围的匿名信访事项,应当区别情况,妥善处理,但不进行信访事项的告知、受理、答复等。

信访事项反映对象明确,内容和提供的线索具体清楚的,应当核查处理;反映对象或所反映内容陈述模糊的,可酌情处理。

第二十七条　银行保险监督管理机构对于署名信访事项,但材料提交人提供的联系方式、地址等不明确或存在冒名、假名,联系方式、地址不实,冒用他人联系方式、地址等情形的,按匿名信访事项处理。

第二十八条　信访人可以申请撤回信访事项,信访工作程序自银行保险监督管理机构收到申请当日终止。

第四章　信访事项的办理

第二十九条　银行保险监督管理机构应当依法按程序办理信访事项,恪尽职守、秉公办事,规范细致、及时稳妥,不得推诿、敷衍、拖延。

第三十条　银行保险监督管理机构办理信访事项,可听取或阅悉信访人陈述事实和理由;可要求信访人、相关组织或人员说明情况,需要进一步核实有关情况的,可进行调查。对重大、复杂、疑难的信访事项,可根据利益相关方申请举行听证。

第三十一条　银行保险监督管理机构对已受理的信访事项,经核实、调查,依照相关法律法规和监管规定,针对信访人的诉求事项按程序提出意见,应自受理之日起60日内办结并书面答复信访人,但答复内容不得违反相关保密规定。

信访事项办理过程中需其他国家机关协查等所需的时间,不计入前款规定的期限。

在前述60日期限内发现情况复杂,需要延长调查期限的,经本单位负责人批准,可以适当延期,但延长期限不得超过30日,并告知信访人延期理由。

信访事项办理中,信访人要求查询信访办理进度的,可以告知,但不得涉及保密、敏感性事项或尚未明确的事实、结论等信息。

对匿名信访事项或信访人提供的姓名(名称)、联系方式、地址等不明确的,不适用本条,不予告知或答复。

第三十二条　信访人对银行保险监督管理机构信访事项答复意见不服的,可以自收到书面答复之日起30日内向原办理机构的上一级机构书面提出复查,申请材料应包括原处理意见、不服意见的事实和理由。信访人再次向原办理机构以同一事项提出信访诉求的,原办理机构不予受理。

收到复查请求的机构应当自收到复查请求之日起 30 日内提出复查意见,对信访人不服意见的事实和理由进行核查,并书面答复信访人。

第三十三条　信访人对银行保险监督管理机构复查意见不服的,可以自收到书面答复之日起 30 日内向复查机构的上一级机构书面提出复核,申请材料应包括原处理意见、不服意见的事实和理由。信访人再次向原复查机构以同一事项提出重新复查请求的,原复查机构不予受理。

收到复核请求的机构应当自收到复核请求之日起 30 日内提出复核意见,对信访人不服复查意见的事实和理由进行核查,并书面答复信访人。

第三十四条　银行保险监督管理机构信访工作部门发现有下列情形之一的,应当及时督办信访承办部门,并提出改进建议。

（一）无正当理由未按规定时限受理应当受理的信访事项的;

（二）无正当理由未按规定时限办结已受理的信访事项的;

（三）未按规定反馈信访事项办理结果的;

（四）受理、办理信访事项推诿、扯皮的;

（五）其他需要督办的情形。

第三十五条　银行保险监督管理机构信访承办部门收到信访工作部门改正建议的,应当及时进行改正;收到书面督办意见的,应当书面反馈信访工作部门。

第三十六条　银行保险监督管理机构对转到下级机构办理的信访事项,应当加强督促、指导,要求按规定告知信访人受理情况、按时限答复信访人。

第五章　责 任 追 究

第三十七条　银行保险监督管理机构及其领导干部、工作人员不履行或者未能正确履行信访工作职责,有下列情形之一的,应当按照中国银行保险监督管理委员会相关问责规定追究责任。

（一）因决策失误、工作失职,损害群众利益,导致信访问题产生,造成严重后果的；

（二）未按规定受理、交办、转送和督办信访事项,严重损害信访人合法权益的；

（三）违反群众纪律,对应当依法处理的合理合法诉求消极应付、推诿敷衍,或者对待信访人态度恶劣、简单粗暴,损害党群干群关系或银行保险监督管理机构形象,造成严重后果的；

（四）对发生的集体访或者信访负面舆情处置不力,导致事态扩大,造成严重不良影响的；

（五）对信访工作部门提出的改进工作、完善政策和给予处分等建议重视不够、落实不力,导致问题长期得不到解决,造成严重后果的；

（六）其他应当追究责任的失职失责情形。

第三十八条　对具有本办法第三十七条所列情形,情节较轻的,银行保险监督管理机构对相关责任人进行通报,限期整改。

涉嫌违法犯罪的,按照国家有关法律法规处理。

第三十九条　对在信访工作中失职失责的银行保险监督管理机构相关责任人,应当给予党纪政纪处分的,依纪依法追究责任。

第六章　附　　则

第四十条　银行保险监督管理机构应使用信访专用章办理本办法规定的信访事项。

第四十一条　本办法所称"告知",可采取纸面告知、平台短信、录音电话等适当方式。

第四十二条　各级派出机构可结合工作实际,制定实施细则。

第四十三条　对外国人、无国籍人、外国组织涉及银行保险监督管理机构信访事项的处理,参照本办法执行。

第四十四条　本办法所规定的"以内"包括本数;本办法所称"日"指自

然日。

第四十五条 本办法由中国银行保险监督管理委员会负责解释。

第四十六条 本办法自 2020 年 3 月 1 日起施行。《中国银监会信访工作办法》和《中国保险监督管理委员会信访工作办法》同时废止。原中国银监会、原中国保监会发布规定与本办法不一致的,以本办法为准。

中国人民银行信访工作规定

1. 2005 年 9 月 5 日
2. 银办发〔2005〕229 号

第一章 总 则

第一条 为了加强人民银行信访工作,畅通信访渠道,保护信访人合法权益,维护信访秩序,根据《信访条例》,结合人民银行信访工作的实际情况,特制定本规定。

第二条 本规定所称人民银行信访工作,是指公民、法人或者其他组织采用书信、电子邮件、传真、电话、走访等形式,向人民银行各级机构反映情况,提出意见、建议或者投诉请求,人民银行依法进行处理的工作。

采用前款规定形式,向人民银行各级机构反映情况,提出意见、建议或者投诉请求的公民、法人或者其他组织,称信访人。

第三条 人民银行信访工作遵循下列原则:

(一)实行属地管理、分级负责,谁主管,谁负责;

(二)坚持依法、及时、就地解决问题与疏导教育相结合;

(三)坚持预防和化解矛盾相结合;

(四)坚持公开、便民、实事求是和有错必纠;

(五)严格遵守《信访工作国家秘密范围的规定》,不向无关人员或组织扩散信访内容。

第四条　人民银行的信访受理范围：

（一）对人民银行的工作或政策、规章和规范性文件提出意见、建议和批评的；

（二）检举、揭发人民银行各级机构及其工作人员违法违纪和以权谋私、失职渎职行为的；

（三）人民银行各级机构干部、员工要求维护自己合法权益的诉求；

（四）其他属于人民银行职责范围内应当受理的信访事项。

第五条　人民银行各级机构要重视信访工作，建立信访工作责任制，并将信访工作纳入绩效考核体系；要确定一名领导班子成员分管信访工作；信访工作实行责任追究制度。

第二章　信访机构、人员和职责

第六条　人民银行办公厅负责联系、协调与中央、国务院各部门，国家信访局，各地方党委、政府和各金融机构信访部门及人民银行各司局之间的信访工作；协调、处理人民银行系统信访工作中发生的问题；指导、检查人民银行各级机构的信访工作。

第七条　人民银行各级机构的办公厅（室）负责本单位的信访工作，各单位应设立信访工作岗位，并配备专职或兼职的信访工作人员具体协调、处理信访事宜。信访工作人员应保持相对稳定。

第八条　信访工作人员应具有较高的政治素质，熟悉有关金融法律、法规、规章及基本业务知识，应当做到坚持原则、依法办事、文明接待、廉洁奉公、恪尽职守。

人民银行各级机构应根据实际工作需要，设立专门用于接待来访人员的场所并配备相关设施。

第九条　人民银行各级机构负责人应当阅批重要来信、接待重要来访，听取信访工作汇报，定期分析信访情况，研究解决信访工作中的突出问题，指导检查信访工作。

第十条　人民银行各级机构负责信访工作的部门和信访工作人员的职

责是:

(一)宣传金融法律、法规以及人民银行的政策;

(二)受理、转送信访人提出的信访事项;

(三)承办领导交办的重要信访事项;

(四)承办上级机关和其他单位交办的信访事项;

(五)向下级机关和其他单位交办、转送信访事项,并负责督促检查信访事项的处理情况;

(六)研究、分析信访情况,开展调查研究,对下级机关的信访工作进行指导;

(七)组织、协调本单位各部门具体办理的信访事项;

(八)向上级部门和本单位领导报送重要信访信息,反映信访工作中的突出问题并提出解决建议。

第十一条 人民银行各级机构负责信访工作的部门应当对本单位的信访情况予以统计,在每季度的前15个工作日内,将上季度的统计报表报送上一级人民银行负责信访工作的部门;每年初的20个工作日内,将上年信访工作情况报送上一级人民银行负责信访工作的部门。

第十二条 人民银行各级机构负责信访工作的部门应当加强与当地党、政机关信访主管部门的联系和工作配合,及时沟通情况,定期交流信息。

第十三条 人民银行各级机构负责信访工作的部门要按照《中国人民银行信访档案管理办法》(银办发〔2005〕221号)的规定,妥善保管信访档案。

第三章 信访事项的受理

第十四条 人民银行各级机构负责信访工作的部门收到信访事项后,应当予以登记,并区分情况,对符合本规定第四条规定的信访事项,应在15日内转送、交办本单位有关部门或下一级机构受理;对不属于人民银行职权范围的信访事项,应转送有权处理的机关受理并告知信访人。

第十五条 人民银行受理信访事项的部门,应当当场书面答复是否受理;不能当场答复的,应自收到信访事项之日起 15 日内书面告知信访人。但是,匿名信访,信访人姓名(名称)、住址不清的除外。

第十六条　信访人直接向人民银行负责信访工作的部门以外的有关部门提出的信访事项,有关部门应当予以登记;对符合本规定第四条规定并属于本部门法定职权范围的信访事项,应当受理,不得推诿、敷衍、拖延。

第十七条　对已经或者依法应当通过诉讼、仲裁、行政复议等法定途径解决的信访事项,人民银行不予受理,但应当告知信访人依照有关法律、行政法规规定程序向有关机关提出。

第十八条　人民银行各级机构收到信访事项按下列原则受理:

(一)对本单位和下级机构工作提出意见、建议或批评的,应当直接受理。

(二)举报人民银行各级机构负责人违法违纪问题的,应当转交该机构的上一级机构受理;被举报人已涉嫌犯罪的,应移交司法机关处理。

(三)要求解决个人待遇问题的,应由本人所在单位受理。

(四)反映政策性银行、国有商业银行、股份制商业银行、外资(合资)银行、城市商业银行、农村信用社、证券公司、保险公司以及其他非银行金融机构及各级机构负责人违反有关法律、法规等问题的,应当按照有关金融监管的法律法规和本规定有关程序,转交行使监管职责的相应机构受理。

(五)信访事项涉及要求解决与金融机构发生的纠纷或对金融机构处理纠纷意见不服的,应转交该金融机构的上级机关受理。

第四章　信访人来信的办理

第十九条　信访人来信的转送

(一)人民银行各级机构收到信访人来信,应由信访工作人员登记来信人姓名(名称)、地址、收信日期及来信内容摘要,按照第三章的有关规定转送本单位有关部门、所属分支行、直属企事业单位或其他有关单位办理。

（二）中央、国务院领导同志批转人民银行的信访人来信,由办公厅提出分办意见,经行领导审阅批示后,分送有关司局、分行、营业管理部或直属企事业单位办理。

（三）人民银行行级领导同志批示的信访人来信,由办公厅信访部门直接转送有关司局、分行、营业管理部或直属企事业单位办理。

（四）有关司局、分行、营业管理部在受理信访人来信时,应认真履行登记手续,登记完毕后报送分管负责同志签批办理意见。

第二十条　信访人来信的办理

（一）来信反映问题涉及人民银行分行、营业管理部,或经有关领导同志明确批示的,由总行有关司局直接办理。

（二）来信反映问题涉及人民银行省会(首府)城市中心支行、副省级城市中心支行、地(市)中心支行的,由人民银行分行办理。

（三）来信反映问题涉及人民银行县(区、市)支行的,由人民银行地(市)中心支行办理。

第二十一条　人民银行各级机构对信访人来信应当以书面形式予以答复,加盖信访人来信来访专用章后寄送信访人。信访人姓名(名称)、住址、字迹不清的除外。

第二十二条　通过电子邮件、传真、电话反映的信访事项,可比照纸质信访人来信的程序办理。

第五章　信访人来访事项的处理

第二十三条　信访人到人民银行各级机构上访,信访工作人员应负责联系有关职能部门,有关职能部门接到通知后应尽快指派人员到信访部门的接待场所接谈。被指派人员不得以任何理由不到或迟到。遇有多人(5人以上)上访提出同一信访事项的,负责接谈人员要向信访人提出推选代表的明确要求,所推代表人数不得超过5人。

第二十四条　人民银行各级机构工作人员在接待信访人来访时要态度和蔼、文明礼貌。对来访人的基本情况、反映的主要问题、提出的意见和要求,要认真记录。

第二十五条　负责接待信访人的工作人员应按照有关政策法规当面解

答来访人提出的问题,指明解决问题的方法和途径,做好宣传解释工作。接访结束后对重要的群体上访事项需要形成文字材料的,由接访人员起草并报相关部门阅知。

第二十六条 对信访人来访反映事项的转送与办理,参照第十九条、第二十条办理。

第二十七条 对于来访人擅自闯入办公场所、在机关门外滞留等行为,人民银行各级机构工作人员应当对来访人进行劝阻;对无理取闹、严重影响机关办公秩序的,由本单位保卫部门商请当地公安机关依法处理。

第二十八条 就同一问题5人以上信访人同时来访时,为群体上访。对有可能给社会安定造成严重后果的群体上访,应及时向本单位领导和上级行报告。必要时涉访单位的有关领导应亲自接待信访人。

第二十九条 人民银行各级机构应结合本单位信访工作实际,制定处置突发性群体上访事件的应急预案。

第六章 信访事项的核查与督办

第三十条 人民银行各级机构办理的信访事项,应当自受理之日起60日内办结;情况复杂的信访事项经相关负责人批准,可以适当延长办理期限,但延长期限不得超过30日。同时应将延期办理的理由告知信访人。法律、行政法规另有规定的,从其规定。

第三十一条 信访事项的书面答复意见,由承办信访事项的单位负责起草,信访部门加盖信访人来信来访专用章之后,转交承办部门由其送达给信访人或机构。

第三十二条 信访人对处理意见不服向承办单位的上一级机构提出复查请求的,负责复查的单位应自收到复查请求之日起30日内提出复查意见,并将书面答复送达信访人。

第三十三条 信访人对复查意见不服向该复查单位的上一级机构提出复核请求的,受理复核的单位应自收到复核请求之日起30日内完成复核工作,并将复核结果形成书面意见,送达信访人。

第三十四条 信访人对复核意见不服仍然以同一事实和理由提出诉求

的,人民银行各级机构不再受理。

第三十五条　对于举报类的信访事项,有关核查单位在查清事实后,应据实写出核查报告,对信访人反映的问题应有明确意见。凡是查出确有违规、违纪、违法行为的,核查单位应对有关责任人员提出明确的处理意见。

第三十六条　各有关核查单位完成核查工作后,应及时向所管辖的上一级单位书面报告核查结论,各分行应于接到核查结论5个工作日内向总行上报核查报告。核查报告由本单位主要负责同志签字后以正式文件上报。

第三十七条　上级主管部门发现人民银行各级机构处理信访事项有下列情形之一的,应当及时督办。

（一）无正当理由未按规定办理期限办结信访事项的;

（二）未按规定反馈信访事项办理结果的;

（三）未按规定程序办理信访事项的;

（四）办理信访事项推诿、敷衍、拖延的;

（五）不执行信访处理意见的;

（六）其他需要督办的信访事项。

第三十八条　中央、国务院领导同志批转人民银行核查的信访事项,由有关承办的总行司局负责督促检查办理情况,总行信访部门对所转送并需要核查上报结果的信访事项,负责督促检查办理情况。

第三十九条　人民银行信访工作部门对在信访工作中推诿、敷衍、拖延、弄虚作假造成严重后果的人员,可向有关领导和部门提出对主管人员和直接责任人员给予行政处分的建议。

第七章　信访信息报送

第四十条　人民银行各级机构负责信访工作的部门要对信访人反映的问题进行认真分析研究,及时向本单位领导和上级机关提供重要信访信息。

第四十一条　信访信息包括：

（一）对金融政策提出具有重要参考价值的意见、建议;

（二）对改进人民银行工作提出的建设性意见、建议；

（三）领导同志关注、信访人反映比较集中的热点、难点问题；

（四）检举、揭发人民银行各级机构及其领导人严重违规违纪且提供相关证据的；

（五）其他需要报送的重要信访信息。

第四十二条　信访信息采取《信访简报》、《信访信息》、《信访人来信摘报》、《专报》等形式报送。

第四十三条　对可能造成社会影响的和带有倾向性、苗头性的重大、紧急信访信息，要立即以电话、传真等方式逐级报告，事态未得到妥善处置的要及时续报处理进展情况。

第八章　信访工作纪律和奖惩

第四十四条　人民银行各级机构负有受理信访事项职责的部门，在受理信访事项过程中，违反本规定，有下列情形之一，并造成严重后果的，对主管人员和直接责任人员依法给予行政处分。

（一）对收到的信访事项不按规定登记的；

（二）对属于其法定职权范围的信访事项不予受理的；

（三）未在规定期限内书面或电话告知信访人是否受理信访事项的。

第四十五条　人民银行各级机构信访工作人员，与所办信访事项或者信访人有直接利害关系的，应当回避。

第四十六条　信访工作人员不得将信访人的检举、揭发材料或者有关情况透露、转给被检举、揭发的人员或者单位。

第四十七条　对在信访工作中推诿、敷衍、拖延、弄虚作假、不按规定上报或迟报、漏报核查报告的，要对直接负责的信访工作人员进行严肃处理并追究有关领导的责任。

第四十八条　信访工作人员在信访工作中玩忽职守、徇私舞弊，造成严重后果的，应依照有关法律、行政法规及相关工作制度的规定给予行政处分；涉嫌犯罪的，由司法机关追究其刑事责任。

第四十九条　人民银行各级机构应对在信访工作中做出显成绩的单位

或个人,根据相关规定予以奖励。

<h2 style="text-align:center">第九章 附 则</h2>

第五十条 国家外汇管理局(不包括各分局、中心支局、支局)、中国印钞造币总公司、中国金币总公司以及其他直属企事业单位负责本单位的信访工作。

第五十一条 人民银行各级机构应参照本规定,并结合本单位工作实际,制定相关的规定。

第五十二条 本规定自发布之日起执行。2002年10月28日下发的《中国人民银行信访工作规定》(银办发〔2002〕264号)同时废止。

五、团体规定

共青团信访工作实施办法

1. 2007年7月3日共青团中央办公厅印发
2. 中青办发〔2007〕13号

第一章 总　则

第一条　为了规范共青团信访工作，保持团组织与广大团员、青少年的密切联系，保护信访人的合法权益，维护信访秩序，根据国务院《信访条例》和共青团有关规定，制定本办法。

第二条　本办法所称信访，是指团员、青少年或者其他公民、法人、组织采用书信、电子邮件、传真、电话、走访等形式，向团组织反映情况，提出建议、意见或者投诉请求，依法由团组织处理的活动。

第三条　本办法所称信访人，是指采用前款规定的形式，反映情况，提出建议、意见或者投诉请求的团员、青少年或者其他公民、法人、组织。

第四条　共青团信访工作在团中央书记处的领导下，坚持属地管理、分级负责，谁主管、谁负责，依法、及时、就地解决问题与疏导教育相结合的原则。

第五条　各级团组织应当畅通信访渠道，倾听团员、青少年的建议、意见和投诉请求，接受团员、青少年的监督，认真做好信访工作，努力为广大团员、青少年服务。

第六条　各级团组织应当科学、民主决策，依法履行职责，从源头上预防导致信访事项的矛盾和纠纷。

第二章 信访工作机构及职责

第七条 团中央办公厅承担信访工作职责,负责处理日常信访工作;机关成立信访工作小组,具体负责团中央信访工作的协调、检查、督办等事宜。

第八条 各级团组织应当按照有利工作、方便信访人的原则,确定负责信访工作的机构或者人员,建立统一领导、部门协调,统筹兼顾、标本兼治,各负其责、齐抓共管的信访工作格局。

第九条 各级团组织信访工作机构是本级团组织负责信访工作的职能部门,主要职责是:

(一)受理、交办、转送信访人提出的信访事项;

(二)协调处理重要信访事项;

(三)督促检查信访事项的处理;

(四)研究、分析信访情况,开展调查研究,及时提出加强和改进共青团工作的建议;

(五)承办上级单位交由处理的信访事项;

(六)对本级团组织其他工作部门和下级团组织的信访工作进行指导。

第十条 共青团所属各部门、各单位均有按业务分工承办职权范围内信访事项的职责,对信访工作机构转办的信访事项,应当认真、及时办理,并在规定时限内向信访工作机构书面回复办理结果。

第三章 信访事项的提出

第十一条 信访人对下列团的工作和团干部的职务行为反映情况,提出建议、意见,可以向有关团组织提出信访事项:

(一)团纪申诉;

(二)反映、控告侵犯青少年权益的行为;

(三)检举、揭发团干部的违法违纪行为;

(四)对团的工作提出建议、意见和批评;

(五)需要团组织解答、办理、帮助的有关事项。

第十二条 对依法应当通过诉讼、仲裁、行政复议等法定途径解决的投诉请求,信访人应当依照有关法律、行政法规规定的程序向国家有关机关提出。

第十三条　信访人应当向有权处理的本级或者上一级团组织提出信访事项;信访事项已经受理或者正在办理的,信访人在规定期限内向上级团组织再提出同一信访事项的,该上级团组织不予受理。

第十四条　信访人采用走访形式提出信访事项的,应当到团组织设立或者指定的接待场所提出;多人采用走访形式提出共同的信访事项的,应当推选代表,代表人数不得超过5人。

第十五条　信访人提出信访事项,应当客观真实,对其所提供材料内容的真实性负责,不得捏造、歪曲事实,不得诬告、陷害他人。

第十六条　信访人在信访过程中应当遵守法律、法规,不得损害团组织、团干部和他人的合法权利,自觉维护社会公共秩序和信访秩序,不得有下列行为:

（一）在团组织办公场所周围非法聚集,围堵、冲击团组织办公场所,拦截公务车辆,或者堵塞、阻断交通的;

（二）携带危险物品、管制器具的;

（三）侮辱、殴打、威胁团干部,或者非法限制团干部人身自由的;

（四）在信访接待场所滞留、滋事,或者将生活不能自理的人弃留在信访接待场所的;

（五）煽动、串联、胁迫、以财物诱使、幕后操纵他人信访或者以信访为名借机敛财的;

（六）扰乱公共秩序、妨害国家和公共安全的其他行为。

第四章　信访事项的受理

第十七条　各级团组织信访工作机构收到信访事项,应按下列程序办理:

（一）登记。收到信访事项,要详细记录信访人的姓名、工作单位、住址和请求、事实、理由;

（二）告知。本级团组织所属部门、单位或下级团组织应当自收到交办的信访事项之日起15日内决定是否受理并口头或书面告知信访人；

（三）交办。属于共青团工作职责范围内的信访事项,应当根据其内容交本级团组织所属部门、单位或下级团组织处理,并要求在指定办理期限内反馈结果,提交办结报告;

（四）转送。涉及党政有关部门或其他有关单位处理的信访事项,应将信访事项附函转送有权处理信访事项的党政有关部门或其他有关单位;

（五）通报。各级团组织信访工作机构应根据信访事项办理情况,定期向下一级团组织信访工作机构通报信访事项交办、转送情况;下级团组织信访工作机构要及时向上一级团组织信访工作机构报告交办、转送信访事项的办理情况。

第十八条　各级团组织收到信访事项后,能够当场答复是否受理的,应当当场书面答复;不能当场答复的,应当自收到信访事项之日起 15 日内书面告知信访人。但是,信访人的姓名(名称)、住址不清的除外。

第十九条　各级团组织和团干部不得将信访人的检举、揭发材料及有关情况透露或者转给被检举、揭发的人员或者单位。

第五章　信访事项的办理和督办

第二十条　各级团组织和团干部办理信访事项,应当恪尽职守、秉公办事,查明事实、分清责任,宣传法制、教育疏导,及时妥善处理,不得推诿、敷衍、拖延。团干部与信访事项或者信访人有直接利害关系的,应当回避。

第二十一条　信访人反映的情况,提出的建议、意见,有利于团组织改进工作,更好地团结、教育和服务广大团员、青少年的,有关团组织应当认真研究论证并积极采纳。

第二十二条　对信访事项有权处理的团组织办理信访事项,必要时可以要求信访人、有关组织和人员说明情况;需要进一步核实有关情况的,可以依法向其他组织和人员调查。

第二十三条　对信访事项有权处理的团组织经调查核实,应当依照法律、法规和团章有关规定,分别作出以下处理,并书面答复信访人：

(一)请求事实清楚,符合法律、法规和团章有关规定的,予以支持;

(二)请求事由合理但缺乏法律、法规和团章有关规定依据的,应当对信访人做好解释工作;

(三)请求缺乏事实根据或者不符合法律、法规和团章有关规定的,不予支持。

第二十四条　属于团组织工作职责范围内的信访事项,有关团组织应当自受理之日起60日内办结;情况复杂的,经本级团组织负责人批准,可以适当延长办理期限,但延长期限不得超过30日,并告知信访人延期理由。

第二十五条　信访人对团组织作出的信访事项处理意见不服的,可以自收到书面答复之日起30日内请求原办理团组织的上一级团组织复查。收到复查请求的团组织应当自收到复查请求之日起30日内提出复查意见,并予以书面答复。

第二十六条　信访人对复查意见不服的,可以自收到书面答复之日起30日内向复查团组织的上一级团组织请求复核。收到复核请求的团组织应当自收到复核请求之日起30日内提出复核意见。

第二十七条　信访人对复核意见不服,仍然以同一事实和理由提出投诉请求的,各级团组织不再受理。

第二十八条　上级团组织信访工作机构发现下级团组织有下列情形之一的,应当及时督办,并提出改进建议:

(一)无正当理由未按规定的办理期限办结信访事项的;

(二)未按规定反馈信访事项办理结果的;

(三)未按规定程序办理信访事项的;

(四)办理信访事项推诿、敷衍、拖延的;

(五)不执行信访处理意见的;

(六)其他需要督办的情形。收到改进建议的团组织应当在30日内书面反馈情况;未采纳改进建议的,应当说明理由。

第二十九条　各级团组织信访工作机构对在信访工作中推诿、敷衍、拖延、弄虚作假造成严重后果的团干部,可以向有关团组织提出给予行政处分或者团纪处分的建议。

第三十条 各级团组织信访工作机构应当就以下事项向本级团组织定期提交信访情况分析报告:

(一)受理信访事项的数据统计、信访事项涉及领域以及被投诉较多的部门和单位;

(二)转送、督办情况以及各部门和单位采纳改进建议的情况;

(三)提出的政策性建议及其被采纳情况。

第六章 法律责任

第三十一条 因下列情形之一导致信访事项发生,造成严重后果的,对直接负责的主管人员和其他直接责任人员,依照有关法律、法规和团章的规定给予行政处分或者团纪处分;构成犯罪的,依法追究刑事责任:

(一)超越或者滥用职权,侵害信访人合法权益的;

(二)应当作为而不作为,侵害信访人合法权益的;

(三)适用法律、法规和团章的规定错误或者违反法定程序,侵害信访人合法权益的;

(四)拒不执行有权处理的团组织作出的支持信访请求意见的。

第三十二条 团组织信访工作机构对收到的信访事项应当登记、转送、交办而未按规定登记、转送、交办,或者应当履行督办职责而未履行的,由所属团组织责令改正;造成严重后果的,对直接负责的主管人员和其他直接责任人员依法给予行政处分或者团纪处分。

第三十三条 团干部违反本办法规定,将信访人的检举、揭发材料或者有关情况透露、转给被检举、揭发的人员或者单位的,依法给予行政处分或者团纪处分。

第三十四条 打击报复信访人,构成犯罪的,依法追究刑事责任;尚不构成犯罪的,依法给予行政处分或者团纪处分。

第三十五条 信访人违反本办法第十四条、第十六条规定的,团组织信访工作机构及其工作人员应当对信访人进行劝阻、批评或者教育。经劝阻、批评和教育无效的，报请公安机关予以警告、训诫或者制止；违反集会游行示威的法律、行政法规，或者构成违反治安管理行为的，报请公安机关依法采取必要的现场处置措施、给予治安管理处罚；构成犯罪的，依法追究刑事责任。

第三十六条　信访人捏造歪曲事实、诬告陷害他人，构成犯罪的，依法追究刑事责任；尚不构成犯罪的，报请公安机关依法给予治安管理处罚。

第七章　表彰奖励

第三十七条　各级团组织应当将信访工作绩效纳入团干部考核体系，对在信访工作中做出优异成绩的单位或者个人，给予表彰奖励。

第三十八条　信访人反映的情况，提出的建议、意见，对改进团的工作、推动青少年工作开展有贡献的，由有关团组织给予表彰奖励。

附 录

附录一 条文对照

《信访条例》与《信访工作条例》条文对照表[①]

2005 年《信访条例》	2022 年《信访工作条例》
第一章 总 则	第一章 总 则
第一条 为了保持**各级人民政府**同人民群众的密切联系,保护信访人的合法权益,维护信访秩序,制定本条例。	第一条 为了**坚持和加强党对信访工作的全面领导,做好新时代信访工作**,保持**党和政府**同人民群众的密切联系,制定本条例。
第四十九条 社会团体、企业事业单位的信访工作**参照本条例执行**。	第二条 本条例适用于各级党的机关、人大机关、行政机关、政协机关、监察机关、审判机关、检察机关以及群团组织、国有企事业单位等开展信访工作。
	第三条 信访工作是党的群众工作的重要组成部分,是党和政府了解民情、集中民智、维护民利、凝聚民心的一项重要工作,是各级机关、单位及其领导干部、工作人员接受群众监督、改进工作作风的重要途径。

---

① 为便于读者理解,编者对 2005 年《信访条例》条文和 2022 年《信访工作条例》条文有重要变化的部分,均用"**黑体**"字体现。

续表

2005年《信访条例》	2022年《信访工作条例》
	第四条　信访工作坚持以马克思列宁主义、毛泽东思想、邓小平理论、"三个代表"重要思想、科学发展观、习近平新时代中国特色社会主义思想为指导，贯彻落实习近平总书记关于加强和改进人民信访工作的重要思想，增强"四个意识"、坚定"四个自信"、做到"两个维护"，牢记为民解难、为党分忧的政治责任，坚守人民情怀，坚持底线思维、法治思维，服务党和国家工作大局，维护群众合法权益，化解信访突出问题，促进社会和谐稳定。
第四条　信访工作应当在各级人民政府领导下，坚持属地管理、分级负责，谁主管、谁负责，依法、及时、就地解决问题与疏导教育相结合的原则。	第五条　信访工作应当遵循下列原则： 　　(一)坚持党的全面领导。把党的领导贯彻到信访工作各方面和全过程，确保正确政治方向。 　　(二)坚持以人民为中心。践行党的群众路线，倾听群众呼声，关心群众疾苦，千方百计为群众排忧解难。 　　(三)坚持落实信访工作责任。党政同责、一岗双责，属地管理、分级负责，谁主管、谁负责。 　　(四)坚持依法按政策解决问题。将信访纳入法治化轨道，依法维护群众权益、规范信访秩序。 　　(五)坚持源头治理化解矛盾。多措并举、综合施策，着力点放在源头预防和前端化解，把可能引发信访问题的矛盾纠纷化解在基层、化解在萌芽状态。

续表

2005年《信访条例》	2022年《信访工作条例》
第三条第一款、第二款 各级人民政府、县级以上人民政府工作部门应当做好信访工作,认真处理来信、接待来访,倾听人民群众的意见、建议和要求,接受人民群众的监督,努力为人民群众服务。 各级人民政府、县级以上人民政府工作部门应当畅通信访渠道,为信访人采用本条例规定的形式反映情况,提出建议、意见或者投诉请求提供便利条件。	第六条 各级机关、单位应当畅通信访渠道,做好信访工作,认真处理信访事项,倾听人民群众建议、意见和要求,接受人民群众监督,为人民群众服务。
	第二章 信访工作体制
第五条第二款 县级以上人民政府应当建立统一领导、部门协调,统筹兼顾、标本兼治,各负其责、齐抓共管的信访工作格局,通过联席会议、建立排查调处机制、建立信访督查工作制度等方式,及时化解矛盾和纠纷。	第七条 坚持和加强党对信访工作的全面领导,构建党委统一领导、政府组织落实、信访工作联席会议协调、信访部门推动、各方齐抓共管的信访工作格局。
	第八条 党中央加强对信访工作的统一领导: (一)强化政治引领,确立信访工作的政治方向和政治原则,严明政治纪律和政治规矩; (二)制定信访工作方针政策,研究部署信访工作中事关党和国家工作大局、社会和谐稳定、群众权益保障的重大改革措施; (三)领导建设一支对党忠诚可靠、恪守为民之责、善做群众工作的高素质专业化信访工作队伍,为信访工作提供组织保证。

续表

2005年《信访条例》	2022年《信访工作条例》
	第九条 地方党委领导本地区信访工作,贯彻落实党中央关于信访工作的方针政策和决策部署,执行上级党组织关于信访工作的部署要求,统筹信访工作责任体系构建,支持和督促下级党组织做好信访工作。 地方党委常委会应当定期听取信访工作汇报,分析形势,部署任务,研究重大事项,解决突出问题。
第五条第一款 各级人民政府、县级以上人民政府工作部门应当科学、民主决策,依法履行职责,从源头上预防导致信访事项的矛盾和纠纷。	第十条 各级政府贯彻落实上级党委和政府以及本级党委关于信访工作的部署要求,科学民主决策、依法履行职责,组织各方力量加强矛盾纠纷排查化解,及时妥善处理信访事项,研究解决政策性、群体性信访突出问题和疑难复杂信访问题。
	第十一条 中央信访工作联席会议在党中央、国务院领导下,负责全国信访工作的统筹协调、整体推进、督促落实,履行下列职责: (一)研究分析全国信访形势,为中央决策提供参考; (二)督促落实党中央关于信访工作的方针政策和决策部署; (三)研究信访制度改革和信访法治化建设重大问题和事项; (四)研究部署重点工作任务,协调指导解决具有普遍性的信访突出问题; (五)领导组织信访工作责任制落实、督导考核等工作;

续表

2005年《信访条例》	2022年《信访工作条例》
	（六）指导地方各级信访工作联席会议工作； （七）承担党中央、国务院交办的其他事项。 中央信访工作联席会议由党中央、国务院领导同志以及有关部门负责同志担任召集人，各成员单位负责同志参加。中央信访工作联席会议办公室设在国家信访局，承担联席会议的日常工作，督促检查联席会议议定事项的落实。
	第十二条　中央信访工作联席会议根据工作需要召开全体会议或者工作会议。研究涉及信访工作改革发展的重大问题和重要信访事项的处理意见，应当及时向党中央、国务院请示报告。 中央信访工作联席会议各成员单位应当落实联席会议确定的工作任务和议定事项，及时报送落实情况；及时将本领域重大敏感信访问题提请联席会议研究。
	第十三条　地方各级信访工作联席会议在本级党委和政府领导下，负责本地区信访工作的统筹协调、整体推进、督促落实，协调处理发生在本地区的重要信访问题，指导下级信访工作联席会议工作。联席会议召集人一般由党委和政府负责同志担任。 地方党委和政府应当根据信访工作形势任务，及时调整成员单位，健全

续表

2005年《信访条例》	2022年《信访工作条例》
	规章制度,建立健全信访信息分析研判、重大信访问题协调处理、联合督查等工作机制,提升联席会议工作的科学化、制度化、规范化水平。 根据工作需要,乡镇党委和政府、街道党工委和办事处可以建立信访工作联席会议机制,或者明确党政联席会定期研究本地区信访工作,协调处理发生在本地区的重要信访问题。
第六条 县级以上人民政府应当设立信访工作机构;县级以上人民政府工作部门及乡、镇人民政府应当按照有利工作、方便信访人的原则,确定负责信访工作的机构(以下简称信访工作机构)或者人员,具体负责信访工作。 县级以上人民政府信访工作机构是**本级人民政府负责信访工作的行政机构**,履行下列职责: (一)受理、交办、转送**信访人提出的信访事项**; (二)承办上级和本级人民政府交由处理的信访事项; (三)协调处理重要信访事项; (四)督促检查信访事项的处理; (五)研究、分析信访情况,开展调查研究,及时向本级人民政府提出完善政策和改进工作的建议; (六)对本级人民政府其他工作部门和下级人民政府信访工作机构的信访工作**进行指导**。	第十四条 各级党委和政府信访部门是开展信访工作的专门机构,履行下列职责: (一)受理、转送、交办信访事项; (二)协调解决重要信访问题; (三)督促检查重要信访事项的处理和落实; (四)综合反映信访信息,分析研判信访形势,为党委和政府提供决策参考; (五)指导本级其他机关、单位和下级的信访工作; (六)提出改进工作、完善政策和追究责任的建议; (七)承担本级党委和政府交办的其他事项。 各级党委和政府信访部门以外的其他机关、单位应当根据信访工作形势任务,明确负责信访工作的机构或者人员,参照党委和政府信访部门职责,明确相应的职责。

续表

2005年《信访条例》	2022年《信访工作条例》
第十三条 设区的市、县两级人民政府可以根据信访工作的实际需要,建立政府主导、社会参与、有利于迅速解决纠纷的工作机制。 信访工作机构应当组织相关社会团体、法律援助机构、相关专业人员、社会志愿者等共同参与,运用咨询、教育、协商、调解、听证等方法,依法、及时、合理处理信访人的投诉请求。	第十五条 各级党委和政府以外的其他机关、单位应当做好各自职责范围内的信访工作,按照规定及时受理办理信访事项,预防和化解政策性、群体性信访问题,加强对下级机关、单位信访工作的指导。 各级机关、单位应当拓宽社会力量参与信访工作的制度化渠道,发挥群团组织、社会组织和"两代表一委员"、社会工作者等作用,反映群众意见和要求,引导群众依法理性反映诉求、维护权益,推动矛盾纠纷及时有效化解。 乡镇党委和政府、街道党工委和办事处以及村(社区)"两委"应当全面发挥职能作用,坚持和发展新时代"枫桥经验",积极协调处理化解发生在当地的信访事项和矛盾纠纷,努力做到小事不出村、大事不出镇、矛盾不上交。
	第十六条 各级党委和政府应当加强信访部门建设,选优配强领导班子,配备与形势任务相适应的工作力量,建立健全信访督查专员制度,打造高素质专业化信访干部队伍。各级党委和政府信访部门主要负责同志应当由本级党委或者政府副秘书长〔办公厅(室)副主任〕兼任。 各级党校(行政学院)应当将信访工作作为党性教育内容纳入教学培训,加强干部教育培训。

续表

2005年《信访条例》	2022年《信访工作条例》
	各级机关、单位应当建立健全年轻干部和新录用干部到信访工作岗位锻炼制度。 　　各级党委和政府应当为信访工作提供必要的支持和保障，所需经费列入本级预算。
第十条　设区的市级、县级人民政府及其工作部门，乡、镇人民政府应当建立行政机关负责人信访接待日制度，由行政机关负责人协调处理信访事项。信访人可以在公布的接待日和接待地点向有关行政机关负责人当面反映信访事项。 　　县级以上人民政府及其工作部门负责人或者其指定的人员，可以就信访人反映突出的问题到信访人居住地与信访人面谈沟通。	
	第三章　信访事项的提出和受理
第二条　本条例所称信访，是指公民、法人或者其他组织采用书信、**电子邮件**、传真、电话、走访等形式，向各级人民政府、**县级以上人民政府工作部门**反映情况，提出建议、意见或者投诉请求，依法**由有关行政机关处理的活动**。 　　采用前款规定的形式，反映情况，提出建议、意见或者投诉请求的公民、法人或者其他组织，称信访人。	**第十七条**　公民、法人或者其他组织**可以**采用**信息网络**、书信、电话、传真、走访等形式，向各级**机关、单位**反映情况，提出建议、意见或者投诉请求，有关机关、**单位应当依规依法处理**。 　　采用前款规定的形式，反映情况，提出建议、意见或者投诉请求的公民、法人或者其他组织，称信访人。

续表

2005年《信访条例》	2022年《信访工作条例》
第二章　信访渠道	
第九条　各级人民政府、县级以上人民政府工作部门应当向社会公布**信访工作机构的**通信地址、**电子信箱**、投诉电话、信访接待的时间和地点、查询信访事项处理进展及结果的方式等相关事项。 各级人民政府、县级以上人民政府工作部门应当在其信访接待场所或者网站公布与信访工作有关的法律、法规、规章,信访事项的处理程序,以及其他为信访人提供便利的相关事项。 第五条第三款　各级人民政府、县级以上人民政府各工作部门的负责人应当阅批重要来信、接待重要来访、听取信访工作汇报,研究解决信访工作中的突出问题。 第三条第三款　任何组织和个人不得打击报复信访人。	第十八条　各级**机关、单位**应当向社会公布**网络信访渠道**、通信地址、**咨询投诉电话**、信访接待的时间和地点、查询信访事项处理进展以及结果的方式等相关事项,在其信访接待场所或者网站公布与信访工作有关的**党内法规和**法律、法规、规章,信访事项的处理程序,以及其他为信访人提供便利的相关事项。 各级机关、单位领导干部应当阅办群众来信和网上信访、定期接待群众来访、定期下访,包案化解群众反映强烈的突出问题。 市、县级党委和政府应当建立和完善联合接访工作机制,根据工作需要组织有关机关、单位联合接待,一站式解决信访问题。 任何组织和个人不得打击报复信访人。
第三章　信访事项的提出	
第十四条　信访人对下列组织、人员的职务行为反映情况,提出建议、意见,或者不服下列组织、人员的职务行为,可以向有关行政机关提出信访事项: (一)行政机关及其工作人员; (二)法律、法规授权的具有管理公共事务职能的组织及其工作人员; (三)提供公共服务的企业、事业	

续表

2005年《信访条例》	2022年《信访工作条例》
单位及其工作人员； （四）社会团体或者其他企业、事业单位中由国家行政机关任命、派出的人员； （五）村民委员会、居民委员会及其成员。 　　对依法应当通过诉讼、仲裁、行政复议等法定途径解决的投诉请求，信访人应当依照有关法律、行政法规规定的程序向有关机关提出。	
第十五条　信访人对各级人民代表大会以及县级以上各级人民代表大会常务委员会、人民法院、人民检察院职权范围内的信访事项，应当分别向有关的人民代表大会及其常务委员会、人民法院、人民检察院提出，并遵守本条例第十六条、第十七条、第十八条、第十九条、第二十条的规定。	
第十七条　信访人提出信访事项，一般应当采用书信、电子邮件、传真等书面形式；信访人提出投诉请求的，还应当载明信访人的姓名（名称）、住址和请求、事实、理由。 　　有关机关对采用口头形式提出的**投诉请求**，应当记录信访人的姓名（名称）、住址和请求、事实、理由。 　　第十九条　信访人提出信访事项，应当客观真实，对其所提供材料内容的真实性负责，不得捏造、歪曲事实，不得诬告、陷害他人。	第十九条　信访人一般应当采用书面形式提出信访事项，并载明其姓名（名称）、住址和请求、事实、理由。对采用口头形式提出的**信访事项**，有关机关、**单位**应当如实记录。 　　信访人提出信访事项，应当客观真实，对其所提供材料内容的真实性负责，不得捏造、歪曲事实，不得诬告、陷害他人。 　　信访事项已经受理或者正在办理的，信访人在规定期限内向受理、办理机关、**单位的上级机关、单位又**提出同一信访事项的，上级机关、**单位**不予受理。

续表

2005年《信访条例》	2022年《信访工作条例》
第十六条第二分句 信访事项已经受理或者正在办理的,信访人在规定期限内向受理、办理机关的上级机关**再**提出同一信访事项的,**该**上级机关不予受理。	
第十六条第一分句 信访人采用走访形式提出信访事项,应当向**依法**有权处理的本级或者上一级机关提出;	**第二十条** 信访人采用走访形式提出信访事项的,应当到有权处理的本级或者上一级机关、单位设立或者指定的接待场所提出。
第十八条 信访人采用走访形式提出信访事项的,应当到有关机关设立或者指定的接待场所提出。 多人采用走访形式提出共同的信访事项的,应当推选代表,代表人数不得超过5人。	信访人采用走访形式提出**涉及诉讼权利救济**的信访事项,应当按照法律法规规定的程序向有关政法部门提出。 多人采用走访形式提出共同的信访事项的,应当推选代表,代表人数不得超过5人。 各级机关、单位应当落实属地责任,认真接待处理群众来访,把问题解决在当地,引导信访人就地反映问题。
第十一条 国家信访工作机构充分利用现有政务信息网络资源,建立全国信访信息系统,为信访人在当地提出信访事项、查询信访事项办理情况提供便利。 县级以上地方人民政府应当充分利用现有政务信息网络资源,建立或者确定本行政区域的信访信息系统,并与上级人民政府、政府有关部门、下级人民政府的信访信息系统**实现**互联互通。	**第二十一条** 各级党委和政府应当加强信访工作信息化、智能化建设,依规依法有序推进信访信息系统互联互通、信息共享。 各级机关、单位应当及时将信访事项录入信访信息系统,使网上信访、来信、来访、来电在网上流转,方便信访人查询、评价信访事项办理情况。

续表

2005年《信访条例》	2022年《信访工作条例》
第十二条 县级以上各级人民政府的信访工作机构或者有关工作部门应当及时将信访人的投诉请求输入信访信息系统,信访人可以持行政机关出具的投诉请求受理凭证到当地人民政府的信访工作机构或者有关工作部门的接待场所查询其所提出的投诉请求的办理情况。具体实施办法和步骤由省、自治区、直辖市人民政府规定。	
第四章 信访事项的受理	
第二十一条 县级以上人民政府信访工作机构收到信访事项,应当予以登记,并区分情况,在15日内分别按下列方式处理: (一)对本条例第十五条规定的信访事项,应当告知信访人分别向有关的人民代表大会及其常务委员会、人民法院、人民检察院提出。对已经或者依法应当通过诉讼、仲裁、行政复议等法定途径解决的,不予受理,但应当告知信访人依照有关法律、行政法规规定程序向有关机关提出。 (二)对依照法定职责属于本级人民政府或者其工作部门处理决定的信访事项,应当转送有权处理的行政机关;情况重大、紧急的,应当及时提出建议,报请本级人民政府决定。 (三)信访事项涉及下级行政机关或者其工作人员的,按照"属地管理、分级负责,谁主管、谁负责"的原则,直接转送有权处理的行政机关,并抄送	第二十二条 各级党委和政府信访部门收到信访事项,应当予以登记,并区分情况,在15日内分别按照下列方式处理: (一)对依照职责属于本级机关、单位或者其工作部门处理决定的,应当转送有权处理的机关、单位;情况重大、紧急的,应当及时提出建议,报请本级党委和政府决定。 (二)涉及下级机关、单位或者其工作人员的,按照"属地管理、分级负责,谁主管、谁负责"的原则,转送有权处理的机关、单位。 (三)对转送信访事项中的重要情况需要反馈办理结果的,可以交由有权处理的机关、单位办理,要求其在指定办理期限内反馈结果,提交办结报告。 各级党委和政府信访部门对收到的涉法涉诉信件,应当转送同级政法部门依法处理;对走访反映涉诉问题

续表

2005年《信访条例》	2022年《信访工作条例》
下一级人民政府信访工作机构。 　　县级以上人民政府信访工作机构要定期向下一级人民政府信访工作机构通报转送情况，下级人民政府信访工作机构要定期向上一级人民政府信访工作机构报告转送信访事项的办理情况。 　　（四）对转送信访事项中的重要情况需要反馈办理结果的，可以**直接交由有权处理的行政机关办理**，要求其在指定办理期限内反馈结果，提交办结报告。 　　按照前款第（二）项至第（四）项规定，有关行政机关应当自收到转送、交办的信访事项之日起15日内决定是否受理并书面告知信访人，并按要求通报信访工作机构。	的信访人，应当释法明理，引导其向有关政法部门反映问题。对属于纪检监察机关受理的检举控告类信访事项，应当按照管理权限转送有关纪检监察机关依规依纪依法处理。
第二十二条　信访人按照本条例规定直接向各级人民政府信访工作机构以外的**行政机关**提出的信访事项，有关行政机关应当予以登记；对符合本条例第十四条第一款规定并属于本机关**法定**职权范围的信访事项，应当**受理，不得推诿、敷衍、拖延**；对不属于本机关职权范围的信访事项，应当告知信访人向有权的机关提出。 　　有关行政机关收到信访事项后，能够当场答复**是否受理的，应当当场**书面**答复**；不能当场答复的，应当自收到信访事项之日起15日内书面告知信访人。但是，信访人的姓名（名称）、	**第二十三条**　党委和政府信访部门以外的其他机关、单位收到信访人直接提出的信访事项，应当予以登记；对属于本机关、单位职权范围的，应当告知信访人接收情况以及处理途径和程序；对属于本系统下级机关、单位职权范围的，应当转送、交办有权处理的机关、单位，并告知信访人转送、交办去向；对不属于本机关、单位或者本系统职权范围的，应当告知信访人向有权处理的机关、单位提出。 　　对信访人直接提出的信访事项，有关机关、单位能够当场告知的，应当当场书面**告知**；不能当场告知的，应当

续表

2005年《信访条例》	2022年《信访工作条例》
住址不清的除外。 　　有关行政机关应当相互通报信访事项的受理情况。	自收到信访事项之日起15日内书面告知信访人,但信访人的姓名(名称)、住址不清的除外。 　　对党委和政府信访部门或者本系统上级机关、单位转送、交办的信访事项,属于本机关、单位职权范围的,有关机关、单位应当自收到之日起15日内书面告知信访人接收情况以及处理途径和程序;不属于本机关、单位或者本系统职权范围的,有关机关、单位应当自收到之日起5个工作日内提出异议,并详细说明理由,经转送、交办的信访部门或者上级机关、单位核实同意后,交还相关材料。 　　政法部门处理涉及诉讼权利救济事项、纪检监察机关处理检举控告事项的告知按照有关规定执行。
第二十四条　涉及两个或者两个以上**行政机关**的信访事项,由所涉及的**行政机关**协商受理;受理有争议的,由其共同的上一级**行政机关**决定受理机关。	第二十四条　涉及两个或者两个以上**机关、单位**的信访事项,由所涉及的**机关、单位**协商受理;受理有争议的,由其共同的上一级**机关、单位**决定受理机关;**受理有争议且没有共同的上一级机关、单位的,由共同的信访工作联席会议协调处理**。
第二十五条　应当对信访事项作出处理的**行政机关**分立、合并、撤销的,由继续行使其职权的**行政机关**受理;职责不清的,由本级**人民政府**或者其指定的机关受理。	应当对信访事项作出处理的机关、**单位**分立、合并、撤销的,由继续行使其职权的机关、**单位**受理;职责不清的,由本级**党委和政府**或者其指定的机关、**单位**受理。

续表

2005年《信访条例》	2022年《信访工作条例》
第二十六条 公民、法人或者其他组织发现可能造成社会影响的重大、紧急信访事项和信访信息时,可以就近向有关行政机关报告。地方各级人民政府接到报告后,应当立即报告上一级人民政府;必要时,通报有关主管部门。县级以上地方人民政府有关部门接到报告后,应当立即报告本级人民政府和上一级主管部门;必要时,通报有关主管部门。国务院有关部门接到报告后,应当立即报告国务院;必要时,通报有关主管部门。 行政机关对重大、紧急信访事项和信访信息不得隐瞒、谎报、缓报,或者授意他人隐瞒、谎报、缓报。	第二十五条 各级机关、单位对可能造成社会影响的重大、紧急信访事项和信访信息,应当及时报告本级党委和政府,通报相关主管部门和本级信访工作联席会议办公室,在职责范围内依法及时采取措施,防止不良影响的产生、扩大。 地方各级党委和政府信访部门接到重大、紧急信访事项和信访信息,应当向上一级信访部门报告,同时报告国家信访局。
第二十七条 对于可能造成社会影响的重大、紧急信访事项和信访信息,有关行政机关应当在职责范围内依法及时采取措施,防止不良影响的产生、扩大。	
第二十条 信访人在信访过程中应当遵守法律、法规,不得损害国家、社会、集体的利益和其他公民的合法权利,自觉维护社会公共秩序和信访秩序,不得有下列行为: (一)在国家机关办公场所周围、公共场所非法聚集,围堵、冲击国家机关,拦截公务车辆,或者堵塞、阻断交通的; (二)携带危险物品、管制器具的; (三)侮辱、殴打、威胁国家机关工	第二十六条 信访人在信访过程中应当遵守法律、法规,不得损害国家、社会、集体的利益和其他公民的合法权利,自觉维护社会公共秩序和信访秩序,不得有下列行为: (一)在机关、单位办公场所周围、公共场所非法聚集,围堵、冲击机关、单位,拦截公务车辆,或者堵塞、阻断交通; (二)携带危险物品、管制器具; (三)侮辱、殴打、威胁机关、单位

续表

2005年《信访条例》	2022年《信访工作条例》
作人员,或者非法限制他人人身自由的; （四）在信访接待场所滞留、滋事,或者将生活不能自理的人弃留在信访接待场所的; （五）煽动、串联、胁迫、以财物诱使、幕后操纵他人信访或者以信访为名借机敛财的; （六）扰乱公共秩序、妨害国家和公共安全的其他行为。	工作人员,非法限制他人人身自由,或者毁坏财物; （四）在信访接待场所滞留、滋事,或者将生活不能自理的人弃留在信访接待场所; （五）煽动、串联、胁迫、以财物诱使、幕后操纵他人信访,或者以信访为名借机敛财; （六）其他扰乱公共秩序、妨害国家和公共安全的行为。
	第四章　信访事项的办理 **第二十七条**　各级机关、单位及其工作人员应当根据各自职责和有关规定,按照诉求合理的解决问题到位、诉求无理的思想教育到位、生活困难的帮扶救助到位、行为违法的依法处理的要求,依法按政策及时就地解决群众合法合理诉求,维护正常信访秩序。
第五章　信访事项的办理和督办	
第二十八条　行政机关及其工作人员办理信访事项,应当恪尽职守、秉公办事,查明事实、分清责任,**宣传法制**、教育疏导,及时妥善处理,不得推诿、敷衍、拖延。	**第二十八条**　各级机关、单位及其工作人员办理信访事项,应当恪尽职守、秉公办事,查明事实、分清责任,**加强**教育疏导,及时妥善处理,不得推诿、敷衍、拖延。
第三十条　行政机关工作人员与信访事项或者信访人有直接利害关系的,应当回避。	各级机关、单位应当按照诉讼与信访分离制度要求,将涉及民事、行政、刑事等诉讼权利救济的信访事项从普通信访体制中分离出来,由有关政法部门依法处理。

续表

2005年《信访条例》	2022年《信访工作条例》
	各级机关、单位工作人员与信访事项或者信访人有直接利害关系的,应当回避。
第二十九条　信访人反映的情况,提出的建议、意见,有利于行政机关改进工作、促进国民经济和社会发展的,有关行政机关应当认真研究论证并积极采纳。 第八条第一款　信访人反映的情况,提出的建议、意见,对国民经济和社会发展或者对改进国家机关工作以及保护社会公共利益有贡献的,由有关行政机关或者单位给予奖励。	第二十九条　对信访人反映的情况、提出的建议意见类事项,有权处理的机关、单位应当认真研究论证。对科学合理、具有现实可行性的,应当采纳或者部分采纳,并予以回复。 　　信访人反映的情况、提出的建议意见,对国民经济和社会发展或者对改进工作以及保护社会公共利益有贡献的,应当按照有关规定给予奖励。 　　各级党委和政府应当健全人民建议征集制度,对涉及国计民生的重要工作,主动听取群众的建议意见。
第二十三条　行政机关及其工作人员不得将信访人的检举、揭发材料及有关情况透露或者转给被检举、揭发的人员或者单位。	第三十条　对信访人提出的检举控告类事项,纪检监察机关或者有权处理的机关、单位应当依规依纪依法接收、受理、办理和反馈。 　　党委和政府信访部门应当按照干部管理权限向组织(人事)部门通报反映干部问题的信访情况,重大情况向党委主要负责同志和分管组织(人事)工作的负责同志报送。组织(人事)部门应当按照干部选拔任用监督的有关规定进行办理。 　　不得将信访人的检举、揭发材料以及有关情况透露或者转给被检举、揭发的人员或者单位。

续表

2005年《信访条例》	2022年《信访工作条例》
第三十一条 对信访事项有权处理的行政机关办理信访事项,应当听取信访人陈述事实和理由;必要时可以要求信访人、有关组织和人员说明情况;需要进一步核实有关情况的,可以向其他组织和人员调查。 对重大、复杂、疑难的信访事项,可以举行听证。听证应当公开举行,通过质询、辩论、评议、合议等方式,查明事实,分清责任。听证范围、主持人、参加人、程序等由省、自治区、直辖市人民政府规定。	第三十一条 对信访人提出的申诉求决类事项,有权处理的机关、单位应当区分情况,分别按照下列方式办理: (一)应当通过审判机关诉讼程序或者复议程序、检察机关刑事立案程序或者法律监督程序、公安机关法律程序处理的,涉法涉诉信访事项未依法终结的,按照法律法规规定的程序处理。 (二)应当通过仲裁解决的,导入相应程序处理。 (三)可以通过党员申诉、申请复审等解决的,导入相应程序处理。 (四)可以通过行政复议、行政裁决、行政确认、行政许可、行政处罚等行政程序解决的,导入相应程序处理。 (五)属于申请查处违法行为、履行保护人身权或者财产权等合法权益职责的,依法履行或者答复。 (六)不属于以上情形的,应当听取信访人陈述事实和理由,并调查核实,出具信访处理意见书。对重大、复杂、疑难的信访事项,可以举行听证。
第三十二条 对信访事项有权处理的行政机关经调查核实,应当依照有关法律、法规、规章及其他有关规定,分别作出以下处理,并书面答复信访人: (一)请求事实清楚,符合法律、法规、规章或者其他有关规定的,予以支持;	第三十二条 信访处理意见书应当载明信访人投诉请求、事实和理由、处理意见及其法律法规依据: (一)请求事实清楚,符合法律、法规、规章或者其他有关规定的,予以支持; (二)请求事由合理但缺乏法律依据的,应当作出解释说明;

续表

2005 年《信访条例》	2022 年《信访工作条例》
（二）请求事由合理但缺乏法律依据的,应当**对信访人做好**解释工作； （三）请求缺乏事实根据或者不符合法律、法规、规章或者其他有关规定的,不予支持。 　　有权处理的**行政机关依照前款第（一）项规定**作出支持信访请求意见的,应当督促有关机关**或者**单位执行。	（三）请求缺乏事实根据或者不符合法律、法规、规章或者其他有关规定的,不予支持。 　　有权处理的机关、单位作出支持信访请求意见的,应当督促有关机关、单位执行；**不予支持的,应当做好信访人的疏导教育工作。**
	第三十三条　各级机关、单位在处理申诉求决类事项过程中,可以在不违反政策法规强制性规定的情况下,在裁量权范围内,经争议双方当事人同意进行调解；可以引导争议双方当事人自愿和解。经调解、和解达成一致意见的,应当制作调解协议书或者和解协议书。
第三十三条　信访事项应当自受理之日起 60 日内办结；情况复杂的,经本**行政**机关负责人批准,可以适当延长办理期限,但延长期限不得超过 30 日,并告知信访人延期理由。**法律、行政法规另有规定的,从其规定。**	第三十四条　对本条例第三十一条第六项规定的信访事项应当自受理之日起 60 日内办结；情况复杂的,经本机关、**单位**负责人批准,可以适当延长办理期限,但延长期限不得超过 30 日,并告知信访人延期理由。
第三十四条　信访人对**行政机关**作出的信访**事项**处理意见不服的,可以自收到书面答复之日起 30 日内请求原办理**行政**机关的上一级**行政**机关复查。收到复查请求的**行政**机关应当自收到复查请求之日起 30 日内提出复查意见,并予以书面答复。	第三十五条　信访人对信访处理意见不服的,可以自收到书面答复之日起 30 日内请求原办理机关、**单位**的上一级机关、**单位**复查。收到复查请求的机关、**单位**应当自收到复查请求之日起 30 日内提出复查意见,并予以书面答复。

续表

2005 年《信访条例》	2022 年《信访工作条例》
第三十五条 信访人对复查意见不服的,可以自收到书面答复之日起 30 日内向复查机关的上一级**行政**机关请求复核。收到复核请求的**行政**机关应当自收到复核请求之日起 30 日内提出复核意见。 复核机关可以按照本条例第三十一条**第二款**的规定举行听证,经过听证的复核意见可以依法向社会公示。听证所需时间不计算在前款规定的期限内。 信访人对复核意见不服,仍然以同一事实和理由提出投诉请求的,各级人民政府信访**工作机构**和其他行政机关不再受理。	第三十六条 信访人对复查意见不服的,可以自收到书面答复之日起 30 日内向复查机关、**单位**的上一级机关、**单位**请求复核。收到复核请求的机关、**单位**应当自收到复核请求之日起 30 日内提出复核意见。 复核机关、**单位**可以按照本条例第三十一条**第六项**的规定举行听证,经过听证的复核意见可以依法向社会公示。听证所需时间不计算在前款规定的期限内。 信访人对复核意见不服,仍然以同一事实和理由提出投诉请求的,各级党委和政府信访部门和其他机关、单位不再受理。
	第三十七条 各级机关、单位应当坚持社会矛盾纠纷多元预防调处化解,人民调解、行政调解、司法调解联动,综合运用法律、政策、经济、行政等手段和教育、协商、疏导等办法,多措并举化解矛盾纠纷。 各级机关、单位在办理信访事项时,对生活确有困难的信访人,可以告知或者帮助其向有关机关或者机构依法申请社会救助。符合国家司法救助条件的,有关政法部门应当按照规定给予司法救助。 地方党委和政府以及基层党组织和基层单位对信访事项已经复查复核和涉法涉诉信访事项已经依法终结的相关信访人,应当做好疏导教育、矛盾化解、帮扶救助等工作。

续表

2005年《信访条例》	2022年《信访工作条例》
	第五章　监督和追责
	第三十八条　各级党委和政府应当对开展信访工作、落实信访工作责任的情况组织专项督查。 信访工作联席会议及其办公室、党委和政府信访部门应当根据工作需要开展督查，就发现的问题向有关地方和部门进行反馈，重要问题向本级党委和政府报告。 各级党委和政府督查部门应当将疑难复杂信访问题列入督查范围。
第七条　各级人民政府应当建立健全信访工作责任制，对信访工作中的失职、渎职行为，严格依照有关法律、行政法规和本条例的规定，追究有关责任人员的责任，并在一定范围内予以通报。 各级人民政府应当将信访工作绩效纳入公务员考核体系。 第八条第二款　对在信访工作中做出优异成绩的单位或者个人，由有关行政机关给予奖励。	第三十九条　各级党委和政府应当以依规依法及时就地解决信访问题为导向，每年对信访工作情况进行考核。考核结果应当在适当范围内通报，并作为对领导班子和有关领导干部综合考核评价的重要参考。 对在信访工作中作出突出成绩和贡献的机关、单位或者个人，可以按照有关规定给予表彰和奖励。 对在信访工作中履职不力、存在严重问题的领导班子和领导干部，视情节轻重，由信访工作联席会议进行约谈、通报、挂牌督办，责令限期整改。
第三十六条　县级以上人民政府信访工作机构发现有关行政机关有下列情形之一的，应当及时督办，并提出改进建议： （一）无正当理由未按规定的办理期限办结信访事项的； （二）未按规定反馈信访事项办理	第四十条　党委和政府信访部门发现有关机关、单位存在违反信访工作规定受理、办理信访事项，办理信访事项推诿、敷衍、拖延、弄虚作假或者拒不执行信访处理意见等情形的，应当及时督办，并提出改进工作的建议。 对工作中发现的有关政策性问

续表

2005年《信访条例》	2022年《信访工作条例》
结果的； （三）未按规定程序办理信访事项的； （四）办理信访事项推诿、敷衍、拖延的； （五）不执行信访处理意见的； （六）其他需要督办的情形。 收到改进建议的行政机关应当在30日内书面反馈情况；未采纳改进建议的，应当说明理由。	题，应当及时向本级**党委和政府**报告，并提出完善政策的建议。 对在信访工作中推诿、敷衍、拖延、弄虚作假造成严重后果的机关、单位及其工作人员，应当向有管理权限的机关、单位提出追究责任的建议。 对信访部门提出的改进工作、完善政策、追究责任的建议，有关机关、单位应当书面反馈采纳情况。
第三十七条 县级以上人民政府信访工作机构对于信访人反映的有关政策性问题，应当及时向本级人民政府报告，并提出完善政策、**解决问题**的建议。	
第三十八条 县级以上人民政府信访工作机构对在信访工作中推诿、敷衍、拖延、弄虚作假造成严重后果的**行政机关工作人员，可以**向有关行政机关提出**给予行政处分**的建议。	
第三十九条 县级以上人民政府信访工作机构应当就以下事项向本级人民政府**定期提交信访情况分析报告：** （一）受理信访事项的数据统计、信访事项涉及领域以及被投诉较多的机关； （二）转送、督办情况以及各部门采纳改进建议的情况； （三）提出的政策性建议及其被采纳情况。	第四十一条 党委和政府信访部门应当编制信访情况年度报告，每年向本级党委和政府、上一级党委和政府信访部门报告。年度报告应当包括下列内容： （一）信访事项的数据统计、信访事项涉及领域以及被投诉较多的机关、单位； （二）党委和政府信访部门转送、交办、督办情况； （三）党委和政府信访部门提出改

续表

2005年《信访条例》	2022年《信访工作条例》
	进工作、完善政策、追究责任建议以及被采纳情况； （四）其他应当报告的事项。 　　根据巡视巡察工作需要，党委和政府信访部门应当向巡视巡察机构提供被巡视巡察地区、单位领导班子及其成员和下一级主要负责人有关信访举报，落实信访工作责任制，具有苗头性、倾向性的重要信访问题，需要巡视巡察工作关注的重要信访事项等情况。
第六章　法律责任	
第四十条　因下列情形之一导致信访事项发生，造成严重后果的，对直接负责的主管人员和其他直接责任人员，**依照有关法律、行政法规的规定给予行政处分**；构成犯罪的，依法追究刑事责任： 　　（一）超越或者滥用职权，侵害信访人合法权益的； 　　（二）**行政机关**应当作为而不作为，侵害信访人合法权益的； 　　（三）适用法律、法规错误或者违反法定程序，侵害信访人合法权益的； 　　（四）拒不执行有权处理**的行政机关**作出的支持信访请求意见**的**。	**第四十二条**　因下列情形之一导致信访事项发生，造成严重后果的，对直接负责的主管人员和其他直接责任人员，**依规依纪依法严肃处理**；构成犯罪的，依法追究刑事责任： 　　（一）超越或者滥用职权，侵害公民、法人或者其他组织合法权益； 　　（二）应当作为而不作为，侵害公民、法人或者其他组织合法权益； 　　（三）适用法律、法规错误或者违反法定程序，侵害公民、法人或者其他组织合法权益； 　　（四）拒不执行有权处理机关、单位作出的支持信访请求意见。
第四十一条　县级以上人民政府信访**工作机构**对收到的信访事项应当登记、转送、交办而未按规定登记、转送、交办，或者应当履行督办职责而未履行的，由其上级**行政机关**责令改正；	**第四十三条**　各级党委和政府信访部门对收到的信访事项应当登记、转送、交办而未按照规定登记、转送、交办，或者应当履行督办职责而未履行的，由其上级机关责令改正；造成严

续表

2005年《信访条例》	2022年《信访工作条例》
造成严重后果的,对直接负责的主管人员和其他直接责任人员依法**给予行政处分**。	重后果的,对直接负责的主管人员和其他直接责任人员**依规依纪依法严肃处理**。
第四十二条　负有受理信访事项职责的**行政机关在受理信访事项过程中违反本条例的规定**,有下列情形之一的,由其上级**行政机关**责令改正;造成严重后果的,对直接负责的主管人员和其他直接责任人员依法**给予行政处分**： (一)对收到的信访事项不按规定登记的; (二)对属于其**法定**职权范围的信访事项不予受理的; (三)**行政机关**未在规定期限内书面告知信访人是否受理信访事项**的**。	第四十四条　负有受理信访事项职责的机关、**单位**有下列情形之一的,由其上级机关、**单位**责令改正;造成严重后果的,对直接负责的主管人员和其他直接责任人员**依规依纪依法严肃处理**： (一)对收到的信访事项不按照规定登记; (二)对属于其职权范围的信访事项不予受理; (三)未在规定期限内书面告知信访人是否受理信访事项。
第四十三条　对信访事项有权处理的**行政机关在办理信访事项过程中**,有下列行为之一的,由其上级**行政机关责令改正**;造成严重后果的,对直接负责的主管人员和其他直接责任人员依法**给予行政处分**： (一)推诿、敷衍、拖延信访事项办理或者未在**法定**期限内办结信访事项的; (二)对事实清楚,符合法律、法规、规章或者其他有关规定的投诉请求未予支持的。	第四十五条　对信访事项有权处理的机关、**单位**有下列**情形**之一的,由其上级机关、**单位**责令改正;造成严重后果的,对直接负责的主管人员和其他直接责任人员**依规依纪依法严肃处理**： (一)推诿、敷衍、拖延信访事项办理或者未在**规定**期限内办结信访事项; (二)对事实清楚,符合法律、法规、规章或者其他有关规定的投诉请求未予支持; (三)对党委和政府信访部门提出的改进工作、完善政策等建议重视不够,落实不力,导致问题长期得不到解决;

续表

2005年《信访条例》	2022年《信访工作条例》
	(四)其他不履行或者不正确履行信访事项处理职责的情形。
第四十四条 行政机关工作人员违反本条例规定,将信访人的检举、揭发材料或者有关情况透露、转给被检举、揭发的人员或者单位的,**依法给予行政处分**。 行政机关工作人员在处理信访事项过程中,作风粗暴,激化矛盾并造成严重后果的,依法给予行政处分。	第四十六条 有关机关、单位及其领导干部、工作人员有下列情形之一的,由其上级机关、单位责令改正;造成严重后果的,对直接负责的主管人员和其他直接责任人员**依规依纪依法严肃处理**;构成犯罪的,依法追究刑事责任: (一)对待信访人态度恶劣、作风粗暴,损害党群干群关系; (二)在处理信访事项过程中吃拿卡要、谋取私利;
第四十五条 行政机关及其工作人员违反本条例第二十六条规定,对可能造成社会影响的重大、紧急信访事项和信访信息,隐瞒、谎报、缓报,或者授意他人隐瞒、谎报、缓报,造成严重后果的,对直接负责的主管人员和其他直接责任人员依法**给予行政处分**;构成犯罪的,依法追究刑事责任。	(三)对规模性集体访、负面舆情等处置不力,导致事态扩大; (四)对可能造成社会影响的重大、紧急信访事项和信访信息隐瞒、谎报、缓报,或者未依法及时采取必要措施;
第四十六条 打击报复信访人,构成犯罪的,依法追究刑事责任;**尚不构成犯罪的,依法给予行政处分或者纪律处分**。	(五)将信访人的检举、揭发材料或者有关情况透露、转给被检举、揭发的人员或者单位; (六)打击报复信访人; (七)其他违规违纪违法的情形。
第四十七条 违反本条例第十八条、第二十条规定的,有关国家机关工作人员应当对信访人进行劝阻、批评或者教育。 经劝阻、批评和教育无效的,由公安机关予以警告、训诫或者制止;违反集会游行示威的法律、行政法规,或者	第四十七条 信访人违反本条例第二十条、第二十六条规定的,有关机关、**单位**工作人员应当对**其**进行劝阻、批评或者教育。 信访人滋事扰序、缠访闹访情节严重,构成违反治安管理行为的,或者违反集会游行示威**相关法律法规的**,

续表

2005 年《信访条例》	2022 年《信访工作条例》
构成违反治安管理行为的,由公安机关依法采取必要的现场处置措施、给予治安管理处罚;构成犯罪的,依法追究刑事责任。 **第四十八条** 信访人捏造歪曲事实、诬告陷害他人,构成犯罪的,依法追究刑事责任;**尚不构成犯罪的**,由公安机关依法给予治安管理处罚。	由公安机关依法采取必要的现场处置措施、给予治安管理处罚;构成犯罪的,依法追究刑事责任。 　　信访人捏造歪曲事实、诬告陷害他人,**构成违反治安管理行为的**,依法给予治安管理处罚;构成犯罪的,依法追究刑事责任。
第七章　附　　则	第六章　附　　则
第五十条　对外国人、无国籍人、外国组织信访事项的处理,参照本条例执行。	**第四十八条**　对外国人、无国籍人、外国组织信访事项的处理,参照本条例执行。
	第四十九条　本条例由国家信访局负责解释。
第五十一条　本条例自 2005 年 5 月 1 日起施行。1995 年 10 月 28 日国务院发布的《信访条例》同时废止。	**第五十条**　本条例自 2022 年 5 月 1 日起施行。

附录二 典 型 案 例

最高人民法院发布第一批涉执信访实质性化解典型案例[①]

案例1 龚某不服执行和解协议信访案

——双方当事人达成执行和解协议,申请人龚某不服应另行提起民事诉讼。江西法院"院领导接访"制度促化解

【基本案情】

龚某与王某英、涂某借款合同纠纷案,2018年4月,江西省南昌市青山湖区人民法院作出民事判决书,判令由王某某偿还83万元及利息,涂某承担连带清偿责任。判决生效后,被执行人王某某、涂某未履行判决义务。2019年7月,龚某申请法院立案执行。执行中,双方当事人协商达成执行和解协议,被执行人按约还款90万元。2021年7月,龚某不服执行和解协议,以该案未执行到位为由信访。江西高院通过院领导接访,耐心倾听其诉求,详细了解案件情况发现,根据《最高人民法院关于执行和解若干问题的规定》,龚某不服执行和解协议的诉求应通过另行提起民事诉讼解决。为减少当事人诉累,及时回应人民群众诉求,江西高院立即督促指导下级法院对该案加大调解工作力度。江西省南昌市青山湖区人民法院迅速行动,上门做被执行人思想工作,动之以情、晓之以理、明之以法。经过不懈努力再次促成双方当事人达成和解并当场履行完毕。该案成功化解。

[①] 《最高人民法院发布第一批涉执信访实质性化解典型案例》,载最高人民法院网站2021年11月18日,https://www.court.gov.cn/zixun-xiangqing-332151.html。

【典型意义】

本案是江西法院"院领导接访"制度成功化解涉执信访、减轻群众诉累、落实"我为群众办实事"活动要求的典型案例。"院领导接访"制度，是由江西各级法院院领导定期轮流带案"面对面"接待信访群众，畅通诉求渠道，高位推动矛盾化解，及时解决人民群众"急难愁盼"问题的一项重要举措。本案通过"院领导接访"制度及时找准龚某核心诉求，自上而下联动促成案件再次和解，有效地避免了龚某另行提起民事诉讼产生的诉累，提高了群众获得感和满意度。

案例2　侨胞金某某申请强制执行借款信访案

——被执行人涉案10余件欠债上亿元，无能力履行判决义务。江西三级法院联动协调促执行和解

【基本案情】

金某某与吴某国、高安市某陶瓷有限公司民间借贷纠纷案，2016年12月，江西省高安市人民法院作出民事判决书，判令由吴某国、高安市某陶瓷有限公司偿还800万元及利息。判决生效后，被执行人吴某国、高安市某陶瓷有限公司未按期履行判决义务。2017年9月，金某某申请法院强制执行。执行中，江西省高安市人民法院调查查明，被执行人在多家法院涉及10件在执案件，其财产被另案首先查封且全部存在抵押贷款情况。该院对被执行人吴某国采取司法拘留措施，因身体原因无法收拘。根据申请执行人金某某提供的线索，该院深入调查发现被执行人高安市某陶瓷有限公司有租金收入。但该租金被当地镇政府监管，用于偿还其拖欠的工人工资800余万元，以及税款、环保费、电费、物业费等1200余万元等。因租金不足支付全部工人工资和各类欠费，且受疫情影响租金下降，致案件难以执行租金受偿，引发金某某信访。江西高院予以执行督办并联合宜春市中级人民法院赴高安实地督导，组织双方当事人协商，促使吴某国承诺每月支付5万元至10万元，并提供一处他人名下的国有出让工业用地进行担保，获得金某某的同意，案件得以顺利

化解。2021年9月,该案执行到位280万元,剩余款项正在按约履行中。

【典型意义】

本案是省市县三级法院联动化解重大疑难复杂涉执信访的典型案例。在这起案件中,江西省高级人民法院第一时间督办处理,宜春市中级人民法院跟踪问效,高安市人民法院深入调查、多方沟通、积极协调。案件执行面临困局时,省市两级法院赴实地督导,当场组织双方当事人协商达成分期付款加财产担保的执行和解协议,成功妥善化解了该起侨胞信访案,体现了人民法院切实解决人民群众诉求的信心和决心,取得了较好的政治效果和法律效果。

案例3 | **陈某某等124名农民工申请强制执行劳动报酬信访案**
——被执行人欠下巨额债务,无力支付203万元工资,引发农民工集体信访。萍乡两级法院运用"协同执行"机制成功化解信访矛盾

【基本案情】

陈某某等124名农民工与萍乡市某烟花爆竹制造有限公司追索劳动报酬纠纷案,2020年10月,江西省芦溪县人民法院作出多份民事判决书,判令由萍乡市某烟花爆竹制造有限公司支付劳动报酬合计203万元。判决生效后,被执行人萍乡市某烟花爆竹制造有限公司未履行判决义务,同年12月,陈某某等124名农民工申请法院强制执行。执行中,江西省芦溪县人民法院调查发现被执行人萍乡市某烟花爆竹制造有限公司在萍乡市中级人民法院、安源区人民法院、上栗县人民法院均有借款纠纷案件在执,欠款金额高达2000余万元,无财产可供执行,致本案执行不能,暂以终结本次执行程序结案。其间,江西省芦溪县人民法院根据举报线索,查实并冻结了被执行人退出烟花爆竹生产政府奖补金80万元。但该奖补金也被江西省萍乡市中级人民法院等其他3家法院冻结。2021年6月,陈某某等124名农民工得知情况后到市、县集体信访,请求优先受偿。为妥善化解农民工集体信访矛盾,江西省芦溪县人民法院报请萍乡市中级人民

法院启动协同执行机制。该院经审查决定协同执行,并同意由江西省芦溪县人民法院扣划、提取奖补金和主持分配。江西省芦溪县人民法院将该笔奖补金扣划到位,并组织召开债权人会议。陈某某等124名农民工以其债权为工资为由要求优先受偿。其他债权人以其案件首先有效冻结为由要求按比例分配。各方未达成一致分配意见。江西省芦溪县人民法院采取见证执行方式,与债权人一同前往相关单位调查,确认该院冻结为首先有效冻结。同时该院采取执行听证方式,释明农民工生活困难情况,消除其他债权人猜疑,获得了大多数借款债权人支持。2021年8月,该院制作并送达财产分配方案,确定由陈某某等124名农民工受偿,各方均未提出异议,现已将80万元发放完毕,矛盾得以顺利化解。

【典型意义】

本案是运用协同执行机制成功化解农民工集体涉执信访的典型案例。协同执行机制是最高人民法院建立的针对重大、疑难、复杂或长期未结等执行案件,上级法院发挥统一协调职能优势,统一调度使用辖区法院执行力量,协同、帮助辖区法院实施强制执行,切实为基层法院减负的一项工作机制。本案中,江西省萍乡市中级人民法院决定启动协同执行机制,并协调辖区其他法院同意统一由江西省芦溪县人民法院提取奖补金。执行中,江西省芦溪县人民法院采取见证执行、执行听证、债权人会议等方式,充分保障各方当事人的知情权、异议权,有效解决了首先冻结、财产分配争议问题,顺利将款项发放给陈某某等124名农民工,将一起群体性信访事件及时消化在基层,取得了较好法律效果和政治效果。

案例4 宋某申请强制执行人身损害赔偿款信访案

——被执行人与申请人达成执行和解后下落不明,申请人长达20年未申请法院继续执行致案件陷入困局。江西省井冈山市人民法院运用"三推送"机制成功执结

【基本案情】

宋某与郭某、肖某、刘某、罗某中人身损害赔偿纠纷案,2000年12

月,江西省井冈山市人民法院作出民事判决书,判令由郭某、肖某、刘某赔偿14097.52元,由罗某中赔偿42238.56元。判决生效后,被执行人未履行判决义务。2001年2月,宋某申请法院强制执行。执行中,被执行人郭某、肖某和刘某支付了赔偿款。同年4月,江西省井冈山市人民法院组织宋某与被执行人罗某中调解并达成执行和解协议,约定由罗某中向宋某直接支付赔偿款。和解后,被执行人罗某中外出打工下落不明,申请人宋某长期未向法院反馈此情况并要求继续执行,直至2021年4月在第一批政法队伍教育整顿期间才反映此案,致案件未能得到及时执行。江西省井冈山市人民法院立即启动"三推送"机制,向当地村委会、乡镇、民政、公安等推送被执行人罗某中信息,请求协助查找下落线索。"三推送"协助部门反馈未发现被执行人罗某中的行踪。但通过公安反馈结果发现被执行人罗某中现已更名为罗某忠。该院及时将此情况告知"三推送"协助部门,并根据反馈线索顺利找到了被执行人罗某忠。经传唤,罗某忠到江西省井冈山市人民法院当场履行了9950元。其间,该院拟采取司法拘留措施,考虑到其父母已过世,夫妻长期分居,独自抚养3个小孩,决定暂缓拘留。但被执行人罗某忠出具承诺书并履行19000元。2021年5月,该案全部执行完毕,且被执行人罗某忠另支付了25000元的迟延履行金。至此,该起20年前和解未履行案件得以顺利执结。

【典型意义】

本案是运用"三推送"执行机制成功化解涉执信访的典型案例。"三推送"机制是在党委政法委的领导下,依托基层综治中心,将协助执行工作纳入基层社会治安综合治理网格化管理的范围,由法院向相关单位、基层组织推送被执行人信息,请求协助送达、查找下落和财产线索、督促履行、化解涉执信访、开展法律宣传等的工作机制。江西省井冈山市人民法院启动该工作机制,在公安、村委会等协助下,成功查找到被执行人,并经过认真细致的工作,促成双方当事人和解并履行完毕,取得了较好的执行效果。

案例 5　曾某某申请强制执行交通事故赔偿信访案
——被执行人患严重疾病危及生命致生活困难,根本无力履行赔偿义务。江西省广昌县人民法院运用司法救助制度促化解

【基本案情】

曾某某与张某富道路交通事故损害赔偿纠纷案,2018年6月,江西省广昌县人民法院作出民事判决书,判令由张某富赔偿5.6万元。判决生效后,被执行人张某富未履行判决义务。同年9月,曾某某申请法院强制执行。执行中,江西省广昌县人民法院认真开展调查,被执行人张某富已离婚和外出务工,仅有一未成年儿子和60岁母亲在家,家庭生活十分困难,未发现可供执行财产。但根据举报线索在车站蹲守成功将被执行人张某富拘传到法院。江西省广昌县人民法院拟进一步采取司法拘留措施,但体检时发现被执行人张某富患严重强直性脊椎炎,随时有生命危险,且因无力支付高额医疗费至今未就医,不宜收拘,案件执行陷入困境。为此,江西省广昌县人民法院一方面协调村干部和被执行人亲属做其履行赔偿义务的思想工作,另一方面将被执行人家庭和身体状况反馈给申请人,得到其理解。考虑双方当事人家庭均十分困难,江西省广昌县人民法院主动向当地党委政法委报告案件情况争取支持,帮助申请人申报国家司法救助资金,以解燃眉之急。2021年7月,该案通过司法救助方式成功化解。

【典型意义】

本案是成功运用国家司法救助制度有效化解小标的涉民生执行信访的典型案例。类似该案的执行实践中,人民法院往往遇到双方当事人家庭生活均十分困难的情况,被执行人根本无力履行致案件执行不能而引发信访。本案执行中,江西省广昌县人民法院除加大执行力度外,还多措并举,协调各方做好当事人的思想工作,积极运用国家司法救助制度帮助申请人纾解生活困难,既维护了胜诉当事人的合法权益,也赢得了双方当事人的满意,最大限度地化解信访矛盾,促进社会和谐稳定,具

有较强的指导意义。

案例 6 | 艾某申请强制执行工伤赔偿信访案
——被执行人隐藏财产拒不履行国家脱贫对象工伤赔款,江西省新余市渝水区人民法院运用执行专项调查措施促案件顺利执结

【基本案情】

艾某与新余某机械制造有限公司工伤赔偿纠纷案,2018年8月,江西省新余市渝水区人民法院作出民事判决书,判令由新余某机械制造有限公司赔偿64万余元。判决生效后,该公司未履行判决义务。同年10月,艾某申请法院强制执行。执行中,江西省新余市渝水区人民法院迅速查控了被执行人名下财产,并执行到位4.4万元,之后未能发现其他财产,案件进入执行不能状态。考虑到申请人艾某工伤伤残四级且已离婚,无经济收入来源,还需抚养未成年女儿,系低保户、贫困户和国家脱贫对象,江西省新余市渝水区人民法院认真分析案情、改变执行思路、制定周密方案,依艾某申请追加该公司唯一股东尹某为本案被执行人,并开展深挖调查工作。经梳理分析调查线索,被执行人与新余市某钢铁公司有业务往来,并迅速冻结和扣划到位12万余元货款。同时发现被执行人隐名持有某典当公司股权,并迅速启动评估、拍卖程序。结合前述情况,该院拟进一步采取追究拒执罪措施。被执行人迫于执行压力,主动找到法院请求调解,最终在法院主持下达成执行和解协议,被执行人支付了45万余元赔偿。2021年5月,该案得以圆满解决,艾某赠送锦旗表示感谢。

【典型意义】

本案是人民法院充分发挥执行职能,运用执行专项调查措施,深挖调查财产线索顺利推动案件执结,服务和保障党中央乡村振兴大局的典型案例。因意外伤害致贫,是贫困产生的一个高发原由,也是影响社会和谐稳定的重要因素。这类弱势群体的权利维护,是执行工作服务乡村

振兴大局,落实"我为群众办实事"活动的具体要求。本案中,申请人艾某的生活在伤残后陷入贫困,江西省新余市渝水区人民法院开展执行专项调查,穷尽执行方法,综合运用各项强制执行措施,展开强大执行攻势,最终顺利将该案执结,取得了较好的政治效果、社会效果和法律效果。

案例7 胡某某申请强制执行办证信访案

——案涉房屋不符合登记规定导致无法办证,案件陷入执行不能境地。江西省景德镇市珠山区人民法院创新方法,多方协调成功化解"骨头案"

【基本案情】

信访人胡某某与景德镇某中学拆迁安置补偿合同纠纷案,2003年12月,江西省景德镇市中级人民法院作出二审民事判决书,判令由景德镇某中学代为办理并向胡某某交付教师公寓房屋所有权证。同时由该中学支付逾期交付房屋所有权证的违约金。判决生效后,景德镇某中学未按期履行判决义务。2004年3月,胡某某申请强制执行。执行中,江西省景德镇市珠山区人民法院调查发现案涉房屋因历史原因、手续不全,不符合办证规定,房地产管理部门无法协助办理,导致案件执行不能。为推动案件执行,该院组织双方当事人多次协商达成"房屋置换"和解方案,约定由被执行人景德镇某中学每年支付逾期违约金5000元,直至办证完毕止。同时由被执行人协调解决房屋置换问题。和解履行期间,被执行人景德镇某中学按约支付违约金,但未履行房屋置换义务。第一批政法队伍教育整顿期间,信访人胡某某上访要求强制执行办证。江西省景德镇市珠山区人民法院成立由局长带队的执行专班多次到房管、不动产登记等部门协调,均无法办证。面对困难,执行专班采取"背对背、面对面"等方式与当事人沟通,成功促使双方达成"房屋回购"和解方案,并得到了当地政府大力支持。2021年6月,该案顺利得到化解。

【典型意义】

本案是人民法院执行干警以啃"硬骨头"的精神,创新执行方法成功化解疑难复杂涉执信访的典型案例。本案中,因涉案房屋不符合办证规定,江西省景德镇市珠山区人民法院不能通过强制执行将不具备办证条件房屋"合法化",导致案件执行不能,引发申请人胡某某上访。为妥善化解信访矛盾,该院促成双方当事人达成"房屋置换"和解方案仍难以执行完毕。于是,该院改变执行思路,多方协调,再次促成双方当事人达成"房屋回购"和解方案,并在当地党委政府的大力支持下,破解了回购款支付难问题,促使信访矛盾得以彻底化解,取得了较好的政治效果、社会效果和法律效果。

案例8 杨某某申请强制执行企业偿还欠款信访案

——被执行人受疫情影响生产经营陷入困难,难以履行判决义务,被纳入失信名单。江西省南昌市西湖区人民法院运用信用承诺和信用修复机制双向化解信访矛盾

【基本案情】

杨某某与南昌某建筑有限公司借款合同纠纷案,2017年9月,江西省南昌市西湖区人民法院作出民事判决书,判令由南昌某建筑有限公司偿还28万元及利息。判决生效后,被执行人南昌某建筑有限公司未履行判决义务。2018年4月,杨某某申请法院强制执行。执行中,江西省南昌市西湖区人民法院深入开展线上线下调查,发现被执行人南昌某建筑有限公司在该院涉案较多且未能全部执行到位,存在执行不能的风险。经多次做思想工作,被执行人陆续履行大部分款项。其间,受疫情影响且被纳入失信名单,被执行人银行贷款审批受阻、企业重组遇到困难和无法正常进行工程投标,致无力偿还剩余借款。考虑此种情况,江西省南昌市西湖区人民法院决定采取执行和解方式对被执行人进行信用修复,且多次组织双方当事人协商,最终促成分期还款的和解方案,并由杨某某申请法院暂时解除失信名单。信用修复后,被执行人南昌某建

筑有限公司履行了全部还款义务。2021年3月，该案得以顺利执结。

【典型意义】

本案是人民法院秉持善意文明执行理念，成功运用信用承诺和信用修复机制双向化解信访矛盾的典型案例。本案中，江西省南昌市西湖区人民法院面对执行不能的困难，组织双方当事人协商促成和解，并征得申请人同意后实施信用修复措施，有效帮助被执行人恢复生产经营、重获盈利能力，全部偿清债务。该案执行既保障了胜诉当事人的合法权益得以兑现，又帮助被执行企业得以复产复工，起到了"办理一个案件救活一个企业"示范作用，对全国法院类似案件的办理具有较强的指导意义。

案例9　刘某某申请强制执行村小组支付工程款信访案

——被执行财产难以变价造成执行困难。江西省新干县人民法院紧紧依靠当地党委政府妥善化解信访矛盾

【基本案情】

刘某某与新干县金川镇某村委会某村小组建设工程施工合同纠纷案，2014年9月，江西省新干县人民法院作出民事判决书，判令由该村小组支付工程款10万余元及利息。判决生效后，新干县金川镇某村委会某村小组未履行判决义务。同年11月，刘某某申请法院强制执行。执行中，江西省新干县人民法院查明，被执行人新干县金川镇某村委会某村民小组有村民活动中心房屋一栋、休闲广场一处、某水库50%所有权和水库岛屿一座。上述土地为农村集体所有性质，依法不能直接面向社会公开拍卖，当地村民不愿购买，导致案件执行不能。为破解执行难题，江西省新干县人民法院根据线索得知当地政府有意征收被执行人所有的水库岛屿，积极与当地水务部门沟通，并向县委政法委专题报告。该县委政法委组织召开案件协调会，协调同意由被执行人的上级组织新干县金川镇某村委会代为清偿。因该村委会未按期履行还款义务，江西省新干县人民法院依申请追加其为本案被执行人。新干县金川镇某村委会未提出异议，并承诺偿还10万元本金，但未得到申请人刘某某同意。

案件执行再次陷入僵局。江西省新干县人民法院面对困难反复组织双方当事人协商促成和解,由新干县金川镇某村委会偿还 12 万元工程款,剩余 1 万元利息放弃。同时在当地县委政法委再次协调下,该村委会将名下水库区 380 亩滩地出租给某农业开发公司,并将租金 12 万元支付给刘某某。2021 年 7 月,本案得以顺利执结。

【典型意义】

本案是人民法院紧紧依靠党委政府成功化解涉执信访的典型案例。如何化解村委会、村小组债务纠纷是当前人民法院面临的一项紧迫而艰巨的任务。在当前法律政策框架下,盘活村集体组织名下闲置资产,紧紧依靠党委政府推动土地承包权流转或入股不失为一项有效措施。本案中,江西省新干县人民法院直面困难、多方协调、多方联动,紧紧依靠当地党委政府支持成功化解了信访矛盾,进而避免影响新农村建设和村集体组织的正常运转,维护了村集体组织的声誉,对今后处理同类案件提供有益经验。

案例 10　某电梯有限公司申请强制执行货款信访案

——被执行人的法定代表人伙同他人转移公司租金收入,拒不履行还款义务。江西省宜春市袁州区人民法院创新使用"预告知+预通知"执行措施攻克执行不能难题

【基本案情】

某电梯有限公司与江西某物流有限公司买卖合同纠纷案,2020 年 3 月,江西省宜春市袁州区人民法院作出民事调解书,确认由江西某物流有限公司支付货款 92.7 万元。调解生效后,江西某物流有限公司未履行还款义务。同年 6 月,某电梯有限公司申请法院强制执行。执行中,江西省宜春市袁州区人民法院线上调查发现,被执行人名下除一块被另案多次查封的土地外无其他登记财产。该院派员现场调查发现,被执行人已搬离原址,但原址处新建的一栋办公楼,引起了办案人员注意。经过走访了解,被执行人建起该栋办公楼但未办理产权证书,并将其出租

给其他公司办公,年租金收入 100 万元。江西省宜春市袁州区人民法院遂对租金流向进行调查,发现被执行人的法定代表人李某东伙同员工李某安以该员工的银行账号将租金转移,存在规避执行的违法行为,涉嫌构成拒执犯罪。在查清事实后,该院创新使用罚款和追究拒执罪等强制措施,于 2021 年 3 月 12 日分别向被执行人的法定代表人李某东和员工李某安发出《涉嫌拒执犯罪预告书》和《预罚款通知书》,限在 7 日内清偿全部货款,否则将其涉嫌拒不执行判决、裁定罪线索移送公安机关侦查,并分别罚款 10 万元。被执行人于 7 日内清偿了全部货款。李某东和员工李某安向法院出具了悔过书。同年 3 月 19 日,该案得以执行完毕。

【典型意义】

本案是人民法院创新使用罚款和追究拒执犯罪措施,采取预罚款和涉嫌拒执犯罪预告等方式成功推动案件执行完毕和有效化解信访矛盾的典型案例。执行实践中,被执行人对办案人员的"涉嫌拒执犯罪"口头警告往往不以为然,根本没充分意识到转移财产规避执行所产生的严重法律后果。本案中,江西省宜春市袁州区人民法院创新运用"预告知+预通知"执行模式,让被执行人意识到规避执行的法律后果,给予其权衡利弊作出选择的时间,同时给予被执行企业法定代表人李某东和员工李某安悔改的机会,促使其主动履行判决义务,充分体现了善意文明的执行理念,彰显司法的权威和温度。

最高人民法院发布第二批
涉执信访实质性化解典型案例[①]

案例 1　法拍房买受人韦某申请强制腾退信访案

——法拍房成交后出现承租人异议,买受人信访要求法院强制腾退,北京市第三中级人民法院在保证程序正义基础上,引入心理疏导等多手段联动机制,促使法拍房实际占用人主动腾退

【基本案情】

张某与李某、庞某仲裁执行案,2020 年 12 月,案涉不动产经拍卖成交。此后,被执行人亲属李某 1 与法院联系,称其之前出过买房款,故对该房产享有使用权,法院不能要求其腾退,态度强硬。而后,同系被执行人亲属的张某 1、李某 2 向法院申请执行异议,主张其是案涉房产承租人。异议审查期间,北京市第三中级人民法院中止对案涉不动产的强制腾退工作。异议被裁定驳回后,当事人又向北京市高级人民法院复议。复议案件审查期间,买受人韦某信访称其认为本案存在消极执行问题,要求法院考虑其实际困难,尽快腾房。法院考虑到买受人孕晚期的特殊身体、心理状况,与其多次进行恳切沟通,充分释明本案因程序原因暂时中止执行的客观情况,晓之以理,动之以情,对其进行情绪疏导和宽慰,尽可能减少对其身体的不利影响。2021 年 8 月 30 日,北京市高级人民法院裁定驳回张某 1、李某 2 的复议请求。租赁权阻碍消失后,北京市第三中级人民法院多措并举,力求以最短时间、最小伤害、最好效果完成案涉房产的腾退工作。经调查,案涉房产的实际占用人为被执行人的父

[①] 《第二批涉执信访实质性化解典型案例》,载最高人民法院网站 2021 年 12 月 21 日,https://www.court.gov.cn/zixun-xiangqing-337931.html。

母,两位老人年龄较大,且被执行人父亲患有癌症,强制腾退风险较高。同时,李某1在与法院沟通过程中多次表示,如果强制腾退,其也不会善罢甘休。为妥善解决纠纷,保障各方人身财产安全,法院有针对性地作出尽可能以劝说主动腾退为主、强制腾退为辅的基本工作方案。一方面,法官多次前往案涉不动产所在地并与实际占用人及被执行人沟通,晓以利害,分析主动腾退的好处及强制腾退的风险。另一方面,立即启动强制腾退准备工作,充分考虑强制腾退可能出现的意外情况,制定包含腾退后安置场所、物品运输、警力、医疗、消防、罚款、拘留等强制腾退预案,张贴强制腾退公告,以强制腾退的威慑力为辅助手段。同时,北京市第三中级人民法院与申请执行人积极沟通,申请执行人对实际占用人及被执行人的实际情况表示理解与同情,主动减免一部分被执行人所欠债务,促使实际占用人主动腾退。经过多方沟通协调,实际占用人愿意主动配合腾退,北京市第三中级人民法院于2021年10月将案涉不动产交付至买受人手中,实质化解信访。

【典型意义】

本案是人民法院注重心理疏导、沟通化解矛盾,多措并举以主动腾退代替强制腾退,实现法拍房顺利交付,有效化解信访矛盾的典型案例。法拍房的腾退交付工作是涉执行信访的突出矛盾之一,不动产拍卖成交后出现以承租为由的异议已成为阻碍法拍房交付的常见因素。本案中,北京市第三中级人民法院在保障程序正义的前提下,全面把握腾退工作所涉各方的核心诉求,制定有针对性的腾退方案,采取张弛有度的执行行为,同时将心理疏导机制引入信访化解,体现了人民法院切实解决人民群众诉求的信心和决心,实现了社会效果与法律效果的统一。

案例 2　**刘某某等申请强制执行交通事故赔偿款信访案**

——特大交通事故致五死二伤,被执行人因交通肇事被判刑,无力支付巨额赔偿,导致多个家庭陷入困境,死者家庭多人多次信访。江苏三级法院运用联动救助机制,成功化解信访积案

【基本案情】

刘某某等人与李某、董某某、临沭市某运输公司机动车交通事故责任纠纷案,江苏省苏州市吴中区人民法院作出多份民事判决,判令李某、董某某向该起交通事故中 5 名死者的近亲属赔偿 358 万余元,不足部分由临沭市某运输公司赔偿。判决生效后,上述各案 5 名死者的近亲属于 2013 年数次向江苏省苏州市吴中区人民法院申请强制执行。执行中,三被执行人均无财产可供执行,董某某因交通肇事罪被判处有期徒刑 6 年,江苏省苏州市吴中区人民法院经多次执行仍无法有效执结,因被执行人户籍所在地为山东省临沭县,该院于 2013 年 3 月委托山东省临沭县人民法院执行,亦未能有效执结。本次事故造成多个申请执行人家庭因此陷入困境,并引发多人多次重复信访。

2018 年 10 月,江苏省高级人民法院协同执行法院多次赴山东临沭、江苏赣榆执行,均未能查找到被执行人可供执行的财产。2019 年 10 月,江苏省苏州市吴中区人民法院立案恢复执行,经多次查询仍未能查到被执行人财产情况,再次前往山东临沭、江苏赣榆执行亦未果。上述案件穷尽执行措施后仍执行不能,未执行到位金额总计 358 万余元。

上述案件中的申请执行人有多名老人和未成年人,无生活来源,基本生活难以维系。江苏省苏州市吴中区人民法院在收到当事人提交的司法救助申请后,分别于 2014 年 2 月、2015 年 3 月、2017 年 2 月、2019 年 2 月、2020 年 1 月,分期向 5 个死者家庭发放执行救助款共计 30 万元,但因司法救助金额有限,案件始终无法执行到位,多个家庭仍无法摆脱困难并多次赴省信访。为此,江苏省高级人民法院决定启动三级法院联动救助机制,并向江苏省委政法委汇报,江苏省、市、区三级党委政法

委、法院迅速召开刘某某系列案件信访化解专题会议,经研究会商,5个死者家庭因交通事故损失特别重大,生活特别困难,合法权益始终未得到有效维护,为维持其家庭正常生活,妥善平息社会矛盾,按照司法救助规定,应给予刘某某等人最大限度的司法救助,由三级党委政法委、法院进行联合救助,确定联合救助金额150万元。同时,经向刘某某等人进行释法明理,5个死者家庭均承诺息诉罢访。2021年,该案通过司法救助方式成功化解,江苏省苏州市吴中区人民法院将到位的救助资金分批向各死者家庭予以发放,2021年9月,该院执行局局领导对获得救助的家庭进行回访,当事人均对人民法院通过联合救助方式解决纠纷表示感谢。

【典型意义】

本案是省、市、区三级法院紧紧依靠各级党委政府支持,运用联合救助方式妥善化解信访积案的典型案例。本案所涉交通事故造成5人死亡的严重后果,被执行人无力履行,申请执行人多个家庭生活陷入极度困难,并为此多人多次信访。江苏三级法院及时运用国家司法救助制度,畅通上下级法院执行联动救助渠道,积极协调争取更多的司法救助资金,提升司法救助额度,缓解基层法院资金不足难题,使因案致贫的多个家庭走出困境,以实际行动解决人民群众急难愁盼问题,最大限度化解信访矛盾,保障社会和谐稳定,体现了司法救助扶危济困的价值追求。

案例3 灌南县某房地产公司系列信访案

——房地产开发商资金断裂,大量预售商品房无法完成交付,买受人集体上访。江苏省灌南县人民法院创新"附条件托管"制度促化解

【基本案情】

江苏省灌南县人民法院自2016年起,立案受理原告李某等人分别起诉被告灌南县某房地产公司商品房销售合同纠纷、建设工程施工合同纠纷、金融借款合同纠纷共31件案件,案涉金额达6000多万元,其中金

额最大的为原告连云港某建设公司诉被告灌南县某房地产公司建设工程施工合同纠纷一案。

2016年1月,被告灌南县某房地产公司将自己开发的总面积约为46700平方米的商业用房和面积约为2600平方米的地下人防工程承包给原告连云港某建设公司施工建设,工程总价为6700万元。合同签订后,连云港某建设公司按约进行施工,施工过程中,灌南县某房地产公司一直变更相关要求,双方于同年11月20日签订了建设工程施工补充协议,建筑总面积变更为5万平方米,总价款变更为8500万元,工程付款方式变更为20#、21#楼达到二层时,灌南县某房地产公司付款2000万元,建设到五层时,付至3000万元,建至九层时付至4000万元,20#、21#楼竣工验收时付至总造价的97%。在连云港某建设公司已建超过9层时,灌南县某房地产公司未能按约定的进度支付工程款。连云港某建设公司于2017年1月13日起诉,要求灌南县某房地产公司暂支付原告工程款4000万元。案件审理过程中,经江苏省灌南县人民法院主持调解,双方当事人自愿达成如下协议:被告灌南县某房地产公司于2017年1月20日前支付原告连云港某建设公司工程款4000万元。另外,原告连云港某建设公司通过江苏省灌南县人民法院(2016)苏0724财保141号民事裁定保全被告灌南县某房地产公司所有的龙都花园三期的相关房产,享有了对其优先受偿的权利。

被告灌南县某房地产公司除无法支付连云港某建设公司工程款、无法偿还对其他债权人的融资款外,因资金断裂,其房地产开发项目不得不停工,大量已经预售的商品房无法完成交付,但这部分商品房买受人并未通过民事诉讼方式维护自身合法权益,而是采取至灌南县人民政府集体上访的方式,试图挽回自身的损失,更有商品房买受人至北京找中央机关上访。

灌南县某房地产系列民事案件判决先后生效,因该公司未主动履行法律文书确定的义务,申请执行人先后向江苏省灌南县人民法院申请执行,其中最大的债权人连云港某建设公司最先于2017年1月22日向江苏省灌南县人民法院申请执行。立案执行后,执行法院向被执行人送达执行通知书、报告财产令等执行文书,执行指挥中心发起网络查控,实施团队对被执行人进行传统查控。2017年2月5日,执行法官对被执行人灌南县某房地产公司开发的建设工程进行了现场勘察,了解开发楼盘的完成情况并向部分商品房买受人调查商品房交付情况。2017年6月6日,执行法官接待了部分案涉信访群众,了解到案涉三期建设工程尚未完工,已预售的房产因水电等附属工程不完善而无法进行交付且无法办理产权变更登记手续,致信访群发。2017年9月27日,向供水、供电、人防、税务、住建等多部门了解被执行人欠费情况。2018年年初,召开债权人会议,通报本案情况。2018年4月27日,召开首次被执行人、债权人代表、信访群众代表会议,充分进行沟通协调,但因各方之间矛盾较大,未就案涉财产处置方案达成一致意见。执行法院综合各方因素,认为案涉三期工程暂不宜处置。2019年,执行法院又多次组织召开各方代表会议,仍未能达成一致意见。故执行法院依法对灌南县某房地产公司所有的剩余未开发的土地使用权进行了询价,2020年9月22日,询价结果为:灌南县某房地产公司所有的土地使用权总价为5620500元,钢筋混凝土预应力桩基础总价为1341000元。无论是执行法院预判之被执行人资产价值还是实际询价结果,被执行人所有可处置资产根本不足以偿付向江苏省灌南县人民法院申请执行的申请人的债权,遑论尚未导入司法程序的大量信访房屋买受人之权益保护。并且,如果将该地块拍卖,所有权人变更后,因行政法规定楼间距等问题,新所有权人使用该地块建设建筑物数量将少于原可以建设数量,且原先已经快要施工完成的工程项目也会因为再没有资金注入而彻底变成"烂尾楼",债权人实现利益与债务人付出的代价不符合比例原则。

执行法院积极争取党委政府的支持,积极与申请执行人、被执行人沟通,2020年,多次召开多方主体参加的联席会议,探索创新和解模式,最终达成采用申请执行人托管被执行人可处置资产以及债务的方式,兼顾各方当事人的利益诉求的方案。2020年12月17日,被执行人灌南县某房地产公司与连云港某建设公司、孟某元(申请执行灌南县某房地产公司的第二大申请执行人)达成和解托管协议。和解托管协议约定,灌南县某房地产公司将前期的扫尾工作及22#、23#、24#共三幢楼的开发事宜以及建筑安装、房屋销售及整体小区的收盘全部委托给债权人连云港某建设公司、孟某元经营管理,涉及土地使用权后期开发的房产中,以2020年11月19日执行法院确定的土地评估价作为其抵偿债权人债务的资产,灌南县某房地产公司对该土地上新建楼盘不享有任何财产权益,不参与新建房产销售利润分配,申请执行人连云港某建设公司、孟某元与被执行人灌南县某房地产公司债权债务关系消灭,且二申请执行人承受灌南县某房地产公司欠政府债务1100万元,员工工资235万元,经执行法院判决和调解生效的债务450万元。和解托管协议已在履行过程中,案涉土地上工程项目已经施工建设,上访群众也已经息访。

2021年,执行法院对案涉三期工程施工情况、相关债权的履行情况、完工商品房交付等情况进行了跟进回访,目前和解托管协议履行良好。

【典型意义】

在灌南县某房地产公司附条件托管系列案件执行过程中,江苏省灌南县人民法院充分发挥政府有关部门的协调、组织作用,与申请执行人、被执行人保持良性沟通,克服诸多执行难点,有效衔接司法审判权与行政审批权,创新运用附条件托管被执行人债权债务的模式,善意文明执行,最大限度实现胜诉当事人的合法权益,充分发挥了执行职能作用,有效推动了法治化营商环境建设,对于推进国家治理体系和治理能力现代化、推进社会诚信体系建设起到了积极作用。

案例4　王某某申请个人债务重整信访案

——被执行人王某某身负巨额债务长达20余年,浙江省遂昌县人民法院积极引入个人债务重整制度,成功化解王某某系列债务纠纷

【基本案情】

2014年12月24日,浙江省遂昌县人民法院立案执行申请执行人叶

某某和被执行人王某某民间借贷一案，执行标的额190000元。执行过程中，该院通过"点对点"财产查询、线下调查等方式，均未发现被执行人王某某有可供执行的财产。2015年6月9日，该院将王某某纳入失信被执行人名单，并对该案予以程序终结。此后，该院又陆续立案执行王某某为被执行人的案件10件，累计执行标的额达260余万元，均以程序终结结案。

浙江省遂昌县人民法院在王某某系列案件执行过程中发现，王某某早年因做工程失败而背负300余万元巨额债务，拖欠至今已长达20余年。由于债务多、金额大，尤其是逾期利息逐年增加，加之自2002年起王某某母亲生病瘫痪在床需人照顾，长期以来王某某一边照顾母亲，一边靠打零工维持基本生活，根本无力清偿巨额债务，也没有偿还债务的想法。每当债权人上门讨债时，他就四处逃避，因此多次遭到债权人的威胁甚至殴打。有的申请执行人因未能执行到款项，就迁怒于法院，认为法院执行不力，到处向有关部门信访。

2020年下半年，浙江省遂昌县人民法院被浙江省高级人民法院确定为全省个人债务集中清理试点法院，探索开展个人债务集中清理工作。2021年4月，因王某某父亲（已故）的房产被征迁，王某某继承了237万元拆迁款。2021年4月21日，王某某在得知浙江省遂昌县人民法院正在试行通过个人债务重整一揽子解决债务的做法后，为了彻底解决自己长达20多年的债务问题，不再过四处躲债、担惊受怕的日子，便主动向该院提交了个人债务重整申请书。

申请个人债务重整期间，除已进入执行程序的11件案件外，王某某还主动申报了未进入司法程序的32笔债务，这些债务大部分已过诉讼时效。重整过程中，浙江省遂昌县人民法院审查确认王某某对外欠债355万余元，可分配款项为237万元，由于债权人之一的遂昌县某商业银行以内部规定不允许为由不愿作出让步，导致重整陷入僵局。为妥善化解矛盾，该院多次与遂昌县某商业银行等债权人进行沟通协调，最终促使遂昌县某商业银行修改内部规定，并组织各方债权人就债权受偿比例达成一致。成功达成协议后，遂昌县某商业银行表示该行将以此案为一个起点,依托浙江省遂昌县人民法院个人债务重整制度对其个人不良贷款处置机制进行全面改革,力争在最大程度实现其自身不良贷款回收的同时,帮助更多债务人摆脱债务危机过上正常生活,实现整体共赢。

2021年6月21日,各方债权人正式达成按一定比例受偿的重整方案。2021年6月24日,浙江省遂昌县人民法院将全部执行款项汇至各债权人银行账户。2021年6月25日,该院作出终结申请人王某某的个人债务重整程序的裁定,对王某某为被执行人的11件案件全部以执行完毕方式结案,并解除对王某某的所有强制执行措施。至此,长达20余年的王某某系列债务案得以圆满化解。

【典型意义】

2019年2月27日,最高人民法院在《关于深化人民法院司法体制综合配套改革的意见》中首次提出研究推动建立个人破产制度。本案系浙江省遂昌县人民法院积极引入个人债务重整制度成功化解信访矛盾纠纷的典型案例。浙江是民营经济大省、改革开放先行省份,浙江法院在个人破产领域实践先行,自2018年起开展试点探索个人债务集中清理工作。2020年12月2日,在全面总结试点经验的基础上,浙江省高级人民法院出台《浙江法院个人债务集中清理(类个人破产)工作指引(试行)》,将"有履行能力而拒不履行生效法律文书确定义务"的债务人与"诚实而不幸"的债务人予以区分,对前者采取强制执行措施,对后者可以通过个人债务集中清理进行集中执行,让债务人从债务的"锁链"中解脱出来。个人债务集中清理工作实现了个人破产制度与强制执行制度的充分衔接,具有债务人"破产保护"、债权人公平清偿、教育和风险警示等作用,有利于促进市场经济健全运行和完善社会主义市场经济法律体系。本案中,浙江省遂昌县人民法院为畅通执行不能案件依法退出路径,积极开展具有个人破产制度性质的"个人债务重整"工作,为后续个人破产制度立法提供了重要的实践素材和浙江样本。

案例5　汪某申请强制执行民间借贷信访案

——针对被执行人无财产可供执行,申请执行人债权无法执行到位,导致系列执行案件同时陷入僵局情况,安徽省定远县人民法院联合该县工业园区管委会,向该县县委、县政府作专题汇报,争取支持,由该县县委、县政府协调县城投公司收购上述"僵尸企业"资产,系列案件最终得以顺利执结

【基本案情】

汪某与汪某某民间借贷纠纷一案,安徽省定远县人民法院作出民事调解书,确认汪某某向汪某分期支付借款76万元。调解书生效后,汪某某未履行还款义务,汪某申请法院强制执行。执行中,安徽省定远县人民法院查明汪某某作为被执行人无财产可供执行,但作为另案申请执行人,却有较多未执行到位的债权案件在法院执行。经梳理,汪某某申请执行郭某某一案标的额较大,而郭某某作为申请执行人申请执行某化工公司一案,该化工公司在定远县工业园区有厂房及相关设备尚未处理。另查明,上述化工公司因不符合国家相关环保政策已关停多年,其厂房和设备经法院拍卖无人购买而流拍,几起案件执行均陷入僵局,汪某也因案件无法执行到位多次信访。

经多番走访调查,安徽省定远县人民法院得知当地县政府为清理"僵尸企业"出台了"腾笼换鸟"相关政策,有意征收位于县工业园区内的上述化工公司土地。为破解执行难题,安徽省定远县人民法院积极与该县工业园区管委会联系,联合向县委、县政府作系列执行案件化解专题汇报。县委、县政府召开协调会,协调同意由县城投公司按变卖价收购上述化工公司资产,收购程序结束后,县城投公司如约将收购款汇入法院执行款账户。2021年5月,上述系列案件得以顺利执结。

【典型意义】

本案是安徽省定远县人民法院紧紧依靠当地党委政府,实施府院联动成功化解涉执信访的典型案例。如何化解"僵尸企业"带来的系列案

件是当前人民法院面临的一项难题,自安徽省加入"长三角一体化"后,定远县县委、县政府加大招商引资力度,引进不少外地企业进驻县工业园区,工业园区土地供应紧张,这为处理"僵尸企业"提供了良好契机。安徽省定远县人民法院抓住机遇,多方协调,与县工业园区管委会联合行动,向县委、县政府作专题汇报,寻求帮助,顺利解决困扰多年的涉执信访矛盾,也成功盘活闲置国有资产。

案例6 焦某申请执行机动车交通事故赔偿款信访案

——被执行人企业为了规避执行,雇佣老弱村民为法定代表人,鄂托克旗人民法院向辖区工商行政管理局发出司法建议,要求予以整顿,促使案件顺利执结

【基本案情】

焦某与党某、党某海、沧州某运输队(个人独资企业)机动车交通事故责任纠纷案,2013年1月18日,鄂托克旗人民法院作出民事判决,判令党某海支付焦某581464.95元赔偿款,党某、沧州某运输队与党某海承担连带赔偿责任。判决生效后,党某海、党某、沧州某运输队未履行判决义务。2014年7月15日,焦某申请法院强制执行。执行过程中发现,被执行人党某因本案事故在监狱服刑,被执行人党某海下落不明,被执行人沧州某运输队注册时的住所地与实际经营地址不符,无法查找到公司及负责人,且没有可供执行的财产,本案于2015年1月5日终本结案。

2017年5月15日,鄂托克旗人民法院得到线索,当时的肇事车辆(已报废)还扣押在高速公路管理局,随即对本案恢复执行,并通过评估、拍卖、变卖程序对该车辆进行处置,但均流拍,申请执行人焦某也不同意前来法院接收车辆以物抵债。本次交通事故中,申请执行人焦某也造成他人伤亡,需要赔付,另案申请执行焦某的两件执行案件也均未履行完毕,焦某怕亲自过来法院处理案件将被法院采取强制执行措施,且另案两个申请执行人也不同意以物抵债上述肇事车辆。2018年4月25

日,法院依法向三被执行人发出限制高消费令,并将其纳入失信被执行人名单。2018 年 12 月 12 日,执行干警前往被执行人户籍地调查发现,被执行人党某海已去世,且无可供执行的财产,因此陷入困局,于 2018 年 12 月 29 日再次以终本方式结案。

2020 年 6 月 20 日,申请执行人焦某向鄂托克旗人民法院提交书面申请,要求追加被执行人沧州某运输队的原投资人周某峰及现投资人周某胜为本案被执行人。2020 年 8 月 6 日,鄂托克旗人民法院裁定追加周某峰及周某胜为本案被执行人,承担被执行人沧州某运输队应承担的义务,但因未查到其名下有可供执行的财产,故再次终本。

2020 年 11 月 23 日,申请执行人焦某持追加被执行人裁定书再次申请恢复执行。鄂托克旗人民法院依法向被执行人送达了执行通知书、报告财产令等法律文书,且及时通过网络查控手段对被执行人财产线索进行查询,但仍未查到可供执行的财产。

申请执行人焦某在 2021 年第一批政法队伍教育整顿开展后,向督导组反映此案未能执行到位。收到信访案件转办后,鄂托克旗人民法院党组高度重视,指派分管执行工作的院领导带头执行,经现场深入调查发现,此前被追加的被执行人系受被执行人沧州某运输队雇佣担任法定代表人,为当地村民,而非实际投资人和经营人。因此,鄂托克旗人民法院于 2021 年 5 月 1 日向被执行人沧州某运输队辖区工商行政管理局发出司法建议,要求对该运输队变更住所地未备案及法定代表人不符合法律规定的情况及时予以整顿。该运输队主动承认错误,于 2021 年 5 月 12 日汇入本案"一案一账户"案款 583966.31 元,本案顺利执行完毕,且以焦某为被执行人的其他两件关联案件均顺利执结,申请执行人也都得到了赔偿款。

【典型意义】

本案从执行不能到执行完毕历时 7 年,但最终得以圆满解决,是法院及时调整工作思路,积极采取多方联动,综合运用各项措施,不断加大执行力度的集中体现。既有力维护了当事人的合法权益,也避免了产生新的信访案件,对维护群众利益和地区和谐稳定具有积极意义。

案例 7 　王某申请强制执行借款信访案
——以履行债务的主要责任人为切入点,化解矛盾纠纷

【基本案情】

2008年,福建省厦门市中级人民法院受理王某诉某公司民间借贷纠纷一案,并依王某的申请,足额保全冻结某公司银行账户1667万元。该案经一审、二审,均判决驳回王某的全部诉讼请求。福建省厦门市中级人民法院遂解除了保全冻结。王某申请再审,最高人民法院经提审后判决支持了王某的诉讼请求。王某据此于2016年5月申请强制执行。但此时,某公司账户中已无分文,名下位于江西省九江市的房产亦转移登记至原法定代表人林某的女儿名下。历经8年取得的胜诉判决却无法兑现,王某情绪激动,多方反映对解除保全的不满。福建省厦门市中级人民法院多次向王某释明,并引导其就某公司转移财产的行为另行提起撤销权之诉。撤销权诉讼历经江西省九江市中级人民法院、江西省高级人民法院一审、二审并进入执行程序。2019年6月,撤销权判决履行完毕,某购物中心负一楼停车位的备案登记恢复至被执行人某公司名下。

在变更备案登记过程中,福建省厦门市中级人民法院为尽早实现申请执行人王某的合法权益,于2019年3月、4月两次先行发函江西省九江市房地产管理部门,征询拍卖车位的相关事宜。2019年7月,江西省九江市房地产管理部门函复福建省厦门市中级人民法院,某购物中心负一层因规划未计容,不能办理车位不动产转移登记手续。为此,福建省厦门市中级人民法院派员与江西省九江市房地产管理部门进一步协商车位拍卖问题,但未果。福建省厦门市中级人民法院立即改变执行方案,提取承租人的租金334000元。因执行到位的租金与执行标的额相距甚远,而执行标的因无法办理产权证,价值大打折扣,执行陷入僵局。王某遂不断上访、信访,言辞激烈。

福建省厦门市中级人民法院数次研讨案情,制定了以影响债务履行的主要责任人(原法定代表人)林某为切入点的执行方案。一是启动对

车位的处置程序,张贴腾房公告,向被执行人施加压力;二是对林某采取了限制消费、限制出境等措施,迫使其走到了面对问题的第一线;三是组织执行和解,以期最大化实现申请执行人合法权益。历经数月的背靠背和解,福建省厦门市中级人民法院把限购政策、税收承担、房产交付、权属变更、债权债务结算等问题都一一解决后,终于促成王某与林某、某公司在 2021 年 11 月签订了和解协议。林某以自有房产为某公司代偿债务,并于协议签订当日办理了房产交付及产权变更登记手续。2021 年 11 月 9 日,王某拿着刚到手的房屋权属证书到福建省厦门市中级人民法院制作笔录,明确表示长达 14 年的纠纷终于得到了圆满解决,其所有针对诉讼、执行的上访都同意息诉息访,感谢执行法院的努力付出。

【典型意义】

本案是以履行债务的主要责任人为切入点,化解矛盾纠纷的典型案件。案涉纠纷历时 14 年,横跨两省三级法院,且生效判决又因依法解除保全冻结造成执行不能。福建省厦门市中级人民法院立足解决问题的根本点,采取富有针对性的执行措施,最终促成各方当事人达成执行和解并及时履行完毕。该案的顺利执结,化解了当事人长达 14 年的心结,让各方当事人都对法律产生敬畏之心,也有了信赖之感,取得了良好的法律效果和社会效果。

案例 8　善意解封助推涉众欠薪案件执结案
——广东法院认真贯彻《工资支付条例》,及时兑现工人工资债权

【基本案情】

中山市某制衣厂因拖欠工人工资而被起诉,广东省中山市第一人民法院共受理相关案件 64 件,涉及 457 名工人工资 503 万余元。2020 年 9 月,广东省中山市第一人民法院查封了中山市某制衣厂的成品及设备。经核实,查封财产中包含由案外人某公司提供原材料、制衣厂负责代工的产品。因案外人急需将成品衣在国庆黄金周售卖,经广东省中山市中

级人民法院、中山市人社局等多方协调并经绝大多数工人同意,广东省中山市第一人民法院裁定解除对上述财产的查封,案外人随后将100万元案款转至法院账户,广东省中山市第一人民法院组织对364名工人工资按50%比例先行发放。此后,该院坚持"优先立案、优先执行、优先发放执行款"原则,继续采取执行措施,于2021年1月、9月分别执行到位217万余元、120万余元,全案累计执行到位439万余元,工人工资受偿比例达84%以上,工人普遍感到满意。

【典型意义】

该案是广东法院认真贯彻《工资支付条例》,及时兑现工人工资债权的典型案例。该案执行过程中,执行法院坚持善意文明执行,巧用"活水养鱼"查封措施,盘活企业资产,将疫情期间民营企业解决欠薪问题纳入"六稳""六保"工作范畴,在尽最大可能兑付欠薪工人工资的同时,帮助欠薪企业恢复生产,走出困境。

案例9　某农信社申请强制执行抵押土地信访案

——被执行的抵押土地已部分开发房屋并销售完毕,查封土地引起购房业主信访,广西壮族自治区柳州市中级人民法院发挥联动机制、创新执行方式妥善解决

【基本案情】

某农信社与某公司借款合同纠纷一案,广西壮族自治区柳州市中级人民法院作出的(2018)桂02民初2号民事判决生效后,某农信社依据该判决向该院申请强制执行,要求某公司偿还借款本金28190937.47元、罚息4085131.48元(暂计至2018年9月4日),拍卖、变卖设定抵押的土地使用权,从所得价款中优先受偿。广西壮族自治区柳州市中级人民法院在执行中发现,该土地已进行了部分开发,建成26栋商品房并销售完毕。因土地使用权上设定有抵押且被查封,已购房的数百户业主一直未能办理产权证,长期向柳州市国土部门、城区政府上访,要求法院解封土地,给购房业主办证。若不解封、强制执行拍卖抵押的土地使用权,

已购房业主的房屋产权不能实现。但若解封,被执行人无其他财产可供执行,申请执行人的债权得不到保障,农信社的金融债权无法回收。而且,该土地使用权未被开发的部分,多年来处于闲置状态,不及时处置会造成土地资源的巨大浪费。广西壮族自治区柳州市中级人民法院充分发挥主观能动性,在对土地现状和价格进行细致调查评估、与不动产管理部门探讨、并与当事人进行充分沟通的基础上,创新提出了对案涉土地使用权分割处理的方案:即注销原来的土地证,对已开发部分和未开发部分,分别办理两本土地使用权证,对未开发的土地进行拍卖,得款偿付申请执行人农信社;对已开发的土地进行解封,让购房业主办理产权证书。为有效落实该方案,广西壮族自治区柳州市中级人民法院积极主动向广西壮族自治区高级人民法院和柳州市市委市政府报告,在广西壮族自治区高级人民法院和柳州市市委市政府的组织协调下,金融管理和不动产管理部门与相关法院联动,顺利解决了土地使用权证分割、财产处置权移交问题。土地处置范围明确后,广西壮族自治区柳州市中级人民法院依法对该土地使用权采取了拍卖措施,并于 2021 年 4 月 20 日以最高价 4375 万元拍卖成交,所得价款在预留相关税费后已及时向农信社发放。另一方面,数百户购房业主目前已经全部办理房屋产权证;被拍卖的土地在成交后也进入了开发阶段。

【典型意义】

该案通过灵活的执行处置方式,既化解了购房业主的信访难题,用实际行动践行了"我为群众办实事",取得了较好的社会效果。同时,也保障了申请执行人的债权,实现了金融债权的顺利回收,还"救活"了闲置土地,为优化法治营商环境,服务当地经济社会高质量发展作出应有贡献,达到了"双赢"的效果。该案也是广西壮族自治区高级人民法院组织开展的涉农村合作金融机构未结执行案件"百日攻坚"活动效果的有力体现。

案例 10　阳某、韦某璋申请强制执行投资款及资金信访案

——协助执行人不履行协助义务,贵州省黎平县人民法院出具《预罚款决定书》促使案件顺利执结

【基本案情】

阳某、韦某璋申请执行贵州省黎平县某石料公司合同纠纷一案,2020年8月,贵州省黎平县人民法院作出民事判决,判令贵州省黎平县某石料公司支付原告阳某投资款及资金占用费等1460000元及利息、支付原告韦某璋投资款及资金占用费等1500000元及利息。贵州省黎平县某石料公司不服,遂向贵州省黔东南州中级人民法院上诉,该院作出二审判决,维持原判。判决生效后,贵州省黎平县某石料公司未履行生效法律文书确定的义务。2021年1月,阳某、韦某璋向法院申请强制执行。执行过程中,贵州省黎平县人民法院对被执行人被保全银行账户内的存款1044521.81元予以强制扣划。同年3月15日,贵州省黎平县人民法院依法对被执行人在第三人贵州某实业公司的1963369元债权款进行扣划,第三人贵州某实业公司以公司资金周转困难为由,请求法院给予时间筹款支付。该案承办法官充分考虑到第三人系黎平县重点企业,强制提取可能给第三人造成资金周转困难,同意第三人于2021年5月30日前缴清上述款项。在协助执行期限即将届满之前,贵州省黎平县人民法院又向第三人送达了风险告知书,第三人仍拒不协助将1963369元债权款汇入指定账户。2021年6月4日,贵州省黎平县人民法院将《预罚款决定书》送达第三人,该公司才将400000元汇入指定账户,并承诺5天后将剩余1563369元付清,若到期没付清,自愿承担一切法律后果。2021年6月9日,第三人将被执行人在该公司的剩余债权款1563369元汇入指定账户,该案得以顺利执行完毕结案。

【典型意义】

贵州省黎平县人民法院在办理本案过程中,认真贯彻落实善意文明执行理念,既维护了胜诉当事人的合法权益,又兼顾了辖区内重点企业

的经营发展,既获得了申请执行人的赞赏,又维护了黎平县良好的营商环境,取得了政治效果、法律效果与社会效果的有机统一。

《信访工作责任制实施办法》追责问责典型案例剖析(一)①

典型案例:因没有科学民主决策、依法履行职责而受到问责的情形

【基本案情】

案例1 基本案情:

2016年10月,G省B市N县27名信访人到最高检门前集体上访,反映N县建设火车站站前广场中存在违法强拆及安置补偿标准低等问题,其中15人自残。经查,信访人反映情况基本属实。N县政府在项目建设中存在以下问题:一是在项目尚未取得正式立项审批手续情况下便突击抢拆、抢建;二是未依法按征收决定通告履行征收程序,当日公告、次日就强拆;三是没有根据该区域房屋性质区别对待、分类处理,在未签订协议的情况下全部强行拆除,一个多月后才向被强拆户作出拆除房屋的处理意见;四是对被强拆户反映的诉求没有及时回应、认真处理。为此,B市责令N县县委和县政府作出书面检查并加以整改,对N县县委书记彭某进行诫勉谈话,对县长许某、副县长鲍某给予记大过处分,对县委常委、县委政法委书记、县公安局局长赵某给予党内警告处分。N县对县规划局主要负责人给予免职,并对相关单位的有关负责人分别给予党内警告处分、通报批评。

案例2 基本案情:

2017年2月,H省Q市信访人罗某等人信访反映,该市电网改造,

---

① 国家信访局:《〈信访工作责任制实施办法〉追责问责典型案例剖析(一)》,载国家信访局网站,https://www.gjxfj.gov.cn/gjxfj/xfgj/pgt/webinfo/2019/04/1590610821565323.htm。

全市居民享受国家惠民用电政策,平均用电价格为 0.55 元/度。但信访人所在街道的 10 余个小区 3 万多居民用电价格高达 0.85 至 1.2 元/度,多次向有关部门投诉,一直得不到解决。经查,信访人反映问题属实。2016 年省物价局就出台相关文件,对全省电价实行目录清单管理,但 Q 市物价局没有及时传达、执行该文件,也没有将信访人所在街道的高电价纠正为目录电价,市经信委、街道办事处等单位也存在消极懈怠、推诿拖延等问题,致使该地区居民用电价格明显高于目录电价,群众合法权益受到侵害。为此,Q 市纪检部门启动责任追究,对时任市物价局党组书记、局长张某,副局长周某,价格科科长王某和市经信委卫某给予党内警告处分,对其他相关负责人也分别进行诫勉谈话。

【案例点评】

信访工作重在源头,源头预防重在决策,制定和落实决策重在依法合规。从信访工作实践看,信访问题大多数属于利益诉求,很多问题的产生都与不依法决策、不依法行政、人为制造或激化矛盾有关。因此,做好信访工作,必须要从源头着手,督促各级各部门进一步落实源头预防信访问题的责任,切实增强科学民主决策意识,严格执行群众纪律,认真履行工作职责,不断提高依法依规办事水平,这样才能从根本上有效预防和减少因不作为、慢作为、乱作为而引发的社会矛盾。

【法条链接】

《信访工作责任制实施办法》第四条第一款 各级党政机关应当将信访工作列入议事日程,定期听取工作汇报、分析信访形势、研究解决工作中的重要问题,从人力物力财力上保证信访工作顺利开展;应当科学、民主决策,依法履行职责,从源头上预防和减少导致信访问题的矛盾和纠纷。

《信访工作责任制实施办法》第十一条第一款第一项 各级党政机关及其领导干部、工作人员不履行或者未能正确履行本办法所列责任内容,有下列情形之一的,应当追究责任:

(一)因决策失误、工作失职,损害群众利益,导致信访问题产生,造成严重后果的;

《信访工作责任制实施办法》
追责问责典型案例剖析（二）[1]

典型案例：违反信访工作法定程序、损害信访群众合法权益的情形

【基本案情】

案例1 基本案情：

2016年12月，A省B市W县信访人马某赴省走访后，责任单位C镇虽然开展了调查核实工作，但没有在《信访条例》规定的办理时限内回复信访人，也没有相关工作人员向信访人送达受理告知书和处理意见书。2017年4月，马某上访，称未收到当地政府的处理意见。针对这一问题，W县对履职不到位的相关单位和责任人进行问责，对C镇和县信访局进行通报批评，对C镇党委副书记、人大主席、副镇长进行诫勉谈话，对C镇综治办相关责任人给予了相关处分。

案例2 基本案情：

2018年3月，H省X市L县一国有企业临时工作人员邓某到县信访局上访，反映本人编制及工作待遇问题。该县县委书记接待群众来访后作出批示，要求该企业做好相关工作，解决群众提出的合理诉求。随后，县信访局正式发函交办，但该企业无正当理由，将信访件退回，并多次拒绝办理。针对这一问题，L县委督查室印发督办通报，对该企业负责人许某在全县范围内通报批评，县监察委对许某进行诫勉谈话。

【案例点评】

这是两个因未按照规定受理、交办、转送和督办信访事项，或者不执行信访事项处理意见，严重损害信访群众合法权益而被问责的典型案

---

[1] 国家信访局：《〈信访工作责任制实施办法〉追责问责典型案例剖析（二）》，载国家信访局网站，http://www.gjxfj.gov.cn/gjxfj/xfgj/pgt/webinfo/2019/04/1590610821561980.htm。

例。信访是宪法赋予公民的权利,做好信访工作的过程就是依法维护人民群众合法权益,保障人民群众知情权、参与权、表达权和监督权的过程。在《信访条例》中,已经对信访事项如何提出、提出后如何受理、受理后如何办理和督办作出了明确规定,这一工作链条既是信访工作的基本运行程序和规范要求,也是解决和化解信访问题的基本支撑。对群众提出的信访诉求,有关地方和部门应当严格按照《信访条例》的规定程序予以处理和解决,否则就要承担相应的法律责任。

【法条链接】

《信访工作责任制实施办法》第二条　　本办法所称党政机关,包括党的机关、人大机关、行政机关、政协机关、审判机关、检察机关。

各级党政机关派出机构、直属事业单位以及工会、共青团、妇联等人民团体适用本办法。

国有和国有控股企业参照本办法执行。

《信访工作责任制实施办法》第五条第一款　　各级党政机关工作部门对属于本部门职权范围内的信访事项,应当依照有关法律法规规定和程序,及时妥善处理。

《信访工作责任制实施办法》第七条　　各级信访部门应当在党委和政府的统一领导下,协调、指导和监督本地区的信访工作,依照法定程序和诉讼与信访分离制度受理、交办、转送和督办信访事项,协调处理重要信访问题,分析研究信访情况,提出改进工作、完善政策和给予处分的建议。

《信访工作责任制实施办法》第十一条第一款第二项　　各级党政机关及其领导干部、工作人员不履行或者未能正确履行本办法所列责任内容,有下列情形之一的,应当追究责任:

(二)未按照规定受理、交办、转送和督办信访事项,或者不执行信访事项处理意见,严重损害信访群众合法权益的;

《信访工作责任制实施办法》
追责问责典型案例剖析(三)①

典型案例 违反群众纪律,对应当解决的群众合理合法诉求消极应付、推诿扯皮,或者对待信访群众态度恶劣、简单粗暴,损害党群干群关系,造成严重后果的情形

【基本案情】

案例1 基本案情:

2018年3月,G省K市M县T乡居民罗某到国家信访局走访,反映当地修建高速公路,施工方未经其同意强行占用其土地,以及T乡某工程建设征用约20亩山林未给予补偿等问题。经查,罗某曾于2017年11月到M县信访局上访反映同一问题。2018年1月,责任主体T乡政府出具答复意见书,认定信访人反映问题属实,承诺于2018年2月15日前解决,但是迟迟没有兑现。对此,M县启动追责问责程序,对T乡党委副书记、乡长刘某以及相关负责人邢某给予通报批评,并要求T乡认真研究,尽快解决信访人合理诉求。

案例2 基本案情:

G省L州D县是国家级贫困县,为改善出行环境、造福当地居民,G省专门修建了一条二级公路。但是这条总投资近16亿元的扶贫公路,却存在着工程质量差、有严重安全隐患等问题。此事引起了相关媒体记者的关注,带着相关报告前往这条公路的上级主管部门——G省交通厅,却被门口的保安拦了下来,保安说"不属于我们交通厅能管的事情","你去找交警"。记者第二次去的时候,又是等了一天,只见到保

---

① 国家信访局:《〈信访工作责任制实施办法〉追责问责典型案例剖析(三)》,载国家信访局网站,https://www.gjxfj.gov.cn/gjxfj/xfgj/pgt/webinfo/2019/04/1590610821559717.htm。

安,没有见到任何工作人员。最后,也是由保安代表交通厅,向记者宣布了处理结果。对此,G省启动了追责问责程序,对其中存在的违反《信访条例》、推诿扯皮、态度生硬等问题,责成省交通厅党组向省委、省政府作出深刻检查,对相关责任人给予严肃处理。

【案例点评】

这是两个因违反群众纪律,对应当解决的群众合理合法诉求消极应付、推诿扯皮,或者对待信访群众态度恶劣、简单粗暴,损害党群干群关系,造成严重后果而被问责的典型案例。信访工作作为党的群众工作的重要组成部分,是党和政府联系群众的桥梁、倾听群众呼声的窗口、体察群众疾苦的重要途径。做好信访工作,加强与群众沟通,真诚倾听群众呼声,真情关心群众疾苦,真心为群众办实事、解难事,有利于切实转变思想作风和工作作风,增进干群之间的理解、信任和感情,保持同人民群众的血肉联系,增强党的凝聚力和向心力。但从当前信访工作实际看,一些地方和部门还不同程度地存在违反群众工作纪律的问题,严重损害了群众利益、伤害了群众感情。因此,《信访工作责任制实施办法》把"对应当解决的群众合理合法诉求消极应付、推诿扯皮,或者对待信访群众态度恶劣、简单粗暴,损害党群干群关系,造成严重后果的"作为应当追责的情形,就是进一步为信访工作标明红线、划出底线,用科学严密的法规制度推动各级各部门改进工作作风,做到联系群众而不脱离群众、服务群众而不损害群众、解决问题而不引发问题,真正把解决信访问题的过程作为践行党的群众路线、做好群众工作的过程。

【法条链接】

《信访工作责任制实施办法》第八条 各级党政机关工作人员在处理信访事项过程中,应当遵守群众纪律,秉公办事、清正廉洁、保守秘密、热情周到。

《信访工作责任制实施办法》第十一条第一款第三项 各级党政机关及其领导干部、工作人员不履行或者未能正确履行本办法所列责任内容,有下列情形之一的,应当追究责任:

(三)违反群众纪律,对应当解决的群众合理合法诉求消极应付、推

诿扯皮,或者对待信访群众态度恶劣、简单粗暴,损害党群干群关系,造成严重后果的;

《信访工作责任制实施办法》
追责问责典型案例剖析(四)①

典型案例 对发生的集体访或者信访负面舆情处置不力,导致事态扩大,造成不良影响的情形

【基本案情】

案例1 基本案情:

常某,G市公安局党委书记、局长。2017年7月,G市发生了下岗人员上访围堵X公司事件,30余名上访人员聚众闹事,封锁公司大门。常某得知此事后,派公安局副局长李某和5名干警到达现场,李某等6人认为事态不算严重,向常某作了汇报,常某仅通过电话指挥的方式,让李某等人尽量处置,之后便没再过问该事件。24小时后,上访人员仍未散去,李某等人向常某再次报告,常某才认识到问题的严重性,遂又增派人员,并亲自到达现场疏散人群,此时上访人员封锁X公司已经长达32小时之久。由于常某的疏忽大意、处置不当,李某等人不认真履行工作职责,措施不力,致使大规模集体上访持续时间过长,在社会上造成了恶劣影响。常某在处置该问题中领导不力,负有主体责任,被给予党内严重警告处分,调离原工作岗位;李某等6人也受到相应纪律处分。

案例2 基本案情:

2017年7月24日,G省Y市P县11家公司60余人因工程项目涉及拖欠工资等问题,在省委省政府门前聚集上访,经过耐心细致的接谈

---

① 国家信访局:《〈信访工作责任制实施办法〉追责问责典型案例剖析(四)》,载国家信访局网站,http://www.gjxfj.gov.cn/gjxfj/xfgj/pgt/webinfo/2019/04/1590610821556040.htm。

劝导工作,相关人员于当日散去。8月1日,P县公安局得到各家公司相互串联、准备次日再到省委省政府门前集体上访的信息,但并未引起足够重视、提前采取得力措施。8月2日早7点,信访人陆续在省委省政府门前聚集,最多时达82人。而P县仅派出信访局局长、县公安局副局长及20余名民警在现场疏导劝解,致使处置工作乏力。直到群众来访2小时后,一名副县长才赶到现场。其间,正值上班高峰期,信访群众情绪激动、场面较为混乱,造成较为被动的负面影响。对此,Y市启动问责追责程序,对P县政府给予通报批评,对县委常委、常务副县长李某和县委常委、公安局局长任某给予通报批评。

【案例点评】

这是两个因对发生的集体访或者信访负面舆情处置不力,导致事态扩大,造成不良影响而被问责的典型案例。从工作实践看,对发生的集体访或信访负面舆情应对不当、处置不力,绝不是因为能力不足,而是由于重视不够、怠慢忽视造成的。对集体访处置不力、对信访负面舆情置若罔闻,不仅关系到问题能否得到解决、群众利益能否得到维护,而且其带来的社会影响、引发的社会舆论,更是关乎党和国家的形象。因此,必须切实增强政治责任感和敏锐性,对发生的大规模集体上访或负面舆情,做到快速反应、妥善处置,切实把隐患消除在萌芽、把风险消弭于无形。

【法条链接】

《信访工作责任制实施办法》第六条　地方各级党委和政府在预防和处理本地区信访问题中负有主体责任,应当加强矛盾纠纷排查化解和信访风险防控预警,针对具体问题明确责任归属,协调督促有关责任部门和单位依法、及时、就地解决,并加强对信访群众的疏导教育。

《信访工作责任制实施办法》第十一条第一款第四项　各级党政机关及其领导干部、工作人员不履行或者未能正确履行本办法所列责任内容,有下列情形之一的,应当追究责任:

(四)对发生的集体访或者信访负面舆情处置不力,导致事态扩大,造成不良影响的;

《信访工作责任制实施办法》
追责问责典型案例剖析（五）[1]

典型案例 对信访部门提出的改进工作、完善政策和给予处分等建议重视不够、落实不力，导致问题长期得不到解决的情形

【基本案情】

案例1 基本案情：

2017年12月至2018年4月，S省Y市X区B镇某村村民因土地征迁安置问题，多次到S省政府门前集体上访。其间，省信访局专门向X区委、区政府发函督办并提出明确的工作建议，但问题始终没有得到妥善处理。2018年4月16日，该村村民20多人再次到省政府门前集体上访，造成恶劣影响。针对B镇有关人员在处置应对村民多次越级集体上访问题中，存在的重视程度不够、矛盾排查不细、工作不深入、化解措施落实不到位等问题，X区纪委启动追责问责程序，对B镇党委副书记张某、村委会主任马某给予党内警告处分。

案例2 基本案情：

2017年11月，X省H市Y县T镇环保分局接到群众关于他人倾倒垃圾造成鱼池污染的信访举报后，认定此行为应由城管执法部门处理，因此作出不予受理的决定。一周后，该局收到H市环保局转来关于该问题的信访举报后，仍未开展调查，仅建议信访人向城管执法部门投诉，并出具《不予受理告知书》。其后，Y县信访部门受理该问题，并组织督查，要求环保部门给予相应处理。但该局仍以"信访人鱼池水体未受污染""此次违法行为应由城管执法部门处理"为由不予受理，致使问题长

---

[1] 国家信访局：《〈信访工作责任制实施办法〉追责问责典型案例剖析（五）》，载国家信访局网站，https://www.gjxfj.gov.cn/gjxfj/xfgj/pgt/webinfo/2019/04/1590610821553454.htm。

期得不到解决,信访人不断上访。2018年5月,Y县纪委在全县范围内通报此问题,并对T镇环保分局局长刘某给予党内警告处分,对县环卫办主任侯某给予诫勉谈话。

【案例点评】

这是两个对信访部门提出的改进工作、完善政策和给予处分等建议重视不够、落实不力,导致问题长期得不到解决而被问责的典型案例。《信访条例》等法规制度赋予信访工作机构"改进工作、完善政策、给予处分"的"三项建议"职责,这对于做好新时期信访工作,确保党中央关于信访工作的决策部署得到贯彻落实,树立正确工作导向具有十分重要的意义。各级各部门应当高度重视信访工作机构提出的建议。对信访工作机构提出的改进工作的建议,应当认真研究,督促有权处理信访问题的责任主体虚心接受、认真采纳、及时纠正、抓好落实;对信访工作机构提出的完善政策的建议,应当加强综合分析,从中查找有关政策执行不力、落实不到位的问题,查找政策规定不衔接、不连续、不配套、不完善的问题,并适时调整完善;对信访工作机构提出的给予处分的建议,应当认真组织调查核实,对因失职渎职造成严重后果的,依法依规严肃追究责任。

【法条链接】

《信访条例》第三十六条 县级以上人民政府信访工作机构发现有关行政机关有下列情形之一的,应当及时督办,并提出改进建议:

(一)无正当理由未按规定的办理期限办结信访事项的;

(二)未按规定反馈信访事项办理结果的;

(三)未按规定程序办理信访事项的;

(四)办理信访事项推诿、敷衍、拖延的;

(五)不执行信访处理意见的;

(六)其他需要督办的情形。

收到改进建议的行政机关应当在30日内书面反馈情况;未采纳改进建议的,应当说明理由。

《信访条例》第三十七条 县级以上人民政府信访工作机构对于信

访人反映的有关政策性问题，应当及时向本级人民政府报告，并提出完善政策、解决问题的建议。

《信访条例》第三十八条　县级以上人民政府信访工作机构对在信访工作中推诿、敷衍、拖延、弄虚作假造成严重后果的行政机关工作人员，可以向有关行政机关提出给予行政处分的建议。

《信访工作责任制实施办法》第七条　各级信访部门应当在党委和政府的统一领导下，协调、指导和监督本地区的信访工作，依照法定程序和诉讼与信访分离制度受理、交办、转送和督办信访事项，协调处理重要信访问题，分析研究信访情况，提出改进工作、完善政策和给予处分的建议。

《信访工作责任制实施办法》第十一条第一款第五项　各级党政机关及其领导干部、工作人员不履行或者未能正确履行本办法所列责任内容，有下列情形之一的，应当追究责任：

（五）对信访部门提出的改进工作、完善政策和给予处分等建议重视不够、落实不力，导致问题长期得不到解决的；

《信访工作责任制实施办法》
追责问责典型案例剖析（六）[①]

典型案例　其他应当追究责任的失职失责情形

【基本案情】

2017年9月，W省信访人黄某通过W省网上信访举报F市T镇某中学校长孟某存在挪用公款、收受贿赂等问题，F市信访局将该信访件转送至该市教育局，教育局信访干部夏某未按程序办理，当天私自用QQ

---

①　国家信访局：《〈信访工作责任制实施办法〉追责问责典型案例剖析（六）》，载国家信访局网站，https://www.gjxfj.gov.cn/gjxfj/xfgj/pgt/webinfo/2019/04/1590610821549881.htm。

软件将该信访件转到T镇中心学校调查处理。该校主管信访工作的副校长梅某在处理过程中发生泄密。信访人随即收到了自己举报信的照片,并不断接到要求撤销举报的短信和电话。信访人对此非常不满,向F市多家部门进行反映。对此,F市纪委经过调查核实,启动追责问责程序。对负有直接责任的夏某、孟某立案审查,责令梅某及负有领导责任的市教育局办公室主任彭某和中心学校党总支书记、校长王某作出书面检讨,在全市范围内通报批评,对参与其中的1名教师刘某作出预备党员预备期延长1年处理,并对F市教育局进行全市通报批评。

【案例点评】

《信访工作责任制实施办法》中"追责情形"第六项是兜底项,主要是针对前5项追责情形中没有涵盖,但又应当追责问责的失职失责行为。这个案例反映的信访信息失密问题,就是一个典型的例子。在信访活动中,信访人的个人信息应当受到保护。信访权的行使,有的与监督国家机关及其工作人员的职务行为有关,有的是为了维护信访人的个人权益或者公共利益提出的。保障信访人的个人信息,其目的是为信访人行使权利提供更为安全的环境,避免信访人的后顾之忧。为此,信访人有权要求国家机关及其工作人员对其个人隐私、商业秘密进行保密,国家机关及其工作人员也不得泄露工作中知悉的信访人个人隐私、商业秘密,不得将信访人的检举材料及有关情况透露给被检举的人员或者单位。唯有如此,才能有效保障人民群众的信访权不受侵害。

六期《信访工作责任制实施办法》追责问责典型案例剖析就要告一段落了。我们编辑整理这些典型案例,旨在让广大党员干部以案为鉴,引以为戒,真正做到心有所畏、言有所戒、行有所止,使履职尽责、敢于担当成为广大党员干部的自觉追求,使信访工作责任得到进一步压实,从而更好地及时就地解决信访问题。今后,我们将及时梳理各地区各部门的追责问责情况,不定期进行更新。

【法条链接】

《信访条例》第四十四条　行政机关工作人员违反本条例规定,将信访人的检举、揭发材料或者有关情况透露、转给被检举、揭发的人员或者单位的,依法给予行政处分。

行政机关工作人员在处理信访事项过程中,作风粗暴,激化矛盾并造成严重后果的,依法给予行政处分。

《信访工作责任制实施办法》第八条　各级党政机关工作人员在处理信访事项过程中,应当遵守群众纪律,秉公办事、清正廉洁、保守秘密、热情周到。

《信访工作责任制实施办法》第十一条第一款第六项、第二款　各级党政机关及其领导干部、工作人员不履行或者未能正确履行本办法所列责任内容,有下列情形之一的,应当追究责任:

(六)其他应当追究责任的失职失责情形。

对前款规定中涉及的集体责任,领导班子主要负责人和直接主管的负责人承担主要领导责任,参与决策和工作的班子其他成员承担重要领导责任,对错误决策或者行为提出明确反对意见而没有被采纳的,不承担领导责任;涉及的个人责任,具体负责的工作人员承担直接责任,领导班子主要负责人和直接主管的负责人承担领导责任。